"洛杉矶"
攻击型核
LOS ANGELES
NUCLEAR SUB

张明德 著

华中科技大学出版社
http://press.hust.edu.cn
中国·武汉

图书在版编目（CIP）数据

"洛杉矶"级攻击型核潜艇/张明德著．—武汉：华中科技大学出版社，2023.9
ISBN 978-7-5680-8626-4

Ⅰ.①洛… Ⅱ.①张… Ⅲ.①核潜艇—美国—通俗读物 Ⅳ.①U674.761-49

中国版本图书馆CIP数据核字（2022）第142997号

本书由知书房出版社授权出版
湖北省版权局著作权合同登记　图字：17-2023-046号

"洛杉矶"级攻击型核潜艇

张明德　著

"Luoshanji" ji Gongjixing He Qianting

策划编辑：	金　紫
责任编辑：	陈　骏
封面设计：	千橡文化
责任校对：	李　琴
责任监印：	朱　玢

出版发行：华中科技大学出版社(中国·武汉)　　电话：(027)81321913
　　　　　武汉市东湖新技术开发区华工科技园　　邮编：430223

录　　排：北京千橡文化传播有限公司
印　　刷：北京雅图新世纪印刷科技有限公司
开　　本：710mm×1000mm　1/16
印　　张：20
字　　数：436千字
版　　次：2023年9月第1版第1次印刷
定　　价：96.00元

本书若有印装质量问题，请向出版社营销中心调换
全国免费服务热线：400-6679-118　　竭诚为您服务
版权所有　侵权必究

编辑推荐

当代世界核威慑核打击力量是所谓"三位一体"能力,即,水下,战略弹道导弹核潜艇;陆上,陆基战略弹道导弹;空中,战略核武器轰炸机(空中发射和投放核武器)。为了对抗水下战略导弹核潜艇的核威慑和核打击,美国在研发对抗性武器上领先于全球。攻击型战略核潜艇便专门用于应对弹道导弹核潜艇。

而随着冷战的结束及美国和盟军在第一次海湾战争中取得压倒性胜利,美国海军的战略和作战构想也发生了根本性的转变,于是美国设想新世纪的海军主要作战样式是"由海制陆""空海一体战"和"网络中心战"等全新样式,美国海军新一代战舰"自由"级和"独立"级濒海战斗舰、"朱姆沃尔特"级驱逐舰和"圣安东尼奥"级两栖船运输舰等战舰系列都是有着类似的作战构想印记。

这些"由海制陆"利器和新型的核动力超级航空母舰"杰拉尔德·福特"级这种终极海上多任务作战平台,即空海一体战、全域作战等各种新旧理论和实战的中心点结合在一起,就构成了美国海军称霸全球的基本力量之一(另外就是美国空军、陆军、海军陆战队、各支特种部队和新组建的空天军)。作为当今海上力量不可或缺的利器和一个国家综合国力的象征,航空母舰的重要性不言而喻,而作为专门针对敌方战略弹道导弹核潜艇和"由海制陆"核心力量的DDG-1000"朱姆沃尔特"级驱逐舰,其研发历程、技术发展也是值得我们了解的。

华中科技大学出版社出版的"航空母舰丛书"第一批出版了《美国海军超级航空母舰:从"合众国"号到"小鹰"级》《美国海军超级航空母舰:从"企业"号到"福特"级》和《现代航空母舰的三大发明:斜角甲板、蒸汽弹射器与光学着舰辅助系统的起源和发展》,深入而清晰地讲述了美国海军超级航空母舰的研发、制造和改进过程,以及航空母舰这一终极海上多任务作战平台的运用历史。丛书以美国海军航空母舰发展的时间为脉络,将航母发展中发生的技术进步从航母设计的技术角度完整展现,在国内尚属首次。

现在我们进一步出版海军武器发展史中读者感兴趣的攻击型核潜艇系列:《"洛杉矶"级攻击型核潜艇》《"海狼"级攻击核潜艇》《"弗吉尼亚"级攻击型核潜艇》,还有《DDG-1000"朱姆沃尔特"级驱逐舰》,本丛书延续了以往深入叙事、条理分明、时有内幕揭出、笔触冷静自然的风格,使读者对美国海军战舰总的研发构想和各个分系统的整合、推进、发展有着深入而系统的认知。

本书作者张明德先生是著名军事作家和军事领域专栏编辑,出版过多部军事科普题材作品,在长达十几年的写作过程中形成了自己的风格。他的文章内容翔实,对于写作内容所涉的武器装备技术研发背景、过程和历史的描述和分析,有着客观冷静和较为详尽的叙述,从而获得了广大军迷朋友和众多读者的好评。

目录
Contents

0 冷战时代最具代表性的攻击潜艇 　　001

1 "洛杉矶"级的起源
——高速核攻击潜艇构想 　　005

"洛杉矶"级的发展起源——新威胁与新需求 　　005

2 初步的设计探索 　　029

"洛杉矶"级的概念雏形——"通用核攻击潜艇"研究计划 　　029

3 潜艇发展路线的争论　　057

新潜艇发展的另一路线——"概念形成"计划　　068

潜艇政策转变的契机　　080

4 里科弗的胜利　　095

潜艇发展政策的转向　　095

里科弗高速潜艇计划的最后障碍——"概念形成"计划的挑战　　100

5 全面开展的"洛杉矶"级潜艇计划：设计与采购　　121

"洛杉矶"级潜艇的设计演进　　127

6 失速的"洛杉矶"级潜艇计划：建造与服役　　157

"洛杉矶"级的建造　　157

"洛杉矶"级的服役与建造争端　　171

7 "洛杉矶"级的后继者   181

"洛杉矶"级的后继潜艇研究   181
核潜艇的新任务与新角色——巡航导弹的复兴   187
政策的转向——战略巡航导弹的兴起   214
新的后继型潜艇需求   228

8 从"洛杉矶"级到"海狼"级   231

重新出发的"洛杉矶"级改进型   258

9 承先启后的"洛杉矶"级   279

持续进化的"洛杉矶"级   279

冷战时代最具代表性的攻击潜艇

美国海军的核攻击潜艇力量,在2020—2021年迎来一个关键的转折点。长期位居美国海军水下力量主力的"洛杉矶"级(Los Angeles Class)潜艇,占美国海军现役核攻击潜艇的数量比重将下滑到50%以下。这也意味着,美国海军核攻击潜艇的骨干力量,将由"洛杉矶"级转移给新一代的"弗吉尼亚"级(Virginia Class)核攻击潜艇承担,世代交替即将来临。

尽管"洛杉矶"级的主力潜艇宝座在几年内便将让位,但从另一方面来看,原定作为"洛杉矶"级后继潜艇的"海狼"级(Seawolf Class)已经问世22年,但实际只造了三艘,未能实际承担主力潜艇的角色。至于真正扮演"洛杉矶"级后继者的"弗吉尼亚"级已问世15年,足以接替"洛杉矶"级核攻击潜艇的地位,因此这一波的核潜艇世代交替潮,反而印证了"洛杉矶"级巨大的存在感。

自"洛杉矶"级的36号艇"俄克拉荷马市"号(USS Oklahoma City SSN-723)于1988年7月服

"洛杉矶"级攻击型核潜艇

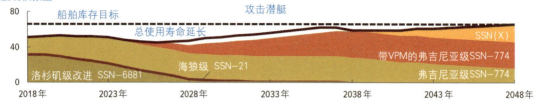

上图：美国海军攻击潜艇数量变化。

对页图："洛杉矶"级堪称当代最具代表性的核攻击潜艇。上图为1974年4月6日下水仪式的"洛杉矶"级首艇"洛杉矶"号（USS Los Angeles SSN-688），下图为1995年4月1日命名仪式中的"洛杉矶"级末艇，也是第62号艇"夏延"号（USS Cheyenne SSN-773），首艇与末艇的服役时间跨越了20年。

役后[1]，30多年来，"洛杉矶"级便一直是美国海军数量最大的一级核攻击潜艇。更进一步，在"洛杉矶"级第45号艇"斯克兰顿"号（USS Scranton SSN-756）于1991年1月服役以来，"洛杉矶"级占美国海军现役核攻击潜艇的比重便没有低于过50%，从20世纪90年代后期到21世纪初期的10多年间，"洛杉矶"级占美国海军核攻击潜艇力量的比重为80%～90%，"主力"之名当之无愧。

"洛杉矶"级也是史上建造数量最大的核攻击潜艇，自1972年到1995年之间，一共建造了多达62艘，远远多于苏联671型核攻击潜艇[2]。"洛杉矶"级可说是过去30年来世界上知名度最高的核攻击潜艇，也是常出现于大众媒体的Ⅰ型核攻击潜艇。

从上图中可以清楚看出，美国海军的核攻击潜艇力量即将开始世代交替，长期位居主力地位的"洛杉矶"级，占攻击潜艇总数的比重在2020年后下滑到50%以下，然后在2023年以后迅速减少，由"弗吉尼亚"级接替。

---

[1] "俄克拉荷马市"号的舷号序列是"洛杉矶"级的36号艇，不过服役顺序是第38艘。当该艇服役后，"洛杉矶"级的数量便超过上一代的"鲟鱼"级（Sturgeon Class），成为美国海军当时现役数量最大的一级潜艇。

[2] 苏联671型系列核攻击潜艇［北约代号"维克托"（Victor）级］一共建造了48艘，包括6艘原始的671型（北约代号"维克托"Ⅰ型），7艘改进的671RT型（北约代号"维克托"Ⅱ型），以及25艘最终型671RTM/型（北约代号"维克托"Ⅲ型）。

尽管"洛杉矶"级堪称当代最具代表性的核动力潜艇，但是在美国海军内部，"洛杉矶"级并不是一种让多数人都感到满意的潜艇设计，其设计、诞生与建造规划均存在许多争议，并不能完全满足冷战时期的美国海军潜艇任务需求。虽然在形势演变下，美国海军选择了集中建造"洛杉矶"级，但也让"洛杉矶"级承担了许多不适合其原始设计的任务，应用上存在许多局限，因而促成"海狼"级的诞生。

1

"洛杉矶"级的起源——高速核攻击潜艇构想

"洛杉矶"级的诞生,是20世纪60年代中后期美国海军内部的政治派系斗争、任务与技术需求选择争论,以及外部突发事件影响下的结果,也是两种新型攻击潜艇发展路线之争。在"高速核攻击潜艇"(high-speed nuclear attack submarine, HNAS)与"概念形成"(CONFORM)计划中安静型核潜艇之间选择,最终高速需求压倒了安静性需求。

"洛杉矶"级的发展起源——新威胁与新需求

顾名思义,攻击潜艇的主要用途,是攻击包括潜艇、水面舰与商船在内的舰艇,也能承担布雷、监视、特种部队投送等辅助任务。

美国海军的核攻击潜艇力量,成形于20世纪50年代中后期,以最早的核潜艇"鹦鹉螺"号(USS Nautilus SSN-571)为开端,到了20世纪60年代初下图与对页图：继问题重重的第一代核攻击潜艇"11月"级之后，苏联紧接着从1959年开始发展第二代"维克托"级核攻击潜艇，引进了新的泪滴形艇体以及更可靠的VM-4核反应堆，比"11月"级更可靠、航速也更快，水下最大航速可达33.5节，对美国海军的威胁也更大。图为干坞中的"维克托"级核攻击潜艇，可见到其泪滴形艇体外形，对页图为VM-4反应堆外壳。

期时，已拥有可观的实力，一共有七级核攻击潜艇投入服役。除了试验性质、单舰成级的"鹦鹉螺"号、"海狼"号（USS Seawolf SSN-575）、"海神"号（USS Triton SSRN-586）与"白鲑鱼"号（USS Tullibee SSN-597）之外，"鳐鱼"级（Skate Class）、"鲣鱼"级（Skipjack Class）与"长尾鲨"级（Thresher Class），以及由"长尾鲨"级改进而来的"鲟鱼"级潜艇也从1963年开始建造。但就在此时，苏联潜艇进步迅速，改变了美国海军攻击潜艇的任务需求与运用型态。

苏联于1959年将其第一种核攻击潜艇627型投入服役［西方代号"11月"（November）级］。接着1962年末，美国海

1 "洛杉矶"级的起源——高速核攻击潜艇构想

军情报单位获知苏联正在大力发展新一代的高速核潜艇,来作为攻击美国海军航空母舰的手段。[1]

苏联高速核潜艇的出现,对美国海军航空母舰特遣舰队来说,将是一个可怕的威胁。

美国海军判断,苏联海军的战术,是让高速的核潜艇抢占航空母舰前方位置,然后发射核弹头鱼雷进行攻击[2]。事实上,苏联核潜艇的航速并不需要像美国航空母舰那样快,但在苏联海洋监视系统的指引下,可预先占据有利位置,潜艇本身只需具备从远距离外迅速抵达攻击位置的能力即可。

以往,航空母舰特遣舰队面对水下威胁时,自身的高航速便是最大的屏障。传统的柴电动力潜艇跟不上拥有30节以上持续航速的航空母舰特遣舰队,即使预先埋伏,柴电潜艇攻击能力有限,只有在目标正前方非常窄的扇形区域内,才能发动有效的攻击,袭

[1] 应该就是于1967年开始服役的"维克托"Ⅰ型核攻击潜艇。
[2] 当时苏联已抢先美国一步,率先在1958年将世界上第一种核弹头鱼雷T5投入服役。T5鱼雷的正式编号为Type 53-58鱼雷,在21英寸直径的雷体内配备了一组10kT当量的RDS-9核弹头。稍后苏联又于1962年部署了一种通用型的ASB-30核子鱼雷弹头,可以在海上将普通21英寸鱼雷的高爆弹头换装为ASB-30核弹头。

击成功的概率非常小。航空母舰特遣舰队若能事先侦测到位于前方的潜艇便能加以回避。因此美国海军可以将航空母舰特遣舰队护航力量的发展重点放在对抗空中威胁方面，但若苏联拥有高速核潜艇，情况便完全不同。

当时美国海军主导核动力推进系统开发的里科弗（Hyman G. Rickover）中将，认为美国海军的核动力航空母舰可以凭借高持续航速避开柴电潜艇的攻击，但苏联的核动力潜艇同样具备持续的高航速性能，无法轻易摆脱。

雪上加霜的是，1963年春季，美国海军在与国防部长麦克纳马拉（Robert McNamara）就航空母舰CVA 67［即"肯尼迪"号航空母舰（USS John F. Kennedy CVA 67）］的动力系统争论中失利。虽然海军列举出了核动力的许多优势，如核动力航空母舰拥有足够高的持续航速可免于潜艇的攻击，而传统动力航空母舰无法长时间维持最大航速。但麦克纳马拉仍以成本效益为由，迫使美国海军在CVA 67航空母舰上采用传统动力。

在相当长的时间内，美国海军只有一艘核动力航空母舰［即"企业"号航空母舰（USS Enterprise CVN 65）］，传统动力航空母舰依旧是航空母舰特遣舰队的核心，因而无法期待通过核动力的高持续航速来摆脱水下威胁，于是美国海军也只能从提高反潜护航能力上着手，来应对苏联潜艇的挑战。

高速型核潜艇的技术需求

航空母舰特遣舰队若要对抗高速核潜艇这种新威胁，首先要侦测到在前方抢占阵位的苏联核潜艇，如此才有避开攻击的余地。而这将需要一种配备了长程声呐且能与航空母舰特遣舰队同步行动的新型核潜艇，它可用于在航空母舰前方搜索敌方的水下目标。

这种构想中的新型潜艇，可先在低速飘流（drift）状态下，利用声呐监听目标，然后再加速跟上航空母舰，也就是所

对页图：核动力的水面舰队，可以凭借长时间的持续高航速，摆脱绝大多数的潜艇威胁，但是在20世纪60年代初期，美国海军只有一艘核动力航空母舰"企业"号，全核动力特遣舰队的构想也难以实现。图为1964年6月18日"企业"号航空母舰即将展开著名的"海环行动"（Sea Orbit）环球航行任务前，与"长滩"号导弹巡洋舰（USS Long Beach CGN 9）及"班布里奇"号导弹护卫舰（USS Bainbridge DLGN 25）于地中海集结时，"企业"号航空母舰船员在飞行甲板上列队，排列成爱因斯坦质能互换公式的著名纪念照。

谓的"冲刺与漂流"（sprint & drift）作业模式，让潜艇在伴随航空母舰的高速与适于声呐运作的低速之间切换，以兼顾声呐侦测操作与巡航速度。

让潜艇加入航空母舰特遣舰队的护航行列将面临两大问题，一是航速——潜艇如何跟上航空母舰战斗群的速度；二是协同——如何让潜艇与特遣舰队其他单位协同作业。

◆航速需求

在航速方面，若要参与航空母舰特遣舰队的护航任务，意味着舰艇需要30节以上的持续航速。虽然许多非官方资料声称美国海军的核攻击潜艇具备30节以上航速，但实际上拥有这种航速的潜艇寥寥可数。

1956年开工、1959年服役的"鲣鱼"级，是美国海军当时航速最快的一级现役核攻击潜艇，其航速勉强达到30节。后来发展的新时代核攻击潜艇，如1958年开工建造的"长尾鲨"级与1963年开始建造的"鲟鱼"级，由于引进了众多新设备，包括减震降噪措施与辅助推进系统，以及新型的声呐、武器系统与任务装备等，艇体尺寸与吨位大幅扩大，两者的水下吨位分别比"鲣鱼"级高出23%与36%，阻力也随之增加，但动力系统仍沿用与"鲣鱼"级相同的S5W反应堆，以致航速性能每况愈下，虽然这两级潜艇凭借着泪滴船形仍拥有高于第一代核潜艇的速度[1]，但达不到伴随航空母舰特遣舰队的要求。

至于分别编列于1958、1964与1968财年的三艘试验型核攻击潜艇——"白鲑鱼"号，"独角鲸"号（USS Narwhal SSN-671）与"利普斯科姆"号（USS Glenard P. Lipscomb SSN-685），由于设计目的在于检验新型声呐或动力系统，航速性能也达不到伴随航空母舰特遣舰队的要求。

◆ 作战协同需求

在协同方面，必须克服潜艇与水面舰、飞机等其他护航友军单位之间的通信连络问题。海水虽保障了潜艇的隐蔽性，但同时也造成了潜艇与其他友军联系的阻碍——电磁波在水中传播时会有很大的衰减，军事上应用广泛的种种无线电通信都难以在水下使用，因此潜艇与航空母舰特遣舰队之间的协同是比提高潜艇航速更难解决的难题。

事实上，利用潜艇为航空母舰护航并不是新构想，早在1955年设计"鲣鱼"级时，美国海军就曾将为航空母舰护航列入"鲣鱼"级的任务之一。然而"鲣鱼"级虽勉强满足伴随航空母舰的航速需求，当时的美国海军仍无法解决潜艇与航空

---

[1] 包括"鹦鹉螺"号、"海狼"号与"鳐鱼"级在内的第一代核攻击潜艇，最大潜航航速只有18~23节之间。至于"鲣鱼"级、"长尾鲨"级与"鲟鱼"级等第二代核攻击潜艇，最大潜航航速都在25节以上。

1 "洛杉矶"级的起源——高速核攻击潜艇构想

母舰特遣舰队之间的通信与协同问题,以致这种运用构想不了了之。

新潜艇的发展方向——航速与通信协调问题的克服

面对苏联高速核攻击潜艇对美国海军航空母舰特遣舰队带来的威胁,美国海军需要一种拥有高航速且能与航空母舰特遣舰队协同运作的新时代核攻击潜艇。

无论是提高航速,还是让潜艇与水面舰队协同运作,都必须面对许多困难。不过当时的美国海军已经有了一系列新技术,可以帮助潜艇要满足这两项需求,也为新时代核攻击潜艇的发展提供了必要的关键技术基础。

◆ 航速需求的解决

在航速需求方面,美国海军的期望是在兼顾保有"鲟鱼"

下图:要让潜艇伴随与直接支持航空母舰战斗群,需要拥有30节等级的持续航速,然而20世纪70年代以前的美国海军潜艇中,只有"鲣鱼"级勉强达到这个航速。照片为追随"游骑兵"号航空母舰的"鲟鱼"级核攻击潜艇,"鲟鱼"级的最大潜航航速只有25节左右,并不能充分满足参与航空母舰特遣舰队护航任务的要求。

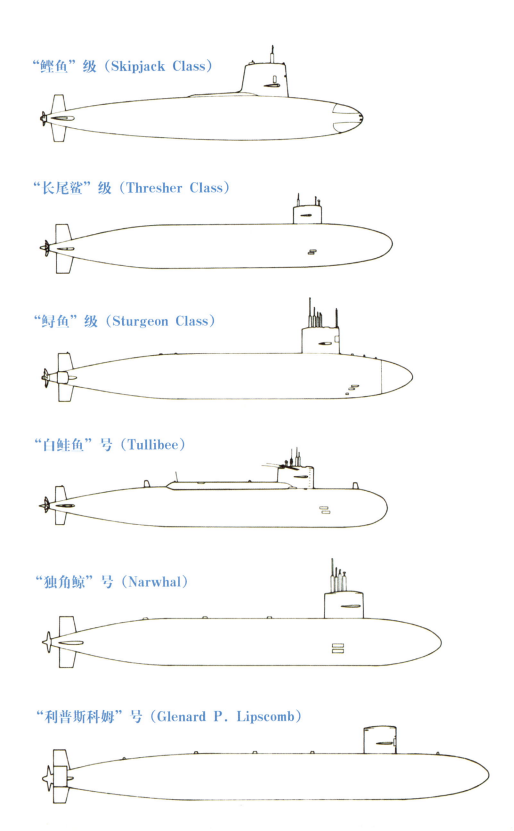

对页图：美国海军第二代核攻击潜艇外型与尺寸对比。

从"鲣鱼"级开始的第二代核攻击潜艇，包括"鲣鱼"级、"长尾鲨"级、"鲟鱼"级等三级量产型潜艇，以及"白鲑鱼"号、"独角鲸"号与"利普斯科姆"号等三艘试验潜艇，都采用了泪滴船形与单轴推进，体形与吨位逐渐扩大，但航速性能呈现每况愈下的趋势。

"鲣鱼"级结合了源自"大青花鱼"号试验潜艇（USS Albacore AGSS-569）的低阻力泪滴船形，以及新式的S5W反应堆，首艇"鲣鱼"号（USS Skipjack SSN-585）据称能达到33节的最大航速，以及惊人的水下机动灵活性，然而由于其噪声过大，后来换装噪声较低、推进效率也较低的螺旋桨后，航速有所降低，一般文献记载的"鲣鱼"级最大航速为29节。

后继的"长尾鲨"级为了容纳一系列新装备〔包括BQQ-2整合声呐系统的大型球形声呐阵列与被动听音阵列、伸缩式辅助推进器、主机减震浮筏、以及"潜射反潜火箭"（Submarine Rocket, SUBROC）等〕以及提高潜深的需求，导致艇艏、主机舱、辅机舱与反应堆舱的容积大幅增加，排水量比"鲣鱼"级增加了20%，艇体表面积与水下航行阻力也随之增加，但仍沿用与"鲣鱼"级相同的S5W反应堆。为了抵消艇体增大的副作用，"长尾鲨"级特地大幅缩减了围壳（sail）尺寸，从而大幅减少了附体阻力（appendages），在"鲣鱼"级上，围壳等外部设备带来的附体阻力相当于裸艇体阻力的40%，而"长尾鲨"级则降到27%。"长尾鲨"级借此让总阻力控制在只比"鲣鱼"级稍高3%，预期的最大航速比"鲣鱼"级慢0.4节，可达到27～28节。

然而"长尾鲨"级大幅缩小围壳尺寸也带来了副作用，1963年4月19日发生的"长尾鲨"号（USS Thresher SSN-593）沉没事故说明主机舱布置与海水管线都存在问题。为了改正"长尾鲨"级的设计缺陷，接下来的"鲟鱼"级调整了主机舱与管线设计，另外还扩大与加固了围壳结构，以便在围壳内容纳新型声呐设备，以及可让围壳水平舵转向90°的机构，以改善北冰洋作业能力。但这些修改造成艇体与围壳尺寸显著增加，最大航速比"长尾鲨"级还要慢，仅25节左右。

至于"白鲑鱼"号、"独角鲸"号与"利普斯科姆"号等三艘潜艇，都是针对改善静音性能，用于验证新型动力系统的试验艇。

"白鲑鱼"号是测试新型整合声呐系统的小型试验艇，是美国海军第一艘配备球形艇艏声呐的潜艇。为求让声呐发挥最高功效，推进系统采用重视静音性的蒸汽涡轮电动推进系统，动力来源是专门为其开发的S2C反应堆，虽然排水量仅2600吨，但主机输出也只有2500匹马力，最高航速只有14.8节。

"独角鲸"号的目的是测试自然循环反应堆（Natural Circulation Reactor, NCR），采用功率略大于S5W的S5G自然循环反应堆，主机输出功率比长尾鲨与"鲟鱼"级高了13%，但需要直径更大的艇体才能容纳。"独角鲸"号艇体直径比"鲟鱼"级扩大18%，比"乔治·华盛顿"级（George Washington Class）弹道导弹核潜艇还要大，吨位也大了12%。为了降低噪声，"独角鲸"号采用了蒸汽涡轮直接驱动推进轴的设计，虽然省略了减速齿轮这个噪声源，但被迫采用转速较高、效率较低的螺旋桨，最大潜航航速只有25节。

"利普斯科姆"号则是以"鲟鱼"级为蓝本，换装蒸汽涡轮电动推进系统的试验艇，沿用"鲟鱼"级基本配备与S5W反应堆，主机改用直流马达，然而为了容纳庞大的直流电机设备，艇体长度比"鲟鱼"级长了将近25%，吨位更增大了35%，水下最高航速仅20节。

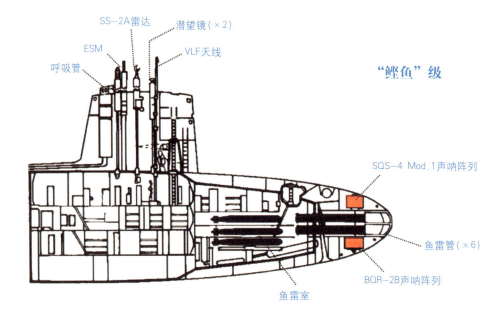

"鲣鱼"级

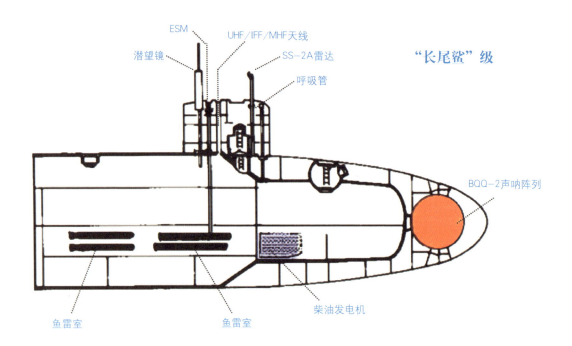

"长尾鲨"级

1 "洛杉矶"级的起源——高速核攻击潜艇构想

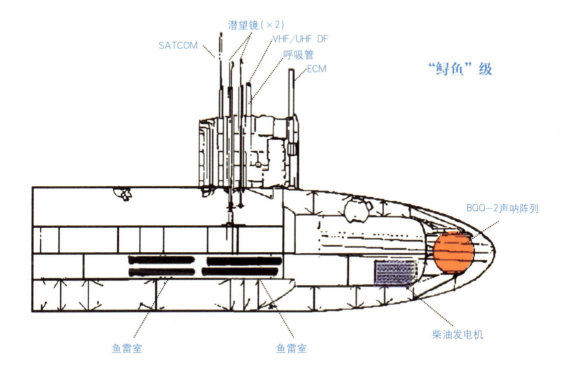

对页图与上图:"鲣鱼"级、"长尾鲨"级与"鲟鱼"级潜艇艇身前段对比(反应堆舱之前舱段)。

　　三级潜艇最大的差异在于艇艏声呐、鱼雷管与围壳配置不同。"鲣鱼"级仍是传统的潜艇布置,艇艏中央配置了六具鱼雷管,艇艏上方与下方分别安装了SQS-4主动声呐与BQR-2被动声呐。另外,"鲣鱼"级还拥有尺寸相对较大的围壳,容纳了潜望镜、呼吸管、雷达与通信天线等设备。

　　"长尾鲨"级为了在艇艏安装大型的BQQ-2整合式声呐的球形阵列,整个艇艏部位的容积大幅增加,鱼雷管与鱼雷室都被挤到艇艏后方的艇舯前端两侧,鱼雷管也减少到四具(左右两侧各两具)。为了抵消艇体增大带来的阻力,"长尾鲨"级大幅缩减围壳的尺寸,虽然达到减阻的目标,但也带来许多副作用。例如围壳内部空间不足,只能配备一具潜望镜,通气管位置也不佳,而且围壳高度过低,也导致维持潜望深度航行十分困难。

　　于是在后续的"鲟鱼"级上又放大了围壳尺寸,以便容纳完整的潜望镜与天线设备。"鲟鱼"级也全面调整了舱室布置,通过更改艇艏舱内的紧急柴油发电机位置,将鱼雷管往前挪更靠艇艏,鱼雷室也跟着往前挪。

级的减振降噪措施与武器系统的前提下，让新型潜艇拥有30节以上的航速性能。也就是说，必须让体型较"鲣鱼"级大上许多的新型潜艇拥有与"鲣鱼"级一样的航速，这意味着必须引进功率更大的核反应堆，而不能继续沿用既有的标准潜艇反应堆S5W。

里科弗提出了一个直接了当的办法来解决潜艇航速问题，将核动力水面舰用的D1G/D2G反应堆，搬到潜艇上使用。D1G/D2G是20世纪50年代后期开发的水面舰用核反应堆，准备用于核动力导弹护卫舰［即所谓的驱逐领舰，当时称为护卫舰（frigate），1975年以后归类为巡洋舰］。D1G是陆地试验用原型，D2G是实际配备在舰艇上的量产型，每座可提供148MW的热输出功率，两倍于标准的潜艇用反应堆S5W（S5W的热输出功率为78MW）。

D1G/D2G用在对于容积与重量较不敏感的水面舰上，反应堆舱的体积与重量比S5W反应堆大上不少，若要把D1G/D2G搬到潜艇上使用，潜艇尺寸会大幅增加。

尽管如此，这确实是尽快获得一种潜艇用高功率反应堆的便利手段，于是里科弗于1963年11月正式提议，将修改后的D1G/D2G反应堆安装到潜艇上，同时结合"鲟鱼"级的艇艏与武器系统，预期从1967财年便开始引进这种新型潜艇动力系统。几个月后，里科弗于1964年4月正式要求通用动力电船公司［General Dynamics Electric Boat，GDEB，1952年，电船公司更名为通用动力公司，次年，又收购了康维尔（Convair）公司。公司决定将控股公司命名为"通用动力"，而潜艇建造部门依旧保留"电船"（Electric Boat）的名称］，开始这种基于D1G/D2G反应堆的新型高速潜艇预备研究。

◆水下作战协同问题的克服

如前所述，对于参与航空母舰特遣舰队护航的潜艇来说，最大的困难在于潜艇的通讯。许多潜艇指挥官担心反潜机组人

1 "洛杉矶"级的起源——高速核攻击潜艇构想   017

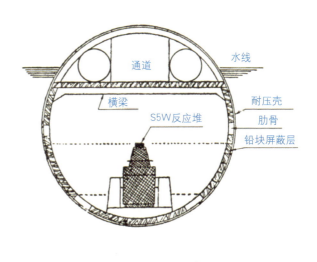

侧面　　　　　　　　　　　　　横截面

上图与左图：S5W反应堆舱段图解（上）与实际舱段（左）。S5W是美国海军1960—1970年的标准型潜艇用核反应堆，有多达11级、100艘核攻击潜艇与弹道导弹潜艇采用为动力来源，并曾外销英国，供"无畏"级（Dreadnought class）潜艇使用，但是对于构想中可以伴随航空母舰行动的高速型攻击潜艇来说，S5W的输出能力明显不敷所需，必须另觅更高功率的反应堆。

"洛杉矶"级攻击型核潜艇

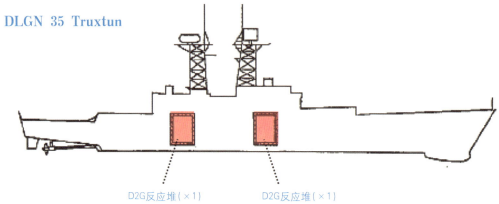

DLGN 35 Truxtun

D2G反应堆(×1)　　D2G反应堆(×1)

1 "洛杉矶"级的起源——高速核攻击潜艇构想　　019

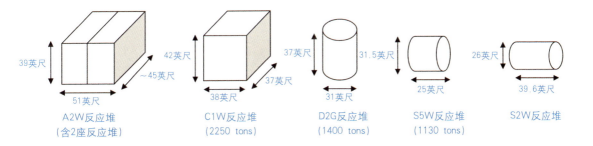

上图：20世纪50—60年代美国海军主要核反应堆舱段尺寸对比（A2W与S2W的数据为估计值）。

从中可以看出，D2G的体积小于航空母舰用的A2W反应堆或巡洋舰用的C1W反应堆，而与潜艇用的S5W相比，其体积与重量分别大了45%与24%，若对D2G进行"潜艇化"的修改，会进一步增加尺寸与重量。

员会对发现的水下目标先行开火，然后才进行识别。也就是说，伴随航空母舰的潜艇有受到友军误击的风险。

在20世纪60年代初期，英国皇家海军的经验以及美国海军进行中的几项水下保密通信研究计划为这个问题的解决带来了曙光。

当英国皇家海军于20世纪50年代后期设计其第一代核攻击潜艇"无畏"号（HMS Dreadnought）时，为"无畏"号发展了可与水面舰协同作战的新型Type 2001声呐与火控系统[1]。除此之外，英国也让"无畏"号在航空母舰的声呐直接通道（direct-path）传播距离内活动，让航空母舰可以通过双向的水下数据链与潜艇通讯，也大幅简化了潜艇与水面舰的协同问题。英国的经验让美国海军得到启发，沿续英国人的方向进一步扩展，启动了一系列关于核潜艇与水面舰艇通信联络技术的发展与试验。

除此之外，在20世纪60年代初期，美国海军也开始为水面舰队引进一种结合了计算机与无线电数据链的战术数据处理系统——海军战术数据系统（Naval Tactical Data System，

对页图：为了应对构想中的新型高速核攻击潜艇动力需求，里科弗在1963年11月建议，将原用于水面舰的D1G/D2G反应堆，修改为潜艇使用，以提供一种功率两倍于当时标准型潜艇反应堆S5W的动力来源。上为D2G反应堆舱段，反应堆相关设备安置在一个封闭的钢制圆柱形舱段内，下为"特拉克斯顿"号护卫舰（DLGN 35）的D2G反应堆艇体舱段配置图解。

---

[1] 皇家海军参谋部在"无畏"号的设计中，特别强调了直接支持水面舰队的需求。让皇家海军第一次拥有可与水面舰协同作战的潜艇。"无畏"号不仅航速跟得上水面舰队，还配备了划时代的Type 2001艇首声呐，采用了当时最先进的多波束成形技术，可同时追踪一艘敌方潜艇与友军水面舰艇，并能过滤水面舰的噪声。英国还发展了一套水下数据链，可以将潜艇声呐数据传送给水面舰，可以让水上与水下的友军保持接触。

上图：英国在发展与建造其第一艘核攻击潜艇"无畏"号时，便考虑了配合水面舰队协同作战的需求，为该舰配备了可追踪敌我目标的新型声呐与水下数据链，给美国海军带来重要的启发与影响。图为1960年10月21日的"无畏"号下水仪式。

对页图：拖曳漂浮缆线天线与拖曳浮标天线运用概念图。通过这两种技术，可让在安全深度潜航的潜艇仍能接收水面上的无线电信号。其中飘浮缆线天线实用化较早，于20世纪60年代中期服役。拖曳浮标天线则在70年代初期开始部署。

NTDS)，可以通过高频/超高频（HF/UHF）频段的Link 11数据链，在友军之间交换目标数据，并借由计算机来汇整、处理与保存舰队周围的水面、空中与水下目标活动的实时态势图像。潜艇配备海军战术数据系统计算机，以及纯接收功能的单向Link 11数据链之后可取得友军的战术信息，从而更充分地掌握周遭的战术态势，并避免遭到友军攻击。

而在这个时候，潜艇用的漂浮缆线天线（Buoyant Cable Antenna）与浮标天线（Buoy Antenna）技术已经有了相当程度的进展，可大幅提高潜艇无线电通信的便利性与安全性。一般安装在潜艇围壳伸缩式桅杆上的无线电天线，只能在潜艇于水面航行使用，对潜艇来说并不安全，容易被敌方发现，因而也制约了使用这类无线电天线的时机。而漂浮缆线天线与浮标式天线，则能让潜艇于安全深度潜航时，仍能收发无线电信号，同时可以让水下的潜艇通过无线电数据链与水面舰队联系。

为了配合构想中用于航空母舰护航的新型高速潜艇，美国海军也研究发展大型的拖曳式无线电浮标，以便让潜艇与航空母舰特遣舰队通联。

开展新潜艇计划的契机

1963—1964年间，一连串的技术进展，让发展高速核攻击潜艇所需的条件逐渐趋于成熟。首先，可帮助潜艇提高航速的新型反应堆已有了着落，可从既有的D1G/D2G反应堆发展衍生出潜艇用版本。其次，用于联系潜艇与水面友军的水下通信技术有了显著的进展。于是，发展一种拥有30节以上高航速，可伴随航空母舰战斗群行动的新时代核攻击潜艇，也不再是空谈。

而里科弗也从1963年底展开了行动，开始向政界与海军高层积极推动基于D1G/D2G反应堆的新型高速核攻击潜艇构想。

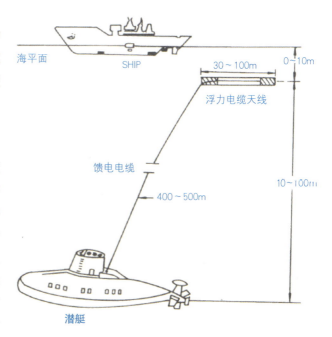

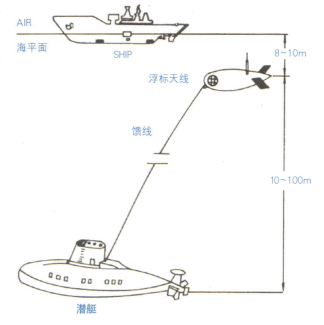

右图：两种美国海军的拖曳浮标天线，上为试验性质的BSQ-5拖曳浮标天线，可用于超高频、高频与中频/低频/甚低频频段通信；下为部署在战略弹道导弹潜艇上的BRA-8拖曳浮标天线，用于接收甚低频通信信号与远程导航（Long Range Navigation, LORAN C）信号。

英国海军划时代的Type 2001声呐

　　Type 2001是英国皇家海军的标准潜艇用主/被动声呐，使用一套安装在潜艇艇艏、20～22英尺长的马蹄形阵列，由24对6.75英尺的平板单元构成，每一个都含有56个换能器，整组阵列从艇艏顶部延伸到两侧、并向上倾斜20°，以配合潜艇艇艏的形状。

　　在主动模式下，Type 2001可以产生24个向下倾斜20°的低频主动波束，以补偿阵列上倾20°安装的影响，而波束的底部侦测边界还可以再往下倾斜20°。如同同时期的水面舰声呐，Type 2001运作时是从阵列的一端到另一端，依序发射3.25kHz频率的24个长脉冲与24个短脉冲波束，从而覆盖240°方位范围。其中，长脉冲信号（200ms）是用于侦测远距离目标（大于20海里），短脉冲信号（100ms）用于侦测短距离目标（10海里）。为了捕捉短距离目标，在前述两组较长脉冲的主信号之后，还会跟着一波3kHz的20ms短脉冲信号，长、短脉冲的信号回声各由独立的阴极射线管（CRT）显示器来显示。

　　Type 2001声呐还有一个独立的单波束主动攻击/识别（attack/classification）模式，采用调频的长脉冲信号（1.25s，3.5～3.8kHz），用于精确侦测，搭配独立的攻击/方位（attack/aspect）显示器作业。

　　在被动模式下，Type 2001使用1.5～2.3kHz的作业频段，原本2.5kHz是理想的频段，但这个频段也会受到主动发射机的残响（reverberations）所影响。为了获得更高的侦测精确度，Type 2001还

下图：英国"无畏"号核攻击潜艇艇艏上方的Type 2001型声呐阵列图解，"无畏"号在艇艏上方装设了40英尺宽、6英尺高的马蹄适形阵列，并为此将鱼雷发射管挤到艇艏下方。

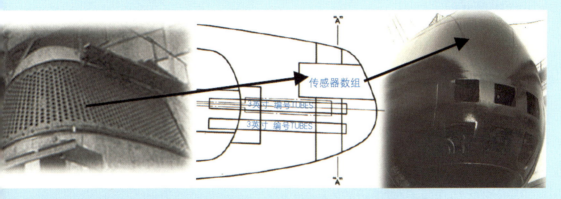

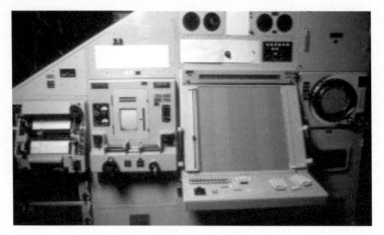

右图:Type 2001声呐用于被动模式操作的初始侦测显示器与笔记录器(上),初始侦测显示器是十分特别的显像设备,是搭配照相显示单元(Photographic Display Unit, PDU)运作,照相显示单元是由皇家空军侦察机侦照处理设备修改而来的照相装置,沿用了与侦察机相同的1000英尺长、35毫米宽的底片胶卷。声呐信号图像先显示于阴极射线管显示器屏幕上,然后由照相显示单元拍摄显示在屏幕上的图像,并以9.1秒的时序间隔,将底片胶卷依序卷动到显影用的"处理罐"(processing pot)中,进行显影,定影,洗涤和干燥,接着底片被卷动到投影镜头组之前,将底片的影像投射到投影反射镜上,以反向投影方式显示在初始侦测显示器上。由于照相显示单元十分复杂与脆弱,底片容易破损,显影用化学药剂也会持续消耗,因此初始侦测显示器配备有两组照相显示单元,其中一组作为备用。到了数字化时代以后,声呐信号与显像程序完全数字化,便不再需要初始侦测显示器这种模拟时代的特殊产物。

有5.5~6.5kHz频段的第二被动通道。被动模式会产生47个被动接收波束,每个接收波束宽10格,间隔5格,被动信号显示在通过照相显影与投影方式运作的初始侦测显示器(initial-detection display, IDD),然后由操作人员选出感兴趣的接触点方位与范围,通过扇区显示器精确搜寻目标,另外还搭配了高频与低频的笔记录器来记录信号数据。

受限于20世纪50年代的模拟式电子技术,Type 2001声呐的波束是通过延迟线来产生,用于控制波束发射与模式切换的序列定时器与功能开关,是由230V电机和齿轮箱、驱动副轴、凸轮轴、锥齿轮与微动开关组成的复杂机构,难以达到理想的控制精确度。不过以当时的标准,Type 2001声呐的性能表现是空前的,主动模式拥有"汇声区"与"海底反射"作业能力,视潜艇自身航速(5~20节),可提供25英里到8英里侦测距离;而在被动模式下,视潜艇自身航速(5~20节),可侦测到6~30海里以呼吸管潜航中的潜艇。

Type 2001声呐将阵列设置于潜艇艏部上方,也有不利之处。当初在设计"无畏"级时,英国海军水下侦测机构(UDE)负责开发Type 2001声呐的团队,希望通过与艇艏顶部与融合的适型阵列方式来布置声呐阵列,从而减少艇体的流体噪声。而鱼雷发射团队则希望将声呐阵列安置于船艏顶部突出的整流罩之内,把艇艏位置优先留给鱼雷发射管。双方在蒙巴顿(Louis Mountbatten)勋爵面前争论时,声呐团

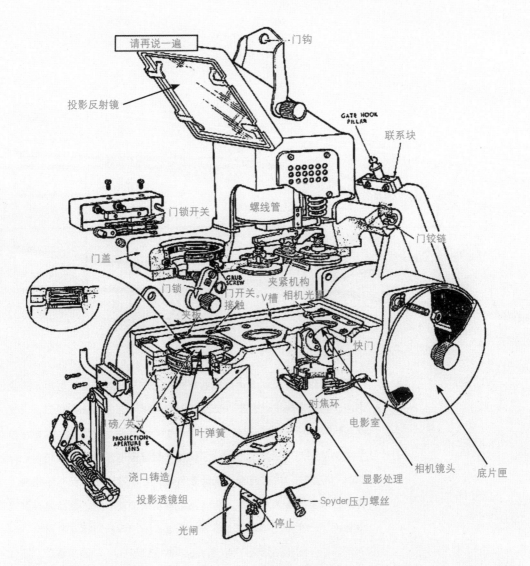

上图：Type 2001声呐用于搭配初始侦测显示器的照相显示单元图解，这是由皇家空军侦察机侦照处理设备修改而来的显像装置，整套设备结合了机械、电子、气体、摄影、液体化学、高压与光学组件，是模拟图像处理时代的尖端工艺产品，但也十分复杂与脆弱。

队带来了美国海军"大青花鱼"号潜艇模型，并在模型艇艏包覆上橡皮泥片，展示了适形阵列的概念，说服了蒙巴顿接受这个设计，而鱼雷管则被挤到船艏下方。Type 2001声呐以适形方式安装在"无畏"号艇艏，虽然减少了艇体流体噪声，但为了配合艇艏形状，声呐阵列被安置在艇艏水平中心线上方，阵列面上倾20°，但这个位置紧临下方的鱼雷管，不仅对声呐自噪声的控制

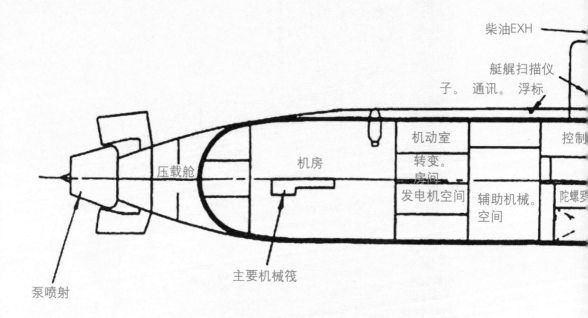

不利,也影响了声呐波束的指向范围,以致影响到海底反射模式的使用。于是后来到了"迅捷"级(Swiftsure Class)核攻击潜艇时,便改将Type 2001声呐阵列挪到艇艏中线下方,让阵列面向下倾,以此增加了声呐波束向下指向的范围("迅捷"级配备的是数字化改进的Type 2001 BC型),同时调整了鱼雷管布置,将鱼雷管后挪到耐压壳内,并从船艏发射改为从两侧发射,将艇艏留给声呐系统,改善自噪声问题。而下一代的"特拉法加"级(Trafalgar Class)核攻击潜艇Type 2020声呐阵列也沿用此布置。Type 2020是以Type 2001为基础,结合Type 2016声呐技术发展而来。

英国海军从1957年开始发展Type 2001声呐,先将声呐原型安装到"维鲁兰"号驱逐舰(HMS Verulam)进行测试。虽然该舰受限于空间只安装了一半尺寸的声呐阵列,不过仍在测试中展现了优异的性能,曾以被动模式侦测到200英里外高速航行的美国海军"鹦鹉螺"号核潜艇,并以主动模式侦测到34000码外的反潜潜艇(Hunter-Killer

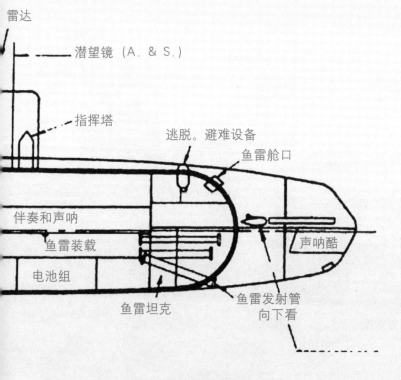

Submarine），性能表现让美国海军感到惊异。Type 2001声呐后来成为英国所有核潜艇的标准声呐系统［包括"无畏"号、"勇敢"级（Valiant Class）、"丘吉尔"级（Churchill Class）、"迅捷"级在内的核攻击潜艇，以及"决心"级（Resolution class）弹道导弹潜艇］，一直服役到20世纪70年代末期。

值得一提的是，法国曾要求授权生产Type 2001声呐，但遭到英国拒绝。苏联也对Type 2001声呐的发展很感兴趣，曾通过间谍取得相关资料。

上图："迅捷"级潜艇的内部布置概要，可见到Type 2001声呐的阵列，被挪到船艏中线下方，鱼雷管则向后挪到耐压壳内，并改从船体两侧发射。

初步的设计探索

"洛杉矶"级的概念雏形——"通用核攻击潜艇"研究计划

里科弗在1964年3月6日首次向众议院拨款委员会介绍了他的高速核攻击潜艇概念。紧接着便在4月6日责成通用动力电船公司开始基于D1G反应堆的新型高速潜艇预备研究。

稍后当国防部长麦克纳马拉于1964年4月24日参访贝蒂斯（Bettis）原子动力实验室时，里科弗趁机敦促麦克纳马拉发展用于高速潜艇的反应堆，麦克纳马拉虽然对这个提案感兴趣，但却不愿意一下子就走这样远。

然而对里科弗来说，无论有没有国防部长的支持，他都打算将他的高速潜艇构想推动到底。于是里科弗转往寻求海军作战部长办公室（Office of the Chief of Naval Operations, OpNav）的合作，他在1964年7月向海军作战部长办公室内主管潜艇作战分部（Op-31）的威金森（Eugene Wilkinson）少将介绍了他的高速核潜艇构想以及电船公司的初步研究成果。威金森是史上首艘核潜艇"鹦鹉螺"号的首任舰长，曾指挥"鹦鹉螺"号在1956年的演习中展现了核潜艇凭借水下航速带来的战术优势。里

上图：里科弗作风强势，又善于争取国会的政治支持，即使没有获得国防部的同意，仍设法推动他的高速核攻击潜艇构想，让美国海军在1964年中将这项潜艇计划的可行性研究正式付诸执行。

科弗认为威金森必然能理解与支持高航速的优点。结果也确实如此。作为经验丰富的潜艇指挥官，威金森深知速度对潜艇的价值，同意支持让海军启动这项高速潜艇研究。

于是里科弗的运作，很快就收到了正面效果。两个月后，当时的海军作战部长（Chief of Naval Operations, CNO）麦克唐纳（David L. McDonald）于1964年9月指示海上系统司令部（Naval Sea Systems Command）进行高速潜艇的可行性研究。紧接着电船公司又接获海军指示，先行设计一个可以配合D1G反应堆的潜艇机舱空间（machinery space），以便日后实际展开这种高速潜艇的总体设计。

不过，这项新潜艇计划又很快遭遇一连串麻烦。

更换承包商带来的延宕

首先，是由于更换设计承包商导致时间拖延。

上图：里科弗成功争取到海军作战部长办公室主管潜艇作战的威金森少将支持，让他的高速核潜艇构想进入正式研究阶段。威金森是史上首艘核潜艇"鹦鹉螺"号的首任舰长，深知航速对于潜艇的重要价值，图为威金森与"鹦鹉螺"号的合影。

1965年9月，原本由电船公司负责新型潜艇机舱设计工作被转给纽波特纽斯船厂（Newport News）接手。

转移设计工作的目的，是企图在电船公司之外另培养一个可以承担核潜艇设计建造工作的承包商。寻求多家供货商相互竞争与平行供货是美国海军工程局常用做法，从柴油机到蒸汽涡轮等装备都寻求多家供货商供货，这也成了里科弗主掌核潜艇发展时的标准政策。

从19世纪末起，电船公司便一直是美国规模最大、经验也最丰富的一家潜艇建造商，这项优势也延续到核潜艇时代。当时美国一共有七家船厂拥有建造核潜艇的能力，包括两家海军船厂与五家民营船厂，但电船公司一家便占了将近40%的核潜艇建造份额（以艘数计算）。

在通用动力电船之外，美国海军自身位于东岸的普茨茅斯海军船厂（Portsmouth Navy Yard），原本是最理想的备选，它曾承担过部分"鳀鱼"级、"长尾鲨"级与"鲟鱼"级等核潜艇的建造。然而国防部长麦克纳马拉决定终止普茨茅斯海军船厂的建艇设计与建造角色，以致其不能作为新核潜艇的第二承包商；类似的，海军位于西岸的马雷岛海军船厂（Mare Island Naval Shipyard），也预定在完成1966财年计划中的最后一艘"鲟鱼"级潜艇之后便结束造船业务。

英格尔斯造船厂（Ingalls Shipbuilding）、纽约造船厂（New York Shipbuilding）、福尔河船厂（Fore River Shipyard）与纽波特纽斯船厂是拥有承造核潜艇经验的民营船厂，其中纽波特纽斯船厂、纽约船厂与福尔河船厂还拥有建造核动力水面舰的经验，较英格尔斯更具优势。不过纽约船厂营运状况不佳，当时已准备关闭；福尔河船厂则已在稍早的1963年为通用动力集团并购，成为通用动力旗下的昆西分部（Quincy Shipbuilding Division），与通用动力电船属于同一集团，因此这两家船厂都不是可行的选择。在核潜艇领域，纽波特纽斯是仅次于通用动力电船的民营造船厂，最著名的业绩是承造了第一艘核动力航空母舰"企业"号。

更换设计承包商固然有其意义，却造成海上系统司令部可行性研究工作的延时。对于海上系统司令部的新潜艇成本／可行性研究来说，如果没有机舱空间布置设计作为基准，反应堆舱、主机舱等主要部位的重量与尺寸就无法确定，潜艇的设计评估也就无法进行。将机舱设计工作从通用动力电船转给纽波特纽斯的政策调整导致海上系统司令部的可行性研究花了一年时间才完成。

崭新的艇体构造

美国海军在1966年3月完成了1968财年计划的"通用核攻击潜艇"（AGSSN）的新潜艇预备设计研究。

除了搭载高功率的D1G反应堆外，"通用核攻击潜艇"还引进了从"独角鲸"号开始采用的简化型耐压壳设计，并进一步简化。

美国海军核潜艇基本上采用单壳构造，由耐压壳直接构成大部分的艇体外壳，但仍有部分艇体为双壳构造。以"独角鲸"号之前的美国海军核攻击潜艇举例来说，它的艇艏、艇舯与艇艉均含有部分双壳构造，于内、外壳之间设置了压载水舱、调整水舱、声呐、辅助推进器等设备。耐压壳因此呈现了由圆柱形与圆锥形构成的复杂组合——艇艏部位的耐压壳呈直径较小的锥形瓶颈形状，然后过渡为直径较大的圆柱形，在辅机舱的艇舯部位为直径缩窄的细腰形状，然后过渡到艉段的圆锥形。

然而研究与实际操作都显示，双壳构造不利于降噪，水流流过薄板时会引起振动，因此双壳体中较薄的外壳，在高航速下必然会发生振动，从而让壳体自身产生较高的流体噪声，这也让潜艇的双壳艇体段本身成为噪声来源。

于是在"独角鲸"号上便取消了艇体中段的双壳构造，让耐压壳中段成为与前、后艇体相同直径的单纯圆柱构造，只剩艇艏与艇艉仍保有双壳，压载水舱也全部集中到艇艏与艇艉两端。这样的构造不仅更简化，内部布置也更合理，唯一的

上图：美国海军原在1964年时，委托通用动力电船公司负责新型高速核潜艇的预备设计。但为了培养其他船厂的设计能力，在1965年时将预备设计转给纽波特纽斯船厂，造成设计作业的延迟。上为电船公司的潜艇干坞，下为纽波特纽斯的潜艇干坞。

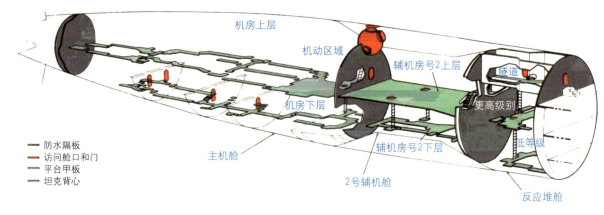

上图：美国海军新型高速核潜艇的研究，始自搭配D1G反应堆的潜艇机舱空间预备设计，先确定这个主要部位的尺寸与重量，才能据以评估潜艇的整体设计。图为"鲟鱼"级的机舱舱段图解，含反应堆舱、辅机舱与主机舱。

对页图：美国海军核攻击潜艇耐压壳构型演变。

从"鲣鱼"级、"长尾鲨"级到"鲟鱼"级，都采用相似的单壳–双壳混合设计，而从"独角鲸"号起开始简化耐压壳设计，放弃了艇艏原本由细腰式耐压壳与外壳构成的双壳构造，将耐压壳中段改成为与前、后艇体相同直径的单纯圆柱构造，压载水舱全部挪到艇艏与艇艉。

副作用是少了一个可以设置被动声呐阵列的地方[1]。

而到了"通用核攻击潜艇"，又以"独角鲸"号的耐压壳设计为基础，进一步省去艇艏的锥形瓶颈构造，改为和中、后段耐压壳相同直径的圆柱形耐压壳，然后以一个大型球形构造封住艏部。这种设计可以带来这几项优点。

（1）"通用核攻击潜艇"的全部耐压壳直接构成了艇壳的一部分，提高了艇体中单壳部分的比例，减少了双壳所带来的噪声。

（2）显著简化了耐压壳的构造，成为一个前、后以球形壁面封住的圆柱体，不仅有利于结构强度，也有利于降低制造成本。

（3）在先前的核潜艇上，围壳设于锥形艏部与后方圆柱形耐压壳间不连续的过渡段上方会引起额外的噪声；而"通用核攻击潜艇"省略了耐压壳的锥形艏部，同时配合将围壳向后挪，也消除了过去潜艇上的一个噪声源。

[1] 美国海军曾打算为"独角鲸"号装备被动式水下火控系统（Passive Underwater Fire Control Feasibility System，PUFFS），为此需要将被动声呐基阵分别埋设于艇艏与艇艉部位的内、外壳舱内，但"独角鲸"号的艇艏部位不再有双壳构造，因此原先的被动声呐阵列布置方式也不再可行。最终这级潜艇未能安装被动水下火控系统，后来美国海军发展出的替代方案是改将声呐阵列改置于单壳体表面的附加外板上，这也促成了日后"宽孔径阵列"（Wide Aperture Array，WAA）被动声呐的诞生。

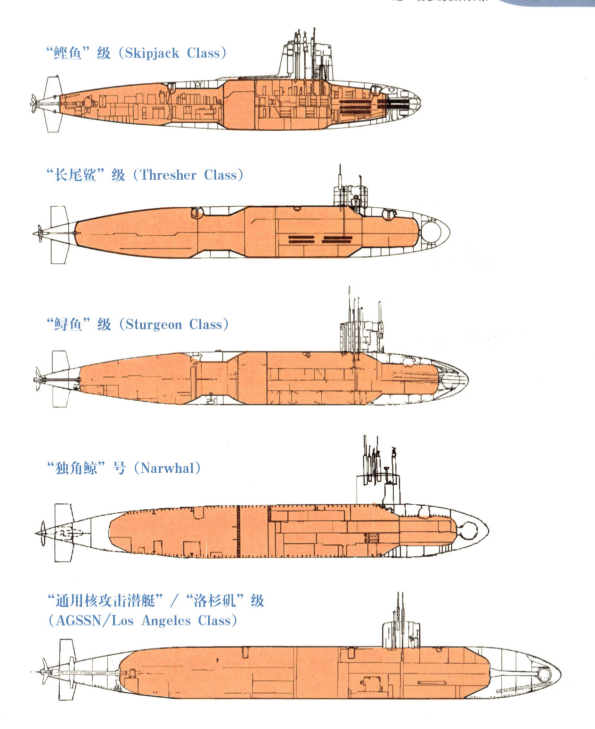

"鲟鱼"级

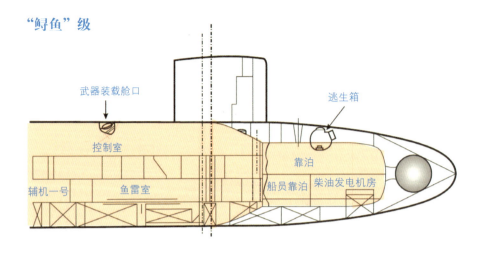

"通用核攻击潜艇"/"洛杉矶"级（AGSSN/Los Angeles Class）

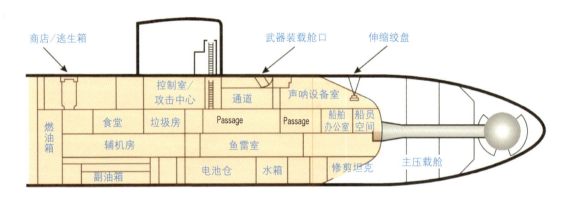

上图："通用核攻击潜艇"与先前核潜艇的艇艏球形声呐阵列布置方式对比。

"长尾鲨"级、"鲟鱼"级与"独角鲸"号都是将球形声呐罩安装于耐压壳锥形舱部前端；而"通用核攻击潜艇"则配合新的耐压壳构造，改将球形声呐阵列安置在主耐压壳前端伸出的长杆柱上，让球形声呐阵列仍然维持原本的艇艏声呐罩安装位置，同时还减少了声呐后方的侦测遮蔽，也减少了艇壳噪声的影响。

（4）自"长尾鲨"级以来的美国核攻击潜艇，鱼雷管是从锥形舱部与后方圆柱形耐压壳之间的过渡段两侧，向两舷伸出到耐压壳外，鱼雷管与艇体带有较大的夹角（10°）；而"通用核攻击潜艇"省略了锥形舱部后，鱼雷管改为直接从舱部球形壁面前端伸出耐压壳，理论上可减小鱼雷管与艇体间的夹角，也改善了鱼雷发射安全性。

配合新的耐压壳构造，"通用核攻击潜艇"也

"鲟鱼"级

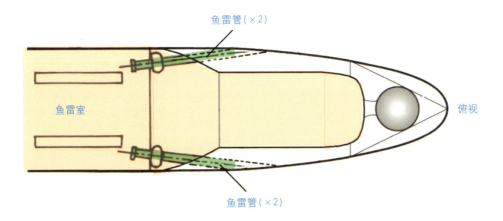

"通用核攻击潜艇"/"洛杉矶"级（AGSSN/Los Angeles Class）

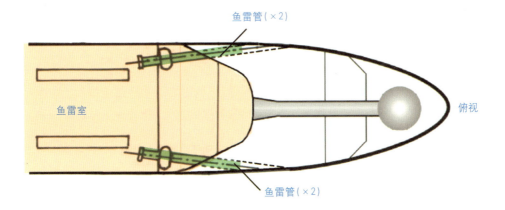

上图："通用核攻击潜艇"与先前核潜艇的鱼雷管布置方式对比。

为了将艇艏空间让给球形声呐阵列，自"白鲑鱼"号与"长尾鲨"级以后，美国海军核潜艇都采用从艇侧两舷发射的斜角式鱼雷管，但鱼雷管不是直接从耐压壳侧面穿出（以免在耐压壳上形成不利于结构强度的椭圆形开口），而是从耐压壳锥形艏部与后方耐压壳之间的过渡段穿出，最后再以椭圆形开口穿过非耐压的外壳，由于这个过渡段耐压壳与鱼雷管之间的夹角较小，所以鱼雷管的开口可以开成圆形，而不会形成椭圆形开口。

而在"通用核攻击潜艇"上，由于取消了耐压壳锥形艏部，所以鱼雷管也改为直接从耐压壳艏部的球形封闭舱壁穿出，有利于减小鱼雷管与艇体间的夹角，从而改善鱼雷发射安全性。

引进了新的艇艏球形声呐阵列布置方式。自"长尾鲨"级起，美国海军核攻击潜艇都是将球形声呐阵列安置在耐压壳锥形舱部前端。而"通用核攻击潜艇"取消耐压壳锥形舱部后，改为将球形声呐阵列安置在从主耐压壳前端伸出的长杆柱上，如此一来，既让声呐阵列维持在原本的艇艏声呐罩安装位置，还少了会遮蔽声呐后方视界的锥形舱部，可以扩大声呐阵列对后方的侦测效果，也能让声呐阵列进一步远离艇壳，减少艇壳传来的噪声强度。

尺寸过大带来的难题

里科弗最初估计，若以"鲟鱼"级的艇壳为基准引进以D1G反应堆为基础的新动力单元，会让排水量从4600吨增加到6200吨。艇体长度则会从292英尺增加到314英尺。然而新潜艇的尺寸比里科弗估算的大得多。

预备设计研究显示，这种新潜艇的尺寸将达到360英尺长，吨位为6670吨，比"鲟鱼"级大了40%以上。对于新潜艇发挥航速性能相当不利。

当潜艇的尺寸越长，艇体的湿表面积也跟着增加，摩擦阻力也随之增大，从而造成航速的减损。而且潜艇长度越长，长宽比也跟着拉长，偏离水下阻力最小的理想肥满长宽比船型也就越远。

初步的估计显示，搭载D1G反应堆的"通用核攻击潜艇"勉强能达到航空母舰护航任务所需的30节航速。雪上加霜的是，如果要为"通用核攻击潜艇"配备当时规划中的新型声呐系统（即BQQ-5），会导致艇身长度再增加28英尺，进一步恶化航速性能[1]。这也导致设计人员必须在减少阻力与吨位控制

---

[1] 在这增加的艇身长度中，有一半是为了搭载两部专为主动声呐供电的涡轮发电机所造成。增设这两部发电机的目的，是担忧高功率主动声呐发送信号的瞬间，因过大的电力消耗影响到反应堆供给其余舰载系统的电力。不过，新型声呐实际上的耗电量远低于预期，因而也能回溯安装到发电能力较低的"长尾鲨"级与"鲟鱼"级上。

美国海军核潜艇艇侧斜角式鱼雷管配置的形成

"鲣鱼"级潜艇是美国海军潜艇发展史上的里程碑,结合了泪滴船形与核动力推进,拥有优秀的水下机动性。当"鲣鱼"级于1956年开工建造后不久,美国海军长程目标小组(Long Range Object Group)在规划下一阶段核潜艇发展目标时,认为潜艇应强化反潜能力,强调静音与声呐性能,而非"鲣鱼"级要求的航速与敏捷性。当时的海军作战部长伯克(Arleigh Burke)同意先在1958财年建造一艘小型核攻击潜艇,代称"核动力反潜潜艇"(SSKN)以作为检验这种反潜型核攻击潜艇的原型艇。

"核动力反潜潜艇"采用了里科弗强烈提议的蒸汽涡轮电动推进系统作为抑制动力系统噪声的手段,同时也将声呐设置于最安静的艇艏部位。潜艇航行时,艇艏部位不会受到艇体外壳产生边界层涡流噪声以及主机与螺旋桨噪声的影响,同时也有充分空间设置大型声呐阵列。至于在声呐形式方面,最初的选择是在艇艏配置一套标准的圆柱

下图:潜艇鱼雷管的标准位置是艇艏中央上方,部分老式潜艇另设有艇舷鱼雷管,但美国海军自"白鲑鱼"号与"长尾鲨"级以后的潜艇,以声呐运作效能为优先,将鱼雷管改设于艇舯两舷。图为干坞中的俄罗斯971型潜艇〔西方代号"阿库拉"级(Akula Class)〕,可清楚见到艇艏8具533毫米鱼雷管舱门。

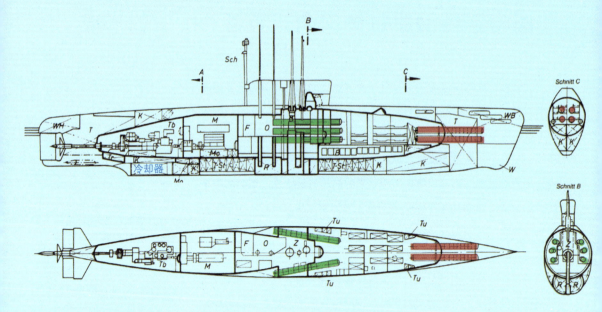

上图：纳粹德国Type XXVI W U艇的配置图，这是最早采用艇舯斜角式鱼雷管的潜艇设计之一，配备了四具艇艏鱼雷管与六具朝向后方发射的艇舯斜角式鱼雷管，不过这型潜艇并未实际完成建造。

形声呐阵列，位于艇艏鱼雷管下方。在艇艏耐压壳外侧设置被动式水听器阵列，并在上层结构顶部由前而后安置四组被动式水下火控系统的接收阵列。

为了确保声呐能获得最佳的侦测效果，海军水下系统中心（NUSC）于1956年12月建议，将"核动力反潜潜艇"整个艇艏空间都用来配备一套新发展的BQQ-1整合式声呐系统。这套系统以三排BQR-7被动式水听器阵列取代先前预定配备的单排水听器阵列，并以海军水下系统中心发展的大型球形阵列取代先前预定采用的圆柱形阵列。BQQ-1整合式声呐需要更大的设备空间，但效能远高于旧型声呐（被动侦测距离较现役的BQR-2B声呐提高140%，较原先预定配备于"核动力反潜潜艇"的声呐提高了75%）。

艇艏是整艘潜艇上背景噪声最小的位置，适合用来设置声呐。问题在于，鱼雷管也位于艇艏位置，为了腾出整个艇艏空间，必须将"核动力反潜潜艇"的鱼雷管从艇艏往后挪到艇舯前端，以大约15°的外倾斜角穿出艇外、向两舷朝前发射，这不仅能将更多空间保留给声呐使用，也能大幅减少艇艏的流体噪声，但同时也带来一系列新问题。

左图：1957年6月停泊于普茨茅斯海军船厂二号干坞的"尼欧肖"号舰队油船，为了检验斜角式鱼雷管的可行性，美国海军军械局趁着"尼欧肖"号大修的机会，在该舰水下部位安装了试验用鱼雷管，成功进行了斜角式鱼雷管的实射验证。测试结束后，试验鱼雷管被卸除，该舰也恢复原本构形继续服役。

下图："白鲑鱼"号线图与内部布置图。"白鲑鱼"号是强调反潜任务取向的"核动力反潜潜艇"核攻击潜艇试验艇，引进蒸汽涡轮电动推进系统，省略减速齿轮传动，可大幅降低推进系统的噪声。为了充分发挥新型声呐的侦测能力，将整个艇艏空间都保留给声呐使用，鱼雷管则改置于艇舯前端两侧，以斜角朝向两舷伸出艇外，这也成为日后美国海军核潜艇的标准声呐与鱼雷管配置方式。

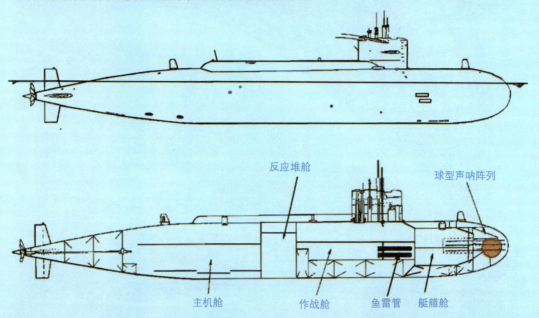

传统潜艇的鱼雷管设置于艇艏或艇艉，朝向正前方或正后方发射。在"核动力反潜潜艇"计划之前，只有德国于第二次世界大战末期规划建造的Type XXIB、Type XXIC、Type XXVIW与Type XXXA等U艇预定采用配备于艇舯、向两舷发射的斜角式鱼雷管，但这些潜艇的艇舯鱼雷管是朝向艇艉方向发射，而且均未实际完成建造，因此这种斜角式鱼雷管的配置方式，并未得到充分的验证。

安置于潜艇艇舯、朝向两舷的斜角式鱼雷管存在着三个缺点。

（1）受艇舯空间限制，能设置的鱼雷管数量较少，在此之前的美国海军核潜艇，鱼雷管的标准配置，都是在艇艏位置设置六具鱼雷管，而"核动力反潜潜艇"将鱼雷管挪到艇舯后，就只能设置四具（左右两侧各两组）。

（2）向两侧朝前发射的方式，舰船局（Bureau of Ships, BuShips）担心这种设计可能限制鱼雷的发射速度，当鱼雷以过高的速度射出鱼雷

下图：1960年4月，即将下水前的"白鲑鱼"号，该舰属于试验艇，作为反潜型"核动力反潜潜艇"核攻击潜艇的原型，设计上特别重视静音性，引进了蒸汽涡轮电动推进系统，以及崭新的声呐与鱼雷管设计。

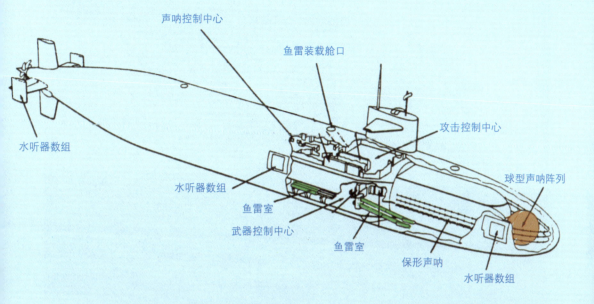

上图：美国海军核攻击潜艇典型的声呐与鱼雷管配置图解。可清楚见到整个艇艏空间都用于布置球形声呐阵列与被动式适形水听器阵列，鱼雷管改设于艇艏两侧，以大约10°的外倾角朝向两舷伸出。注意斜角式鱼雷管不是直接从耐压壳侧壁穿出，而是从耐压壳锥形艏部与后方耐压壳之间的过渡段穿出，再穿出非耐压的外壳。

管时，可能会撞击到鱼雷管侧壁，也可能折断鱼雷的导线。

（3）从耐压壳两侧穿出的鱼雷管，也有影响耐压壳强度之虞。除了设于艇艏、向两舷外倾的四具鱼雷管之外，另一个备选设计，是从艇艏向后外倾的六具鱼雷管，带八枚备用鱼雷，但未被接受。

针对鱼雷管数量减少的问题，可以通过更高效的新型鱼雷来缓解。美国海军当时乐观认为，刚在1956年服役的Mk37鱼雷，对抗苏联潜艇的杀伤概率可以接近1，也就是说，预期每一枚Mk37鱼雷发射后都能猎杀目标。

至于艇艏斜角式鱼雷管的安全性，美国海军先以一艘驳船作为测试平台，成功完成了初步测试，可让鱼雷在最高15节速度下射出鱼雷管。接着趁着"尼欧肖"号舰队油船（Neosho AO 143）于1957年6月返回普茨茅斯海军船厂的干坞大修的机会，军械局在该船水下船壳部位，安装了实验用的21英寸鱼雷管，进行斜角式鱼雷管的实测。测试结果显示，鱼雷可以最高20节的速度从斜角式鱼雷管射出（通过压缩空气致动的外力，将鱼雷弹射出鱼雷管），或是以15节的速度从鱼雷管发射，验证了斜角式鱼雷管的可行性与安全性。测试结束后，

上图："白鲑鱼"号所确立的艇艏声呐与艇艏斜角鱼雷管配置方式，成为后来美国海军核潜艇的标准设计，图为干坞内的"洛杉矶"级潜艇，可见到艇艏庞大的声呐罩，以及艇艏后方、艇舯前端侧面的鱼雷管舱门。

"尼欧肖"号拆除了这组实验鱼雷管，改回原本构型恢复服役。

美国海军也在尽力解决艇舯斜角式鱼雷管影响耐压壳的问题。若让斜角式鱼雷管直接从艇舯部位的耐压壳侧面穿出，将会在耐压壳上形成不利于结构强度的椭圆形开口。设计人员采取的变通做法是让鱼雷管从耐压壳锥形艏部与后方耐压壳之间的过渡段穿出，由于这个过渡段耐压壳与鱼雷管之间的夹角较小，所以鱼雷管从耐压壳穿出的开口可以开成圆形，而不会形成椭圆形开口，最后鱼雷管再以椭圆形开口穿出非耐压的外壳。

美国海军在1957年初确认了前述设计，在1958年2月完成"核动力反潜潜艇"的合约设计。随后依据这个设计，于1958年5月开工建造"白鲑鱼"号，让"白鲑鱼"号成为美国海军第一艘拥有球形声呐阵列以及艇舯斜角式鱼雷管的潜艇。虽然试验性质的"白鲑鱼"号只造了一艘，但运用成果非常成功，充分展现了大型球形声呐阵列的革命性效能，因而其声呐与鱼雷管配置成为后续美国海军潜艇的标准设计。

上斤斤计较，以免恶化航速性能。但无论是要减少阻力，还是削减吨位，都遇上许多困难。

◆ 抑制排水量的问题

为了抑制排水量，设计人员尝试了许多方法，包括乘员数量的最小化——每多一名乘员，就会带来相应的艇体重量与体积增加，连带对阻力与航速造成负面影响。

考虑到艇体的重量主要是集中在机械设备与耐压壳体，机械设备已没有削减重量的余地，新导入的改进降噪措施，还有可能进一步增加重量。于是设计人员只能把削减重量的目标放在耐压壳方面。

美国海军一开始并不想在新潜艇上引进改进的耐压壳材料。因为在壳体材料相同的情况下，削减壳体的重量（如减少壳板厚度或改用数量较少的龙骨等），便意味着强度的降低，最终将带来正常操作的测试潜深降低的后果。自"长尾鲨"级起，美国海军新造潜艇都通过引进HY-80高强度低合金钢制成的耐压壳与改进的关键组件（特别是提高强度的艇体穿透部位组件，如潜望镜衬套、推进轴密封垫盖、冷凝水主管道等），将测试潜深从早先潜艇的700英尺一举提高到1300英尺。[1]

然而"通用核攻击潜艇"削减耐压壳重量的结果将使测试潜深比"长尾鲨"级降低一半，倒退到"长尾鲨"级以前潜艇的标准。但无论就声呐操作能力，还是潜航静音与安全性需求来说，测试潜深性能的大幅倒退，都是不可接受的。

◆ 潜航深度性能的考虑

就声呐操作来说，美国海军要求新潜艇需有足够的潜航深

---

[1] 美国海军潜艇的最大潜航深度一般分为以下几种类型。
　①测试潜深（test depth）：正常操作下的最大潜深。
　②安全下冲潜深（safe excursion depth）：潜艇因水平舵故障等意外状况失去深度时，允许的最大安全缓冲潜深。
　③压溃潜深（crush or collapse depth）：潜艇压力壳结构遭水压压溃的深度，以美国海军的1.5倍安全系数标准，压溃潜深是测试潜深的1.5倍，或者说测试水深是压溃潜深的2/3。

度,例如能在温跃层(thermal layer)以下活动,以便突破水层的限制,提高声呐侦测效果,这要求新潜艇至少要有1000英尺等级的测试潜深。

而就航行静音需求来说,潜艇一般需在低于空蚀深度(cavitations depth)的深度上航行,以减缓空蚀现象的产生。当潜航速度越高时,不产生空蚀所需的航行深度也越大[1]。为了避免产生空蚀现象,潜艇必须拥有足够的潜深性能,且潜航航速越大,为了达到空蚀深度的要求,需要的潜深也越大。

除此之外,为了应对潜航时因意外而失去深度,潜艇也需保留足够的安全缓冲潜深,也就是所谓的安全下冲潜深(safe excursion depth),当潜艇速度越快时,需要的安全缓冲深度也越大。

例如,当潜艇用于控制潜航深度的水平舵发生故障时,很可能会让潜艇失控地下潜(crash-dive)。在这种情况下,潜艇虽然可通过高压吹除压载水舱等方式强制上浮,但潜艇受惯性影响,仍会继续下沉一段深度才能上浮,也就是说,要让潜艇从失控下潜状态中解脱出来,需要一定的时间与缓冲深度。若潜艇速度越高,失控下潜速度也越快,下冲深度(excursion depth)也就越深。

除了水平舵故障会让潜艇失去深度外,当潜艇在水中高速回转时,由于艇身上下的不对称(上方有突出的围壳),潜艇将产生横倾力矩,而出现瞬间突发性横滚(snap roll),从而

---

[1] 螺旋桨产生的空蚀现象与静水压直接相关,当静水压上升时,空蚀现象将随之减缓。而潜艇潜航的水深会影响螺旋桨的静水压,这也赋予了潜艇不同于水面舰的特性——可通过增加潜深,来推迟出现空蚀的航速。当潜艇在较浅的深度航行时,静水压较低,螺旋桨在较低的转速与推力负载下就会发生空蚀,从而带来空蚀噪声。而随着潜深增加,水压跟着提高,空蚀发生的速度范围也随之延后,螺旋桨要到更高的转速下才会发生空蚀,也就是说,潜艇在较深的深度潜航时,可以较高的速度航行,而无需担心产生空蚀噪声。而在特定速度下不产生空蚀的潜航深度,就是该速度下的"空蚀深度"。

失去深度，沉入较预设深度更大的海里。

考虑到前述危险，有经验的潜艇指挥官会让潜艇在一个安全深度范围内潜航（safe band of depths），介于空蚀深度与安全缓冲深度之间——最浅需大于空蚀深度，以避免产生空蚀噪声；最深不能大于解脱失控所需保留的安全缓冲深度，以便遭遇意外时有足够的缓冲深度冗余。在一定的测试潜深能力下，当潜艇速度越快时，考虑到失控下沉的风险，可用的安全深度范围便越窄。反之，若潜艇的测试潜深越大，则可用的安全深度操作范围也越大。

而对"通用核攻击潜艇"这样一种以30节高潜航速度为目的的攻击潜艇来说，只需20秒时间，就能以30°下潜角度从海面潜到500英尺深度。在高速航行时若发生失控下冲，危及结构安全的风险也越高。因而必须拥有足够的潜深性能冗余，来应对这类的风险。

也就是说，为了发挥声呐性能以及应对潜航静音性与安全性的需求，都要求新潜艇拥有足够的测试潜深。问题在于，若要改善潜艇的测试潜深又需提高耐压壳强度，以致造成排水量增加，1966年时，设计人员估计需要额外增加900~1000吨重量，才能让"通用核攻击潜艇"恢复到"长尾鲨"级的测试水深标准，但这又恶化了新潜艇原本就已让人头痛的体形过大问题。

"通用核攻击潜艇"的设计陷入了恶性循环，一开始是为了提高航速，而采用水面舰用的D1G反应堆——新反应堆造成"通用核攻击潜艇"尺寸与吨位过大，以致航速不尽理想——为了改善航速，试图削减耐压壳重量来抑制吨位，但也带来测试潜深性能的倒退与减损——考虑到声呐操作、静音与安全性需求，都要求更大的测试潜深，必须强化耐压壳结构——强化耐压壳带来额外重量，回过头来又恶化了"通用核攻击潜艇"原有的吨位过大问题。

◆改善潜深性能问题的方法

针对"通用核攻击潜艇"潜深性能不足的问题，有两个解决办法。

第一个办法是引进更高强度的耐压壳材料，这也是最直接了当的解决办法。当时美国海军正考虑采用新的HY-130高强度低合金钢替代HY-80高强度低合金钢。HY-130的降伏强度（yield strength）较HY-80高了60%以上，若使用这种钢材来建造"通用核攻击潜艇"的耐压壳，便能在不增加重量的前提下维持"通用核攻击潜艇"原本牺牲的测试潜深性能（恢复到"长尾鲨"级与"鲟鱼"级的程度）。

第二个办法，是改以X形艉舵来替换传统的十字型艉舵。通过20世纪60年代初期在"大青花鱼"号试验潜艇上的实测，证实了X形艉舵有助于解决潜艇失控下潜的问题。传统的十字型艉舵是由水平舵来控制潜艇的上浮与下潜；而X形艉舵的四片舵面则同时兼有垂直舵与水平舵的作用，必须通过四片舵面的相互协调偏转，才能让潜艇下潜，所以单一舵面的失效，并不至于让潜艇失控下潜，还有另外三片舵面可用于控制潜艇姿态，因此导致潜艇失控的概率非常低，故安全冗余性远高于十字型艉舵。

若"通用核攻击潜艇"采用X形尾舵，便能通过X形艉舵较高的安全性大幅减少失控下潜的概率，从而也减少对于安全下冲潜深的需求。如此一来，便能减轻"通用核攻击潜艇"潜深性能较低所造成的负面影响。

不过前述两种方式各有缺陷。在HY-130高强度低合金钢方面，当时这种新钢材仍在研制阶段，制造与焊接都还有许多问题有待解决，美国海军打算先建造一艘基于HY-130高强度低合金钢的小型试验核潜艇，然

下图：自"长尾鲨"级起，美国海军第一线核攻击潜艇通过引进HY-80高张力钢制程的耐压壳，与改进的关键组件，将测试潜深便提高到1300英尺，但是在"通用核攻击潜艇"计划中，为了抑制排水量而试图削减耐压壳重量，从而也带来测试潜深性能到退的后果，图为建造中的"长尾鲨"级二号舰"大鱼"（USS Permit SSN-594），可见到艇艏的耐压壳构造。

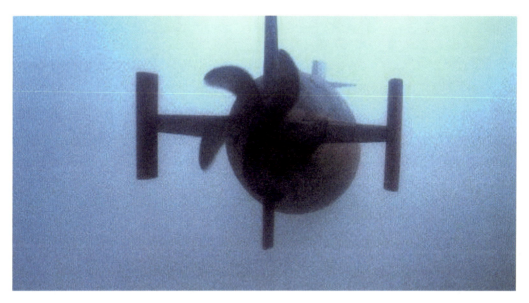

上图：考虑到声呐操作、静音性与安全性的需求，"通用核攻击潜艇"仍需保有足够的测试潜深性能，以致与削减耐压壳重量的需求产生矛盾。

后再应用到实用型核潜艇上，时程上能否赶上"通用核攻击潜艇"的需要，仍有许多变数。

而在X形艉舵方面，美国海军虽然稍早已在"大青花鱼"号试验潜艇上验证了X形艉舵的有效性，但同时也暴露了这种尾舵设计潜在的问题。比起十字型艉舵，X形艉舵的舵面效应要复杂得多，每片艉舵会同时产生水平与垂直方向的操纵力，因而控制也十分复杂，必须通过计算机的辅助，才能有效地操纵X形艉舵。然而当时计算机的可靠性仍无法让人放心，以致美国海军不愿意把攸关潜艇安全的操纵重任交给计算机来执行。

◆减少阻力的问题

除了减轻重量、抑制排水量的增长外，降低艇体的阻力是改善潜艇航速性能另一重要方向。

为了容纳庞大、沉重的D1G反应堆，"通用核攻击潜艇"的艇体长度与排水量无可避免地将比过去的攻击潜艇大上许多。在这种情况下，要减少阻力，只能从降低艇体外部各种附加物带来的附体阻力着手，例如尽可能保持艇体表面的光滑，以及缩减各种附加物的尺寸等。

早在发展"白鱼"级（Barbel Class）与"鲣鱼"级等第一代泪滴形潜艇时，美国海军就已陆续应用了提高艇体表面光滑的各种手段（例如减少排水孔数量等）。到了"长尾鲨"级，又通过缩减围壳尺寸大幅缩减了附体阻力。而到了"通用核攻击潜艇"，则尝试了取消围壳的可行性。

事实上，早在设计"长尾鲨"级时，美国海军就曾评估过取消潜艇围壳的可行性。当时的研究显示，围壳的存在将导致潜艇的航速降低1.5节，因此大西洋与太平洋潜艇部队司令曾于1957年2月建议取消潜艇围壳，认为这不仅可以改善潜艇航速，也能消除潜艇急转时发生突发性横滚的问题，并带来更平顺的尾流。不过这项建议遭到舰船局的拒绝。

在1957年7月提出的研究报告中，舰船局强调了围壳对潜艇的必要性。

（1）任何实用化的潜艇都需要某种结构物用于容纳艇上的各式桅杆。

（2）当潜艇在水面上航行或是在接近水面的浅水航行时，需要围壳来扮演舰桥角色，以利操舰指挥。

（3）围壳可作为保护艇体的缓冲构造，避免艇体顶部直接碰撞外物。

（4）自"鲣鱼"级起，美国海军通过在潜艇围壳上设置水平舵获得许多操作上的优点（例如可预防艇艉水平舵的故

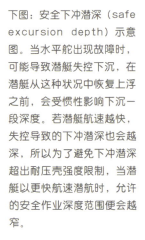

下图：安全下冲潜深（safe excursion depth）示意图。当水平舵出现故障时，可能导致潜艇失控下沉，在潜艇从这种状况中恢复上浮之前，会受惯性影响下沉一段深度。若潜艇航速越快，失控导致的下冲潜深也会越深，所以为了避免下冲潜深超出耐压壳强度限制，当潜艇以更快航速潜航时，允许的安全作业深度范围便会越窄。

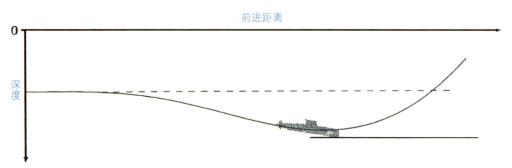

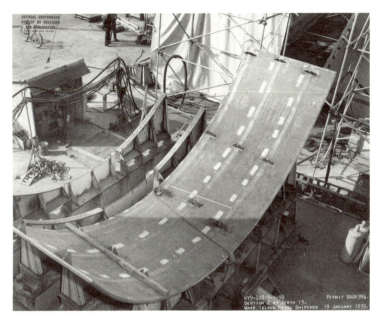

左图：自"长尾鲨"级起，美国海军开始以HY-80高强度低合金钢作为潜艇耐压壳材料。而在规划高速的"通用核攻击潜艇"时，又考虑引进强度更高的HY-130高强度低合金钢，以便在减轻耐压壳重量的同时，保有"长尾鲨"级等级的潜深性能。照片为建造中的"长尾鲨"级二号艇"大鳀鱼"号，可见到正在成形的耐压壳板。

障）。而比起传统潜艇设于艇艏两侧的水平舵，当潜艇在接近水面航行时，设于围壳上的水平舵可提供更好的深度稳定能力，同时这个位置也更远离艇艏的声呐，舵面的机械机构也没有干扰艇艏声呐的疑虑。

到了发展"通用核攻击潜艇"的1966年，舰船局当初提出支持保留围壳的理由仍然成立，除此之外，还多了一个新理由，设计人员打算为"通用核攻击潜艇"配备一种大型的拖曳式无线电浮标，作为"通用核攻击潜艇"与水面护航空母舰队通信的初步手段[1]。这种浮标的翼展长达四英尺，因而"通用核攻击潜艇"必须设置围壳才能提供容纳这种浮标，才能具备让乘员进入维护所需的空间。

因此"通用核攻击潜艇"不能取消围壳，不过为了尽可能减少阻力其围壳尺寸被缩减到比"长尾鲨"级还小，因而也带来一系列副作用。

---

[1] 另外还搭配紧急备用的可抛弃式浮标天线，以及用于接收低频与甚低频信号的拖曳式漂浮缆线天线，不过这两种系统都无法在很低的航行速度下使用。

上图：美国海军利用"大青花鱼"号试验潜艇，验证了X形艉舵的技术优势，不仅操纵效率高于传统十字形尾舵，操纵失效概率更低，可有效防止出现失控下冲问题，缺点则是操纵控制复杂，必须通过计算机辅助才能有效控制。图为"大青花鱼"号的X形艉舵特写。

（1）如同"长尾鲨"级，"通用核攻击潜艇"较小的围壳尺寸，限制了内部所能容纳的升降桅杆数量，以致"通用核攻击潜艇"必须删减部分桅杆，连带也必须删减部分通过桅杆天线运作的装备。桅杆功能的完整性，不如围壳尺寸较大的"鲟鱼"级。

（2）较小的围壳尺寸也让"通用核攻击潜艇"失去了先前在"鲟鱼"级上获得的改进北冰洋行动能力。

吸取了"长尾鲨"级围壳过小的教训，"鲟鱼"级扩大了围壳尺寸，不仅能容纳数量更多、功能更完整的桅杆，还凭借较高的围壳高度，设置了可将围壳水平舵往上偏转90°的机构。一般航行时，"鲟鱼"级的围壳水平舵偏转角度为±25°，而当"鲟鱼"级在北极海域作业时，若需要从冰海中突破冰层上浮，可将围壳水平舵向上偏转90°，让水平舵呈现垂直竖起状态，以此减小水平舵碰撞冰层时的受力，避免艇身损坏，从而大幅提高了"鲟鱼"级在北极海域的作业弹性。

为了减少阻力，"通用核攻击潜艇"大幅缩减了围壳尺寸，也导致围壳过于低矮，无法像"鲟鱼"级一样允许围壳水平舵往上偏转90°，因而也削弱了"通用核攻击潜艇"的北极海域作业能力。

除了缩减围壳尺寸外，引进X形艉舵也有助于减少附体阻力。如前所述，X形艉舵的每个舵面偏转摆动时，都会同时在水平面与垂直面产生操纵力，舵效要比同尺寸的十字型艉舵高

2 初步的设计探索

出30%～40%，反过来说，在提供相同舵效的需求下，X形尾舵只需较小的尺寸就能满足操纵需求，而舵面面积的缩小也能达到减少潜艇整体附体阻力的目的，从而改善航速性能。

为了强化北极海域作业能力，"鲟鱼"级配合较高耸的围壳，设置了让围壳水平舵往上偏转90°、垂直竖起的机构。平时航行下，水平舵在一般角度内偏转，要突破冰层上浮时，可通过液压连杆机构，让围壳水平舵往上90°竖起。

新潜艇发展方向的异议

总的来说，"通用核攻击潜艇"的初步设计显示，通过

下图：包括"通用核攻击潜艇"计划在内，美国海军曾多次评估取消潜艇围壳的可行性，希望能减少阻力、提高航速。但即使取消围壳，潜艇还是必须设置一个用于包覆容纳桅杆的构造，因此围壳的存在整体来说利大于弊。最后"通用核攻击潜艇"只是缩小了围壳尺寸。不过较小的围壳虽然有利于减阻，但可容纳的桅杆不如"鲟鱼"级完整。图为"鲟鱼"级围壳的伸缩式桅杆图解。

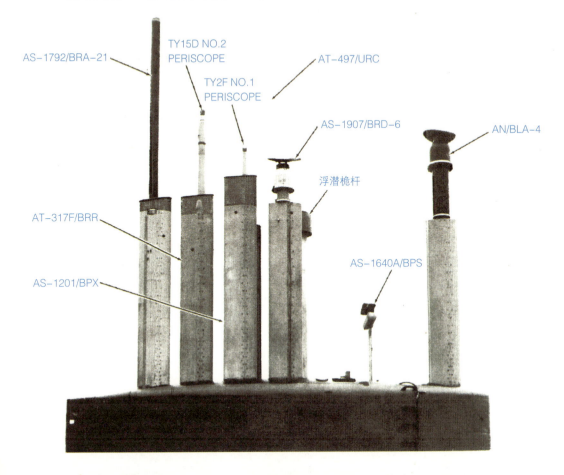

上图：图为"鲟鱼"级"白鲳鱼"号（USS Spadefish SSN-668）突破北极冰层上浮的特写，可见到围壳两侧的水平舵向上竖起90°，可减少水平舵碰撞冰层的受力面，从而减少损坏概率。

引进D1G反应堆，虽能勉强达到航空母舰护航任务所需的30节航速，但带来了吨位过大、潜深能力不足、北极区域运用能力受限等问题。虽然有一系列针对控制吨位、强化潜深与减少阻力等方案可以依循，但也各自含有不同的副作用，因而在设计上还有许多问题必须考虑。

不过就在里科弗推动的"通用核攻击潜艇"计划基本设计逐渐成形时，由于政策、战术与技术观点的差异，美国海军内部不同派系之间也产生了新一代核攻击潜艇发展方向的分歧。以海上系统司令部为首的派系在国防部长麦克纳马拉支持下，提出了完全不同的新潜艇设计构想。

2 初步的设计探索

（侧视）　正常操作

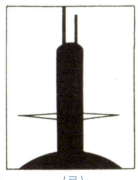
（弓）

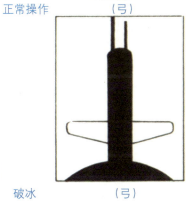
（侧视）　破冰　　（弓）

左图与下图："鲟鱼"级的围壳水平舵运作图解（左）与其控制机构图解（下）。

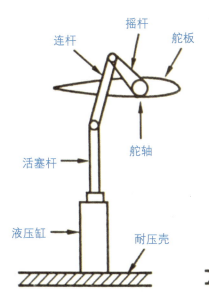
连杆　摇杆　舵板
舵轴
活塞杆
液压缸　耐压壳

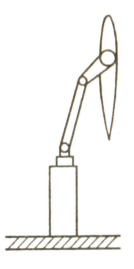

潜艇发展路线的争论

里科弗的两种潜艇计划

对于主导美国海军核反应堆发展的里科弗来说,通过引进高功率核反应堆,借此提高新一代攻击潜艇的航速,是他对攻击潜艇发展构想的其中一个方向。

为了应对急骤升高的苏联潜艇威胁,里科弗在1964年年初,其实先后提出了两种新潜艇发展提议,分别针对高航速与静音性两个方向的追求。

第一种便是前面提到的"高速型核攻击潜艇",目的是应对预期中苏联的新型高速核潜艇威胁,并逆转美国海军核攻击潜艇航速日渐低落的趋势,基本概念是将水面舰用的D1G高功率反应堆转用于潜艇上,以这种新式反应堆为基础,发展出拥有30节以上高航速、可伴随航空母舰战斗群行动的新时代核攻击潜艇。

第二种则是"涡轮电力驱动潜艇"(Turbine Electric-Drive Submarine,TEDS),目的是以电动马达取代减速齿轮,借由消除减速齿轮这个核潜艇上最大的噪声源,从而得到静音性的改善。

这两项平行推动新型潜艇计划以两种新型推进系统为核心，一种为注重静音性的涡轮电力驱动，另一种为重视输出功率的高功率压水反应堆齿轮传动系统。事实上，比起潜艇本身，发展这两种潜艇所需的新型动力与推进系统才是里科弗的核心兴趣所在。

但两项计划都遇到阻碍。

涡轮电力驱动潜艇计划经过激烈争论后，在里科弗、海军与国防部之间达成妥协，于1966年底为国防部接受，被列入1968财年预算。

而基于D1G反应堆的高速潜艇计划，因国防采购制度的限制，而陷入了停摆。与性质相对单纯、以验证电动驱动技术为目的的涡轮电力驱动潜艇计划不同，里科弗的高速型核攻击潜艇构想，无论在战术运用、兵力规划还是在采购程序上，都抵触了当时国防部长麦克纳马拉的政策。

首先，里科弗的高速潜艇构想将航空母舰护航列入核攻击潜艇的主要任务范围，然而当时美国国防部给核攻击潜艇设定的唯一角色，是执行反潜阻栅（ASW barrier）任务。麦克纳马拉设定的核攻击潜艇量产规划也是以反潜阻栅任务作为采购数量的基准。因而里科弗提议发展以航空母舰护航为目的的高速潜艇，形同于直接挑战了麦克纳马拉的潜艇政策。这等于要求在原有执行反潜阻栅任务的核攻击潜艇之外，还需要采购这种护航用潜艇。

其次，里科弗推动高速核攻击潜艇的程序不符合麦克纳马拉的新采购体制要求。

当里科弗形成了新型高速潜艇初步想法后，便径自于1964年4月6日要求电船公司开始初步设计研究，当麦克纳马拉于4月24日造访贝蒂斯原子动力实验室时，里科弗趁势要求国防部允许他开发潜艇用的D1G反应堆，麦克纳马拉虽然对这个构想感兴趣，但不愿一开始就直接进入反应堆开发。

于是里科弗转向海军作战部长办公室方面运作，最后取得

当时海军作战部长麦克唐纳同意，启动这种新潜艇的预备设计研究，成果便是1966年3月完成了称作"通用核攻击潜艇"的高速核攻击潜艇设计研究。然而这项计划也只能推进到预备设计研究这个阶段而已。由于里科弗的行事方法不符合麦克纳马拉要求舰艇发展与采购所须遵循的概念研究程序，"通用核攻击潜艇"实际上难以获得进入实际建造的机会。

麦克纳马拉国防管理新制度的冲击

为了追求预算运用的合理化，麦克纳马拉要求：任何主要的武器系统计划，都必须经过被称作"概念成形"（Concept Formulation，CF）与"合约定义"（Contract Definition，CD）的分析程序，利用系统分析（System Analysis）的数学方法，分析任务范围与战术需求，比较所有可行的解决方案，以此获得合理的选择基准，然后再选定发展方向。

上图：里科弗一手发起与主导的"通用核攻击潜艇"高速核攻击潜艇设计研究计划，受制于国防部长麦克纳马拉的新管理政策，在1966年完成研究报告后一时陷入停摆。图为1964年4月24日麦克纳马拉参访贝蒂斯原子动力实验室的情形，左起为国防部长麦克纳马拉，左二为里科弗，左三为当时担任原子能委员会主席的著名物理学家兼诺贝尔奖得主西博格（Glenn T. Seaborg），最后为担任该实验室管理工作的物理学家泰勒（J. J. Tayler）。

在一项计划的起始之初，借由"概念成形/合约定义"（CF/CD）的分析程序，可以在这项计划开始投入大规模的开发投资之前，要求各军种必须依据该计划对于整体国防预算的长期影响来预测这项计划的后果。理论上，这样的程序，可以尽早排除掉那些过渡浪费、缺乏成本效益的计划。

随着"概念成形与合约定义"等概念研究程序的启用，也产生了更为形式化（formalized）的计划管理制度。必须明确申明系统的效能目标，但不直接表明达到这些目标的方法为何，以免限定了解决方案的形式与技术路径，然后通过量化的分析方法，计算出不同需求、技术与解决方案之间，折中权衡（Trade-off）后的取舍效益，然后据此提出可供选择的不同技术方案文件，称作"技术路线提案"（Proposed Technical Approaches，PTA），作为选定发展方案的依据。

在这样的制度下，美国海军在麦克纳马拉时期的舰艇计划，都是先从一项"特定发展目标"（Specific Development Object，SDO）开始，然后提出可以满足这项目标不同"技术路线提案"，从中选出最佳方案后，最后再进入正规的计划管理程序。在此之前，美国海军也有类似的"目标导向"计划管理制度，也就是基于"作战需求"（Operation Requirements，ORs）的体制，包括"一般作战需求"（General Operation Requirements，GOR）与"特定作战需求"（Specific Operation Requirements，SOR）两者，但"特定发展目标"与"技术路线提案"的制度是麦克纳马拉时代才引进的新做法。

麦克纳马拉引进这些新制度的最初目的，是提高国防部长办公室（Office of the Secretary of Defense，OSD）对于各军种开发采购计划的控制。国防部长办公室可以通过"概念成形/合约定义"与系统分析等新式分析工具压制尚未充分掌握这些信息的各军种，让他们无法有效地挑战麦克纳马拉的决策。

左图：为了追求预算运用的合理化，麦克纳马拉出任美国国防部长后，便以他在学术界与商业界的经验，推动一系列管理体制与运算制度的改革，并要求军方的武器系统开发，必须遵循他的"概念成形/合约定义"程序，以及系统分析方法。

这些制度也有缺点。

举例来说，在进行折中权衡分析时，首先必须精确地定义任务需求。但任务需求的定义与解释实际上可以操纵，分析结果可以偏向于选择某个解决方案，借此将整个计划导向国防部长办公室想要的结果。

采用规范化的管理与预算程序也导致新的开发计划速度放慢许多。决策程序牵涉到更多执行者，自然得花更多的时间，同时也能借此筛选那些缺乏成本效益的计划。而这种放慢计划速度的特性，在1965年以后更具有特别的意义。

随着美国陷入越战泥沼，麦克纳马拉必须应付越来越庞大的越战军费开支，因而试图抑制新武器系统开发计划，以便将经费挪给越南作战的开支。而"概念成形/合约定义"程序会放慢计划速度的特性，被当成一种用来抑制、推迟计划的一种方法，美国海军的新舰艇计划首当其冲。麦克纳马拉在1965年2月宣布，美国海军所有新舰艇计划都必须应用"概念成形/合约定义"程序。

然而对于里科弗这一世代的人来说（里科弗较麦克纳马拉年长16岁），"概念成形/合约定义"程序背后的管理思想是完全陌生的。就里科弗来看，苏联新时代核攻击潜艇的出现带来了急迫的威胁，而里科弗认为他找到了答案，就是基于D1G反应堆的高速潜艇，这或许不是最佳的构想，但确实是可行的。至于通过"概念成形／合约定义"程序进行进一步分析研究，或许可以得到更好的结果，但里科弗这些传统海军人士的经验显示，时间非常重要。一个今天作出的"相当好"（reasonably good）决定，胜过五年以后才作出的"最佳"（optimal）决定。对里科弗而言，概念研究这类程序，代表了一种不那样在乎时间的新兴文化。

无论如何，里科弗的高速潜艇构想在1966年3月完成"通用核攻击潜艇"预备设计研究报告，并提出建造一艘试验艇的建议后，便难以进一步推进。

不过美国海军也不能坐视新一代核攻击潜艇的发展就此停摆，取而代之的是，海军作战部长办公室依据麦克纳马拉的概念研究政策要求，另外启动了新的潜艇研究计划。

下图：麦克纳马拉是美国历史上任期最长的国防部长（1961—1968年），深获肯尼迪（John Fitzgerald Kennedy）与约翰逊（Lyndon Baines Johnson）两任总统信任，即使是拥有雄厚政治后台、惯于独断专行的里科弗，也不能直接冲撞麦克纳马拉推动的国防研发与采购政策，被迫在麦克纳马拉制定的新规则下，设法为他的新潜艇构想争取支持。图为约翰逊总统（左）与麦克纳马拉（右）合影。

麦克纳马拉时代的美国海军造舰计划改革

麦克纳马拉于1961年出任美国国防部长后,便锐意推动一连串国防采购管理制度改革,重用了一批企业与学界出身、擅长现代管理科学的年轻专才,试图以系统分析、统计、控制论等新式管理工具调整美国的国防建军与采购政策。

相较于先前倾向于武器系统性能与初始采购成本的美国国防采购政策,麦克纳马拉则更强调成本效益与寿命期总成本(life cycle cost)。为了更好地控制采购计划的预算运用,麦克纳马拉在预算规划与管理中引进了计划项目预算系统(Planning, Programming, Budgeting System, PPBS),以及五年期国防计划(Five Year Defense Plan, FYDP)等制度,接着又要求武器系统开发计划采用"概念成形/合约定义"程序,以及与之配套的总包采购制度(Total Package Procurement, TPP),也给美国海军的舰艇计划带来全面性的改变。

下图:麦克纳马拉入主美国国防部后,陆续推动的一系列国防采购与预算制度的改革,给1960—1970年的美国武器系统计划带来深远的影响。图为在国防部长办公室内的麦克纳马拉。

传统的造舰政策

自第二次世界大战时期一直到20世纪60年代初期为止，美国海军实行的是海军自身主导的造舰政策，优先考虑的是维持大规模生产能力，以应付消耗战的需要。

在新舰艇计划中，首先由海军作战部长办公室与各局（Bureau）资深军官组成的舰艇特性委员会（Ship Characteristics Board，SCB）确认作战需求，并制订新舰艇的基本特性要求；接着进入"可行性研究阶段"（Feasibility Study Phase），主要由舰船局进行成本与可行性研究，借此拟定"预备特性案"（Preliminary Characteristics），待舰艇特性委员会审核通过后，便进入"预备设计时间"（Preliminary Design Phase），由舰船局进行预备设计研究，并由武器局（BuWeps）协助武器配置研究。

待新舰艇的预备设计案获得舰艇特性委员会通过后，据此完成合约设计（Contract Design），然后发包给专门的船舶设计公司［（如著名

下图：原本美国海军的舰艇计划，采取的是海军主导设计的模式。而在麦克纳马拉引进"概念成形／合约定义"程序后，转变为业界厂商主导的模式，海军只在"概念成形"阶段制订基本需求，实际设计完全交由民间厂商负责。

传统造舰计划程序（1945—1960年）

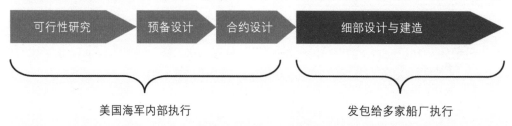

麦克纳马拉时期的造舰计划程序（1963—1969年）

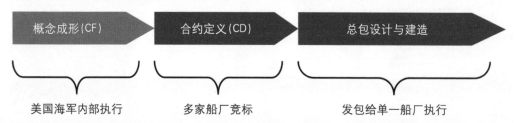

的吉伯斯与考克思（Gibbs & Cox）公司〕，接着完成用于实际建造工程的"细部设计"（Detail Design）。而在实际建造阶段中，再通过竞标程序，在多家船厂间分配建造工程，尽可能将建造合约同时发包给多家船厂，以求维持整个造船业的造舰能力。

造船厂在竞标建造合约的时候，是基于海军方面已经完成的细部设计。而得到建造合约的船厂，只是依照海军提供的设计执行建造工作而已。在整个过程中，国防部几乎没有介入。

随着导引武器与电子系统的普遍应用，传统造舰管理政策已无法驾驭越来越复杂的舰艇发展计划，成本超支、时程拖延充斥了整个造舰计划，从而带来改革的需要。

麦克纳马拉时代的造舰政策

为了提高造舰计划的成本效率，麦克纳马拉在1965年2月宣布，所有舰艇发展计划都须使用"概念成形／合约定义"程序。接着从1966年起，美国海军也大幅改组，舰船局与武器局改组为海军舰船系统司令部（Naval Ship System Command, NavShips）与军械司令部（NavOrd），舰艇特性委员会也改为舰艇采购与改进委员会（Ship Acquisition and Improvement Council, SAIC），由此形成了新的造舰管理体制。

在"概念成形／合约定义"程序中，"概念成形"阶段仍是在海军内部进行，由海军作战部长办公室辖下的工作小组拟订"特定发展目标"与"技术路线提案"，提出新舰艇的需求，经舰艇采购与改进委员会审定后，交由由海军舰船系统司令部，负责拟订"概念成形"计划（包括进一步的工程发展研究），并分析可行的设计选择。

"概念成形"计划经舰艇采购与改进委员会审查通过后，便能进入工程发展，由海军舰船系统司令部拟订正式的舰艇发展计划，包括发给船厂的"提案征求书"（Request of Proposal, RFP），将"提案征求书"发给有意参与竞标的船厂后，接着便进入"合约定义"阶段。

上图与对页图：麦克纳马拉的"概念成形/合约定义"程序以及总包采购制度，极大地改变了美国的造舰业界生态。总包采购制度是由单一厂商"赢家全拿"，总揽一项舰艇计划的所有设计与建造工作，虽然有利于形成经济规模，提高生产成本效率，但是在竞标中失利的船厂，可能就此退出市场，以致削弱美国的整体造舰能力。图为麦克纳马拉造舰政策的两个成功案例。上图与下图分别为建造中的"斯普鲁恩斯"号驱逐舰（USS Spruance DD-963），以及"塔拉瓦"号两栖突击舰（USS Tarawa LHA-1），这两项计划都是由英格尔斯船厂赢得合约。让该厂一跃成为1970—1980年的海军造舰龙头厂商。

在"合约定义"阶段，海军对于参与厂商只有松散的约束，只通过"提案征求书"列出需求目标，并将用于检验需求可行性的概念设计草案，提供给竞标船厂作为设计参考，各家竞标厂商可依据自身情况，从设计标准与生产技术方面考虑，自行提出可以满足海军需求的设计。

在"合约定义"阶段结束时，各竞标厂商将向海军提出各自的总包采购合约提案，提案中包含了一组依据海军需求而发展的舰艇计划与规格。最后海军再从各船厂的总包采购提案中，选出两三家厂商进入"发展生产"（Development Production, DP）阶段，再从这些厂商的"发展生产"提案中选出一家获胜者，签订生产合约，由获胜的单一厂商全权负责细部设计与所有建造工作。

在"概念成形/合约定义"程序中，海军只在最初的"概念成形"阶段拟定需求，"发展生产"以后的阶段都是全由竞标厂家主导设计，海军只负责监督与审核而已，所以这是一种业界主导的设计方式。与"概念成形/合约定义"程序配套的总包采购制度，其"总包"一词也带有双重含义，一是指包括了设计与建造两方面的工作；二是指由单一厂商总包所有工作，借此形成经济规模，提高生产成本效率。

通过"概念成形／合约定义"程序与配套的总包采购制度，美国国防部希望达到以下目标。

（1）将竞标机制从建造阶段提早到更早的设计时间，借此将整个计划的成本降到最低。也就是说，通过同时涵盖设计与建造的竞标来控制总包采购合约的成本。

（2）激励参与竞标的厂商引进新技术与新发明。

（3）在造舰计划的早期阶段引进业界厂商参与概念设计，以发挥工业界的能力与资源。

（4）由单一厂商总包所有生产工作，形成经济规模，提高生产成本效率。

（5）通过规范化的文件与程序，提高国防部长办公室对于舰艇计划的控制。

这种新制度亦存在着技术与成本方面的风险，首先，参与的船厂必须在没有预备设计与细部设计的基础上，从头发展新舰艇。其次，总包采购制采用单一船厂"赢家全拿"的合约，也有削弱美国造船界整体造舰能力的疑虑。此外，总包采购制采用固定价格合约，也有着难以应对通货膨胀与承包厂商营运状况变化的弊病。因此这套制度并未存续太久，1969年以后便为调整后的新制度取代。

上图与对页图:"概念形成"潜艇设计研究计划,经历了麦克唐纳(上)与穆勒(对页)两任海军作战部长。1967—1979年,美国国防部与海军主流派系主要支持的新一代核攻击潜艇计划与里科弗的"通用核攻击潜艇"高速核攻击潜艇计划形成了对立。

新潜艇发展的另一路线——"概念形成"计划

依循正式的概念研究程序,海军作战部长办公室在1966年8月18日,发出了以接替"鲟鱼"级潜艇为目的的高速核潜艇"特定发展目标"(SDO),基本设想是必须逆转核攻击潜艇速度越来越慢的趋势,并改进基本系统(性能须超越"鲟鱼"级),使其应对1975—1985年间改进的苏联潜艇力量。

1967年4月17日,美国海军发布了针对新时代核攻击潜艇发展的"技术路线提案"(PTA)。1967年5月25日,海军作战部长办公室指示启动新时代核攻击潜艇的成本与可行性研究。稍后海军作战部长人事更迭,原任海军作战部长麦克唐纳于1967年8月1日离任退役,由穆勒(Thomas H. Moorer)接任,但这项新潜艇计划研究仍在9月22日正式获准,这项计划被称为"概念形成"(CONFORM)计划。

海军作战部长办公室提出的"概念形成"计划,与里科弗个人推动的高速潜艇计划,同样都是为了应对苏联威胁的新一代攻击潜艇计划,但两项计划的属性与执行方式,却是大不相同。

里科弗的高速潜艇计划,仍属于传统舰艇计划的形式,而"概念形成"计划是麦克纳马拉新政策下的产物。

里科弗一开始便针对提高潜艇航速的需求,提出了具体的解决办法构想(即在新潜艇上引进水面舰用的D1G反应堆),后来再交由海军设计单位,进行可行性研究与预备设计研究,逐步形成"通用核攻击潜艇"研究中的初步设计。

而"概念形成"计划则只提出了性能需求目标,而没有提出解决办法,至于如何达到性能需求目标的具体方法,则是依照麦克纳马拉的新政策要求,通过预先的折中权衡研究,分析比较所有可行方案后,再行选定。

"概念形成"计划的提出,背后的原因可能有两个。

首先,在国防部长麦克纳马拉的新政策下,迟早都得在核攻击潜艇计划中应用"概念成形/合约定义"程序。麦克纳马拉宣布未来所有新舰艇计划都必须使用"概念成形/合约定义"程序,于是1966年启动的"两栖火力支持舰"计划(Landing Fire Support Ship, LFS),以及1967年的"概念形成"计划潜艇,成为美国海军最早使用"概念成形/合约定义"

程序的舰艇计划。接下来一系列新舰艇计划,包括"两栖突击舰"(Landing Helicopter Assault, LHA)、"MCS扫雷母舰"(Mine Countermeasure Mother Ship)、"快速部署后勤舰"(Fast Deployment Logistics, FDL),以及反潜/反潜防空(DX/DXG)驱逐舰计划[后来发展出斯普鲁恩斯级(Spruance Class)驱逐舰]等,也都同样应用了"概念成形/合约定义"程序。

其次,里科弗的高速潜艇计划虽然受阻于麦克纳马拉的新制度,但里科弗拥有深厚的国会人脉,迟早会通过国会方面的支持者突破国防部与海军的制约。对于海军作战部长办公室来说,与其坐待里科弗行动,不如抢先一步启动新潜艇的"概念成形"研究，这不失为拖延里科弗行动的一个尝试。依照麦克纳马拉的新政策，当针对特定战术需求的折中权衡分析作业展开后，直到完成分析结论之前，没有任何一种针对该需求的解决方案，可以被付诸实际生产。

这也就是说，当海军作战部长办公室启动"概念形成"计划后，同时也停滞了里科弗的高速潜艇计划。

暂时的妥协

当"概念形成"计划成形时，里科弗已经在推动基于D1G的新一代潜艇用反应堆发展工作，也就是后来的S6G反应堆，并提出了应用这种反应堆的"通用核攻击潜艇"研究计划。他非常不想让"概念形成"计划来搅局，一心想扼杀这个计划。

然而除了里科弗以外，所有海军高层都认为，下一代主力核攻击潜艇，将由"概念形成"计划发展而来。至于里科弗的高速潜艇计划，则只被视为一个试验平台，用于验证与评估里科弗提议的D1G/衍生型反应堆。

主掌海军反应堆办公室（Naval Reactors）的里科弗，与负责"概念形成"计划执行的海军舰船系统司令部，各自握有关键的筹码，里科弗掌握了核反应堆设计，海军舰船系统司令部则主导了潜艇预备设计，于是双方试图达成妥协。在"概念形成"计划正式获准前两天的1967年9月20日，里科弗与海军舰船系统司令部的潜艇设计部门计划经理克恩上校（Donald Kern），以及克恩的上司阿戴尔（Jamie Adair）签订了一份协议，内容如下："同意（里科弗的）高速潜艇将会在新潜艇设计中获得优先权，进一步同意，当高速潜艇获得授权后，里科弗将军将会回到PMS-81部门倡导的新潜艇设计的每一种可能范围内。"PMS-81为克恩领导的海军舰船系统司令部潜艇设计部门代号。

当时里科弗的高速潜艇计划正受阻于麦克纳马拉的政策，停留在预备设计研究，难有进一步的具体进展，于是这一回较

3 潜艇发展路线的争论

量,暂时由海军作战部长办公室与海军舰船系统司令部占了上风。他们同意有条件地支持里科弗的高速潜艇计划,让这项计划以建造一艘试验艇的形式留存下来,条件则是里科弗方面必须支持"概念形成"计划研究中提出的潜艇设计,在配套的反应堆开发方面予以协助。

为了让高速潜艇计划与其D1G反应堆设计有所进展,里科弗不得不同意了前述条件。依照这份协议,里科弗可以得到一艘搭载D1G反应堆的试验性质潜艇。海军舰船系统司令部同意在潜艇预备设计作业方面,给予里科弗这项计划优先权,而接下来(大约1971财年以后),里科弗则必须支持"概念形成"计划研究中所建议的潜艇设计。

下图:由于里科弗的"通用核攻击潜艇"计划受阻于麦克纳马拉的新政策,迫使他于1967年9月与海军舰船系统司令部达成妥协,海军舰船系统司令部同意有条件地支持里科弗,先让"通用核攻击潜艇"建造一艘SSN-688试验艇,交换条件是里科弗必须协助海军舰船系统司令部的"概念形成"计划。图为办公室中的里科弗。

"概念形成"计划潜艇设计研究起步

与里科弗达成协议后,海军舰船系统司令部的"概念形成"计划便从1967年9月底全面展开。

里科弗个人发起与主导的"通用核攻击潜艇"计划只能以可行性研究与预备设计研究的名义推动。而海军作战部长办公室发起的"概念形成"计划,是一项获得国防部认可,以及正式拨款的舰艇发展计划,执行期间预定从1968财年到1970财年,由刚改组完成的海军舰船系统司令部[1],指派辖下的PMS-81潜艇设计部门负责执行。

在国防部长办公室的支持下,"概念形成"计划获得的资源与待遇,也与"通用核攻击潜艇"计划大不相同。

当时在海军舰船系统司令部领导舰艇预备设计的艾克哈特(Myron Eckhart Jr.)上校表示,由于国防部长办公室资助了"概念形成"计划,这项计划的初始设计工作可以比一般情况高出许多的层级来进行,海军可以从计划的一开始就展开全面的研究,并吸引众多优秀人才。

"概念形成"计划是从"一张白纸"(a clean sheet of paper)的状态,开始新潜艇的设计研究。经验丰富的潜艇军官们负责定义任务,设计师们则设法从不同的反应堆与武器系统组合中,发挥最大的效益。

"概念形成"计划研究的首要工作,是确认新时代核攻击潜艇的任务范围,而比起美国国防部给核攻击潜艇的任务定位,"概念形成"计划设想的任务范围要宽广了许多。

麦克纳马拉上台后,为求决策的合理化,主要依靠助理国防部长办公室[OSAD(SA)]进行系统分析,通过系统分析方法(System Analysis)来制定兵力发展规划。依照助理国防

---

[1] 海军舰船系统司令部的前身,是历史悠久、成立于1842年的舰船局。当美国海军废除原有的局组织(Bureau System),改组为系统司令部(System Command)组织后,舰船局也在1966年5月1日改组为海军舰船系统司令部。稍后在1974年7月1日,又与海军军械系统司令部合并为海上系统司令部。

部长办公室的设定,核攻击潜艇在战时的主要应用方式,是通过反潜阻栅,来拦阻苏联潜艇进入公海,依照被动声呐侦测距离,让攻击潜艇在关键海域预设拦阻阻塞点上巡逻,在苏联潜艇进入公海之前就进行攻击,从而达到保护航线的目的,而非让攻击潜艇直接去护航友军或补给船团。

但海军方面的潜艇专家们认为助理国防部长办公室设想的核攻击潜艇运用方式太过狭窄,新时代核攻击潜艇应有能力执行反潜阻栅以外的任务。于是海军潜艇专家们尝试发展其他适合核攻击潜艇的任务,海军起初主张,应在反潜阻栅任务之外,再纳入传统的潜艇任务作为补充,如攻击海上交通线与布雷等,但助理国防部长办公室则认为,当潜艇执行这类任务时,必须越过既有的阻栅防线、进入敌方控制水域,风险较大。

在1965年以后,让攻击潜艇执行航空母舰护航的思路又重新进入海军的视野,如里科弗的"通用核攻击潜艇"高速核攻击潜艇研究,便是以执行航空母舰护航任务为目的。

"概念形成"计划研究从五个任务领域比较了一系列可能的潜艇设计性能需求,这五个任务领域依优先级划分如下。

(1)前沿区域,在接近敌人基地处作战,这将考验潜艇的不可侦测性(undectability)。

(2)追踪/尾随,例如追踪与尾随敌方的弹道导弹潜艇。

(3)护航,直接支持友军。

(4)协同作战,由友军或固定式侦测系统[如水下监听系统(SOSUS)]提供指引,在远洋攻击敌方潜艇。

(5)辅助任务,例如反舰、布雷、监视、人员登陆、训练与开发等。

在做出明确的设计路线选择之前,必须先对每个任务领域(如航速、潜深、静音性等)进行评分或测量有效性,以得出不同设计需求之间的优先级。

在"概念形成"计划研究初步展开时,只把前两个任务领域列入考虑（前沿区域与追踪/尾随）。

针对前沿区域任务，评分标准是每次接战机会的杀伤效率（例如针对每一艘试图通过我方潜艇接战范围的敌方潜艇，所能得到的杀伤效果）；而在追踪/尾随任务中，评分标准则是我方潜艇尝试追踪目标的整个追踪时间内，可以保持被动接触的时间比率。

至于在其他任务领域（如直接支持与协调作战），要对不同的潜艇性能取向作出定量评估，是不切实际的。一般来说，在这些任务领域中，高航速或许是更重要的。

"概念形成"计划潜艇的设计选项

经过初步评估后，海军舰船司令部为"概念形成"计划的主要平台提出了以下的设计选项。

◆反应堆：S5W反应堆、功率提升型（boosted）S5G自

下图："概念形成"（COMFORM）潜艇设计研究计划案，是海军舰船司令部最早执行的两个舰艇发展计划——"概念成形"研究分析之一，由其所属的PMS-81潜艇设计部门负责。图为位于纽约海军船厂内的海军舰船系统司令部总部大楼，也就是今日的海上系统司令部总部。

然循环反应堆或D1G反应堆,并通过减速齿轮驱动同轴反转螺旋桨。涡轮电力驱动系统被认为不适用于高速型潜艇。
- ◆武器:配备两具、四具或八具鱼雷管,携载11枚、22枚或44枚武器。
- ◆测试潜深:比照"鲣鱼"级(700英尺潜深)、"长尾鲨"级(1300英尺潜深),试图将潜深提高到2000英尺。
- ◆围壳尺寸:比照"长尾鲨"级(较小),或是比照"鲟鱼"级(较大)。

在时程方面,"概念形成"计划预期在1974—1975财年完成一艘原型艇,接着在1977—1978财年完成首艘量产型艇。美国海军还希望在"概念形成"计划潜艇上应用新型声呐与火控系统,以及HY-130高强度低合金钢两项新技术。

美国海军稍早在1966年时便已决定,未来任何新型潜艇都必须配备新的数字声呐与水下火控系统(即日后的BQQ-5声呐与Mk117火控系统),不过新系统的研发进度可能赶不上"概念形成"计划潜艇的建造时程。

类似的,HY-130高强度低合金钢的应用情况,也有类似的时程不及问题,在开始"概念形成"计划研究的1966—1967年时期,HY-130高强度低合金钢仍在试验阶段,距大规模应用到潜艇上还为期尚早。美国海军当时预计在1974—1975财年开工建造一艘使用HY-130高强度低合金钢的小型核潜艇,完工时间定为1975财年,至于HY-130高强度低合金钢在"概念形成"计划上的应用,则更晚一些[1]。

考虑到新型声呐/水下火控系统与HY-130高强度低合金

---

[1] 值得一提的是,里科弗推动的高速潜艇计划,同样也预订使用HY-130高强度低合金钢建造,通过这种强度更高的新式钢材,可以挽回高速潜艇为了搭载D1G/D2G反应堆而牺牲的潜深性能,使其潜深性能恢复到"长尾鲨"级与"鲟鱼"级的水平。

右图：在麦克纳马拉主政时期，美国国防部给予海军核攻击潜艇的战时任务定位，是执行反潜阻栅任务，在要点海域设置的阻栅区巡逻，拦阻苏联潜艇进入公海，从而达到保护北约运补航线的目的，图为北约设于格陵兰—冰岛—英国（GIUK）海域缺口航道的反潜阻栅区示意图。

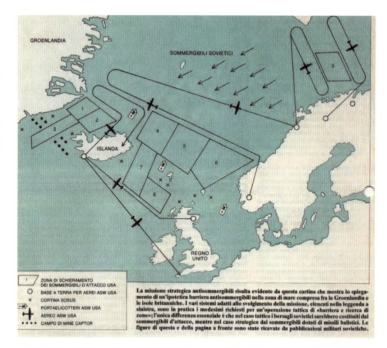

钢的研发进度，美国海军打算采用两阶段的渐进式作法，第一代"概念形成"潜艇仍将采用现有的HY-80高强度低合金钢与现役火控系统，至于采用新式声呐/火控系统与HY-130高强度低合金钢的"完整版"潜艇，则预订在稍后的1970财年完成"概念成形"研究，并在1975财年开工，然后于1979财年完工。

"概念形成"计划与"通用核攻击潜艇"计划

海军舰船系统司令部的"概念形成"计划，与里科弗的"通用核攻击潜艇"两项计划，虽然都是针对美国海军20世纪70年代后期的新一代攻击潜艇需求，但设计哲学迥然有别。

针对提高航速的需求，"概念形成"计划的设计师们是从"减少阻力"与"提高推进效率"两方面，来设法达到航速目标，尝试通过采用最小可能尺寸的围壳来降低阻力，以及引进同轴反转螺旋桨来提升推进效率。

为了将艇体尺寸降到最小,"概念形成"计划的设计师尝试采用较小型的反应堆,搭配驱动较小型的涡轮机组。例如应用在"独角鲸"号潜艇上的S5G反应堆,可以在不增大尺寸的情况下,将输出功率从17000匹轴马力提高到20000匹轴马力,功率增加了17.6%;若再搭配减速齿轮驱动的同轴反转螺旋桨,还可比"独角鲸"号的直接驱动式单螺旋桨更进一步缩减涡轮机组的尺寸与重量。另外海军舰船系统司令部还希望让"概念形成"计划同时兼具"长尾鲨"级的潜深性能,以及"鲟鱼"级潜艇的改进武器系统配置。

相较下,里科弗则更偏好以提高反应堆输出功率来达到提高潜艇航速的目的。虽然这会增加潜艇吨位,并因此抵消一部分功率提升效果,但更为确实、可靠。里科弗并不完全信任流体力学计算所承诺的减阻效果,里科弗出身的海军工程局一贯抱持的传统怀疑主义是有道理的,海军的潜艇设计师们总是不能兑现他们的航速承诺。

因此里科弗宁可通过更大功率的反应堆,来获得需要的高航速,而不是依赖并不完全可靠的减阻效果。他除了推动发展搭载D1G反应堆的高速潜艇计划外,还将眼光放到功率更大的D1W反应堆上,考虑发展以此作为为动力来源的新潜艇。

D1W是当时研发中的300MWt与60000匹轴马力等级反应堆,后来曾被错误地报导为三叉戟(Trident)弹道导弹潜艇的动力来源。实际上,1960年开始研发的D1W,其目的是提供一种低成本、轻量、单反应堆形式的水面舰核动力推进系统,以便作为D1G反应堆的替代者。D1G的输出只有148MWt与30000匹轴马力,因此必须采用双反应堆构型,才能满足大型水面舰的动力要求。而D1W凭借比D1G高出一倍的输出功率,就足以应对水面舰的动力需求,从而显著降低动力单元的成本与重量。

依循先前将D1G转用于潜艇的思路,里科弗此时也开始考虑将功率更大的D1W反应堆转用于潜艇。搭载D1G反应堆的高

上图与对页图：在"概念形成"计划潜艇设计研究中，美国海军尝试让核攻击潜艇承担更多样化的任务，包括追踪/尾随、护航、侦查/监视等，而不局限于当时美国国防部设定的反潜阻栅范畴内。上图为画家笔下美国海军"鲟鱼"级潜艇追踪苏联"维克托"级潜艇的情形，对页图为与航空母舰战斗群编队航行的"洛杉矶"级潜艇。

速潜艇仅仅只是勉强满足大于30节航速的要求，日后很可能为苏联的新型潜艇所超越。至于以D1W反应堆为动力的潜艇，则能再提高五节航速（也就是超过35节）。虽然为了容纳这种反应堆，潜艇尺寸将会增大许多，但更大的艇壳尺寸与吨位也能携带更多鱼雷，也有允许进一步提高压力壳强度的冗余，从而获得更大的潜深。以当时情况来看，在1974—1975年间制定1977财年计划时，很可能就开始准备这种基于D1W反应堆的潜艇设计。

海军舰船系统司令部表示，搭载功率提升型S5G反应堆的"概念形成"计划潜艇，航速性能可与搭载D1G反应堆的"通用核攻击潜艇"并驾齐驱。但无论如何，也不可能赶上输出功率大了三倍、基于D1W反应堆的新潜艇航速。如果提高几节航速非常重要的话，那么引进D1W反应堆将能满足这个要求。

不过在另一方面，里科弗把新潜艇的发展重点，放在通过引进新型反应堆来提高航速方面，至于在声呐、武器系统等方面，则是以沿用"鲟鱼"级的基本设计为主。相较下，"概念形成"计划在静音性与其他设计方面则有着更多的要求与创新。

举例来说，"概念形成"计划倾向于选择S5G自然循环反应堆的升级衍生型来作为动力来源，这便是强调静音能力的考虑。

S5G原本是里科弗为了试验性质的"独角鲸"号潜艇所开发的新型反应堆。一些资深设计师认为，"独角鲸"号配备的S5G反应堆与蒸汽涡轮直接驱动推进轴的设计，堪称是历来最佳的核潜艇反应堆与推进系统设计。在低航速时，可以不使用循环泵，仅仅依靠热交换流体的自然对流，来带走反应堆芯的热量，从而消除了循环水泵这个核潜艇上的一大噪声源；至于

直接驱动的机制，则又去除了减速齿轮这个主要噪声源，可进一步改善潜艇的静音性。

"概念形成"计划虽然为了缩小涡轮尺寸，没有采用涡轮直接驱动推进轴的设计，而是通过减速齿轮来驱动推进轴与螺旋桨，但通过S5G的自然循环能力，已能提供较先前核潜艇更佳的低速静音性。

另外"概念形成"计划还考虑了一系列创新设计，以求改善战斗能力，包括：新的壳体构型、武器、传感器，以及潜望镜与桅杆设计等，特别是在潜望镜设计方面，还考虑了一种平放收纳式的潜望镜与桅杆的特殊设计提案[1]，将桅杆与潜望镜等设备平放收纳到船壳上面的整流罩内，而不像传统的垂直伸缩式的潜望镜与桅杆，是垂直收进围壳与耐压壳内，借由这种平放收纳桅杆与潜望镜的特殊设计，可减少穿透耐压壳的孔口，并改善耐压壳内部空间配置的弹性[2]，同时还能缓解对于围壳技术上的需要。

至于在航速性能方面，虽然"概念形成"计划潜艇搭载的功率提升型S5G反应堆与涡轮机组，只能输出20000匹轴马力，但凭借较小体型带来的低阻力优势，加上使用高效率的同轴反转螺旋桨，预估可以让艇壳尺寸与"鲟鱼"级相当（大约4800吨水下排水量）的"概念形成"计划潜艇，拥有30节以上的潜航航速，与里科弗拥有30000匹轴马力动力的"通用核攻击潜艇"并驾齐驱。

潜艇政策转变的契机

自从里科弗与海军舰船系统司令部于1967年9月底达成妥

---

[1] 后来美国海军在1990年代初期开始建造的"先进海豹运输系统"（Advanced SEAL Delivery Systems, ASDS）——一种用于运输海豹特种部队的55吨电动推进迷你潜艇，实际采用了这种平放收纳式的潜望镜与桅杆设计。

[2] 在传统的垂直伸缩式潜望镜配置下，操作潜望镜的指挥控制室位置，被限定为只能布置在潜艇围壳下方的上层甲板。

潜艇发展路线的争论　　081

上图：S5G自然循环反应堆的功率升级衍生型，是"概念形成"计划潜艇预定的动力来源，图为爱达荷国家工程实验室（INEL）海军反应堆设施内的S5G陆地原型反应堆。

协后，里科弗的高速潜艇计划与海军舰船系统司令部的"概念形成"计划潜艇相安无事地共存了几个月时间。

在"概念形成"计划研究进行的同时，里科弗的高速潜艇计划也有所进展。1967年7月，当时即将离任的海军作战部长麦克唐纳指示在"通用核攻击潜艇"研究的基础上进行新的成本与可行性研究。1967年12月，纽波特纽斯船厂完成了搭载D1G反应堆的潜艇设计研究。

然而里科弗并不甘心于只造一艘试验艇，打算推动高速潜艇构想进入批量建造。

但里科弗的对手，除了海军内部的"'概念形成'计划潜艇派系"外，还有国防部长麦克纳马拉的采购政策限制。

"概念形成"计划与"通用核攻击潜艇"计划考虑使用的反应堆形式

形式	S5W	S5G boosted	D1G	D1W
热功率输出	78 MWt	105 MWt	148 MWt	300 MWt
涡轮推进功率	15000 Shp	20000 Shp	30000 Shp	60000～70000 Shp

不过,随着外在环境与时间的推移,形势逐渐变得对里科弗有利。

潜艇护航运用观念的普及

核攻击潜艇用于航空母舰护航任务的构想在美国海军内部引起越来越多人的兴趣,对于应用方式也有了更深入的发展,而里科弗以提高航速为新潜艇优先需求的主张也逐渐获得认同。

在1966年完成"通用核攻击潜艇"设计研究时,美国海军对于将核攻击潜艇用于航空母舰护航任务有了更具体的构想。初步想法是让潜艇位于航空母舰特遣舰队前方10～30海里距离处,正好在航空母舰的主动声呐距离外,当参与护航的核攻击潜艇发现接近的敌人潜艇时,可以径自直接攻击或引导航空母舰的飞机实施攻击。除此之外,核攻击潜艇实际上还可以替代一艘或多艘特遣舰队的水面护航艇,或是在敌方潜艇穿透散开的水面舰掩护网时扮演拦截者的角色,截击侵入防线的敌方潜艇。

到了1967年,将核攻击潜艇用于直接支持任务引起了海军潜艇相关人士更高的兴趣,这也是面对给攻击潜艇设定的狭窄任务范围(即反潜阻栅)找到的第一个突破口,核攻击潜艇可承担反潜阻栅之外的新任务。一旦这个新角色被接受,潜艇数量需求会大幅增加,除了用于反潜阻栅的潜艇外,还须为既有潜艇兵力增加30艘额外的潜艇(以便为每个航空母舰战斗群都配备两艘护航用潜艇),这也将突破麦克纳马拉设定的潜艇兵力上限,并冲击预算规划。

对页图:照片为一种"概念形成"计划潜艇概念的模型(上)(下),采用特殊的无围壳设计,潜望镜、桅杆与小型舰桥都是采用平放收纳方式布置,不使用时,将这些装备平放收进船壳上方整流罩,要使用时再竖起来,借此可以减少耐压壳穿孔要求,并降低对于围壳的需要,并改善船壳内部配置的弹性。

随着美国海军内部逐渐认同潜艇护航概念，也更加重视潜艇航速性能，有利于里科弗推动搭载D1G反应堆、以提高航速为要求的新潜艇设计构想。

里科弗的双重身份优势

对于里科弗来说，棘手的对手是美国国防部。事实上，过去数年以来，里科弗与麦克纳马拉主掌的美国国防部，在核潜艇相关政策上已接连发生了多次政策争论。

麦克纳马拉上任初期曾支持海军的核潜艇采购计划，但是自1965年以后，麦克纳马拉苦于持续升高的越战军费负担，承受了极大的控制预算压力，企图通过一系列手段，来抑制核攻击潜艇计划开支，例如提高造船效率（包括停止海军自身船厂的造船业务、将海军潜艇订单与建造业务集中在两家民营船厂，而不再分散给多家船厂等），还有降低攻击潜艇兵力规模与潜艇建造速率等。

下图：美国海军历来的潜艇中，只有20世纪90年代建造的"先进海豹运输系统"迷你潜艇，实际采用了平放收纳式的桅杆与潜望镜设计，图为在夏威夷外海试航的第一艘"先进海豹运输系统"迷你潜艇，左边竖起的是潜望镜，右边竖起的是主桅。

3 潜艇发展路线的争论

上图：在麦克纳马拉主政时期，美国国防部是以执行反潜阻栅的任务定位来设定核攻击潜艇的采购数量。而里科弗等人倡导让核攻击潜艇参与航空母舰特遣舰队护航，将导致需要采购额外的核攻击潜艇，从而影响到原有的预算规划。照片为"鲟鱼"级潜艇"石首鱼"号（USS Drum SSN-677）下水的情形。

　　面对麦克纳马拉这一连串伤害美国海军潜艇力量与造船潜力的举措，海军作战部长与大多数海军军官都无法直接反对。但里科弗是个例外，他除了是海军军官外，同时也是美国总统直辖的原子能委员会（Atomic Energy Commission，AEC）所属的成员，因而得以利用这个相对独立的地位，建立自身的国会关系，从而与麦克纳马拉的国防部长办公室对抗，"涡轮电力驱动潜艇"便是一例。

　　"涡轮电力驱动潜艇"是在潜艇上应用涡轮电力驱动系统的试验计划，与基于D1G反应堆的高速潜艇，并列为里科弗力推的两大潜艇计划。海军舰艇特性委员会在1965年底建议将一艘"涡轮电力驱动潜艇"试验艇暂时列入1967财年预算，当时的海军作战部长麦克唐纳也支持这项计划。但这项计划在国防部长办公室受到严厉批评，批评者认为电力驱动虽然能改善静音性，但并不值得为此耗费巨资建造一艘试验潜艇。如果里科弗想要做试验，那么只需找一艘实验船来进行即可。

而里科弗则坚持建造全规模的"涡轮电力驱动潜艇"试验艇，拒绝使用实验船的提议，认为只有通过潜艇的实际操作，才能有效评估电力驱动的效益，他进一步指称，这种潜艇也适合作为日后降噪技术的试验平台，由于电力驱动消除了减速齿轮这个最大的噪声源，因而在涡轮电力驱动潜艇上，要对其他噪声源进行试验也会更为方便。

在里科弗与国防部长办公室僵持不下时，位居国防部三号人物、主管国防研发计划的国防研究工程总监福斯特博士（Dr. John S. Foster Jr.），在1966年5月10日提出了一个妥协方案，提议以现役攻击潜艇作为"涡轮电力驱动潜艇"试验平台，在这艘潜艇上安装电力驱动系统。即使"涡轮电力驱动潜艇"计划不成功，这艘潜艇也还保有等同于现役攻击潜艇的作战能力，而福斯特承诺会协助海军发展潜艇降噪相关技术。

福斯特的论点支持了海军建造涡轮电力驱动潜艇的观点，海军作战部长麦克唐纳说服了海军部长尼采（Paul Nitze），向麦克纳马拉进言此事。于是尼采在1966年7月1日与麦克纳马拉见面，提议建造基于现役攻击潜艇设计的"涡轮电力驱动潜艇"试验潜艇，麦克纳马拉则要求海军提供更进一步的分析数据，尼采在1966年8月23日提供了这些数据，并建议在1967财年拨款给"涡轮电力驱动潜艇"的先期采购，然后在1968财年

下图：在里科弗等人的倡导下，1966—1967年，将核攻击潜艇用于航空母舰护航的构想在美国海军的潜艇群体中逐渐深入人心，也带来对于潜艇航速性能的普遍追求。

上图：里科弗拥有海军核反应堆办公室负责人和总统直辖的原子能委员会成员双重身份，因而具备较一般海军官员更加独立的地位。图为里科弗与国会议员合影，中央为里科弗，左侧为参议员安德森（Clinton P. Anderson），右侧为参议员杰克森（Henry M. Jackson），两人都是参议院原子能联合委员会成员。

编列其余款项。

但麦克纳马拉仍然反对这项耗费1.5亿美元的高昂成本来建造一艘"涡轮电力驱动潜艇"的计划，因为当时一艘"鲟鱼"级的造价也不过8300万美元。不过经过两个多月的国会攻防后，"涡轮电力驱动潜艇"计划仍在1966年12月挤进了1968财年计划中，获准建造"涡轮电力驱动潜艇"试验艇"利普斯科姆"号。名义上，"利普斯科姆"号是"鲟鱼"级的衍生型，基本设计与配备完全相同。只是将减速齿轮换为电动驱动机构，并将艇体延长70英尺以容纳电机设备。

"涡轮电力驱动潜艇"计划是里科弗与麦克纳马拉与之间的最后一次政策争执，此次争执以麦克纳马拉失利告终。这个案例也意味着麦克纳马拉对于国防政策的控制力有显著的削

上图：在越战带来的经费紧绷压力下，麦克纳马拉多次企图调整昂贵的核攻击潜艇计划，但屡屡因为里科弗在国会中的运作而失利。麦克纳马拉与里科弗之间对于核潜艇政策的争议，形势逐渐对里科弗有利。

弱。在几年之前，麦克纳马拉凭借着肯尼迪与约翰逊两任总统的信任，在国防政策与预算规划方面几乎无往不利，总是能压制各军种甚至国会方面的意见，例如美国空军的XB-70"女武神"（Valkyrie）轰炸机计划，以及海空军联合的"实验战术战斗机"（Tactical Fighter Experimental，TFX）计划，都是著名的例子，但现在却阻挡不了一艘核潜艇的预算。而里科弗则证明了他有抗衡国防部长办公室的能力。在这次争议过后，国防部长办公室在面对里科弗的批评时，变得更加谨慎小心。

新的障碍——潜艇兵力规模的限制

里科弗力推的高速潜艇计划，在1967年下半年时，执行了进一步的设计研究，接下来则是设法争取获得预算授权，以便落实这种高速潜艇的建造。

里科弗希望将预算分拆到1969财年与1970财年，先在1969财年获得先期采购经费，然后在1970财年编列剩余款项。

但是在1967年底，当海军草拟1969财年预算案时，里科弗的高速潜艇计划遭遇了新的阻碍。这次的阻碍来自国防研究工

3 潜艇发展路线的争论

程总监办公室,助理总监纳南(James K. Nunan)在1967年12月17日向总监福斯特提交了一份报告,认为海军应该继续进行一级新潜艇的设计工作,而停止里科弗的高速潜艇计划。从国防部的观点来看,当时美国海军已有太多只造一艘的试验性质潜艇,以致给运用、管理与后勤都带来许多麻烦。

纳南建议海军可以等待两年时间,也就是等待"概念形成"计划研究完成,再来评估新潜艇设计的成效,这将有助于获得体型更小、更安静、人力需求更少且应用新型微电子技术的新一代潜艇设计,成本也可能比里科弗的高速潜艇更便宜。

也就是说,纳南认为不应急着将里科弗的高速潜艇计划排入预算计划,而应等到海军的"概念形成"计划研究完成,再做通盘的考虑。

1968年1月3日,里科弗得知在麦克纳马拉新公布的攻击潜艇兵力规划中,没有他的高速潜艇的容身余地。

下图:麦克纳马拉尝试阻止美国海军采购"利普斯科姆"号涡轮电力驱动潜艇,却最终失败的案例,标志着麦克纳马拉对于国防政策控制权的削弱,图为下水仪式中的"利普斯科姆"号。

随着时间的推移，麦克纳马拉对于美国海军的攻击潜艇兵力规模限制也越来越严苛。

最初，当麦克纳马拉在1961年出任美国国防部长时，美国海军一共拥有105艘攻击潜艇，其中92艘为柴油电力推进，13艘为核动力推进。前一任政府留下的1961财年预算中，一举编列了28艘核动力攻击潜艇的采购经费，麦克纳马拉头一个年度预算（1962财年）也包含采购3艘核动力攻击潜艇。海军接下来还打算在1963—1967财年采购38艘核动力攻击潜艇，使整个攻击潜艇力量逐渐核动力化，待这个庞大的建造计划完成时，美国海军的攻击潜艇力量将有70%都是核动力。

麦克纳马拉一开始也同意让美国海军保有105艘攻击潜艇，但要求降低核攻击潜艇的年度采购量，同时对现役的35艘柴油电力潜艇实施现代化升级以延长役期，以拉长攻击潜艇力量核动力化的时程，以便减轻预算压力。在1962财年，改装一艘柴油电力潜艇只需470万美元，而建造一艘核动力攻击潜艇则需要6270万美元。

不久后，麦克纳马拉认为105艘攻击潜艇的规模将会突破他的预算限制，于是在1963年1月提出新的规划，将攻击潜艇的长期兵力目标调整为100艘，其中65艘为新造的核动力攻击潜艇，35艘则是经现代化升级的柴油电力潜艇。

但是面对越南战事战费激增的压力，麦克纳马拉为了减轻预算负担，于1966年宣布将攻击潜艇兵力规模调降到64艘，并且只保留核动力潜艇。接着麦克纳马拉又在1968年1月3日宣布他最新的规划，将第一线攻击潜艇的需求量进一步降到60艘。

麦克纳马拉之所以再次缩减攻击潜艇的兵力规模，一方面是出于抑制预算开支的需要，另一方面则是基于系统分析的结果。

麦克纳马拉上台后，一直要求以系统分析方法定量地研究未来反潜作战的兵力需求。但美国海军提交的Cyclops I、Cyclops II与Cyclops III研究报告都不能让国防部长办公室满意，认为这些研究虽然有助于发掘反潜战的某些需求，但无法用于制订兵力规模。于是当时负责系统分析的助理国防部长恩多芬（Alain C. Enthoven）博士，以海军的研究资料为基础，结合收益递减法则，并考虑整体反潜战的形势，另外进行了分析工作，以确定未来反潜战需要的兵力规模。

恩多芬博士在1967年完成的分析报告显示，美国与苏联的潜艇的战损交换率，可达到25：1的优势，而这样的结论表示，美国海军只需要比当时的攻击潜艇兵力（含现役、建造中与已授权的潜艇），再略为增购少许新潜艇，就足以应对作战需求。于是依据这份乐观的分析报告，国防部长办公室在1968年1月宣布，将核攻击潜艇总数调整为60艘。

美国海军内部对于国防部长办公室的这项分析结果，大多不以为然，认为25：1的潜艇作战交换比设定未免过于乐观，但不得不服从麦克纳马拉所作出的潜艇兵力规模设定。

当时美国海军一共拥有32艘现役核攻击潜艇，另有22艘在建造中，还有11艘已获得预算授权但尚未开工，总计一共65艘。而麦克纳马拉打算将9艘较早建造、性能已经过时的现役核攻击潜艇，退为第二线（主供训练、测试等用途），所以剩余的第一线核攻击潜艇数量为56艘（含现役、建造中与已授权采购的总数）。

在60艘的总数限制下，美国海军剩余的新造核攻击潜艇采购额度便只剩4艘。美国国防部已授权在1969财年采购两艘"鲟鱼"级潜艇，并于1970财年计划中采购两艘额外的"鲟

对页图：麦克纳马拉时期，国防部长办公室的系统分析研究显示，战时美国海军与苏联潜艇的交换率可达到25：1的绝对优势，因而认为美国海均无须再继续大量新造攻击潜艇，在1968年1月调降了潜艇兵力规模，将第一线核攻击潜艇数量定为60艘，从而给当时进行中的新型核潜艇计划带来巨大冲击。图为1968年5月20日演习中的四艘"长尾鲨"级攻击潜艇。

"鱼"级，而在达到设定的60艘兵力额度后，美国海军也将暂时停止采购新的核攻击潜艇，依照美国海军设定的核攻击潜艇服役寿限[1]，接下来得等到20世纪70年代中期以后，才会有采购新造核攻击潜艇的机会。

如此一来，这将对里科弗的高速潜艇计划和美国的核潜艇工业带来重大的打击。60艘攻击潜艇的采购额度已经耗尽，没有容纳里科弗的高速潜艇计划空间，以致这项计划可能会被扼杀在摇篮之中，得不到实际建造的机会。

而对于美国海军核潜艇工业来说，必须要有持续的订单，才能维持建造核潜艇所需的专门设施与专业人力。一旦核攻击潜艇的订单中断，就会造成船厂停产，日后要再恢复生产将需要付出非常大的代价。

不过，就在里科弗的高速潜艇计划岌岌可危时，逆转局势的转机到来了。

对页图：麦克纳马拉在1968年1月将美国海军第一线核攻击潜艇的数量限定在60艘，到达兵力额度后便将停止采购新的攻击潜艇。订单的中断势必造成船厂造船能力的流失，而且难以恢复。照片为1966年10月14日在通用动力昆西船厂同时下水的两艘"鲟鱼"级潜艇，前为"翻车鱼"号（USS Sunfish SSN-649），后为"鲸鱼"号（USS Whale SSN-638）。事实上，这两艘潜艇也是昆西船厂最后建造的潜艇，此后该船厂便退出了潜艇建造业务。

---

[1] 在1959—1963年间，美国海军设定的新造核攻击潜艇寿命是17.5年。

里科弗的胜利

潜艇发展政策的转向

1968年是里科弗高速潜艇计划的转折点。这一年的年初,由于国防部长麦克纳马拉调整了潜艇兵力规划,导致里科弗的高速潜艇计划,面临了可能被扼杀于研究阶段的危机。

不过,接下来几个月内,内外形势出现了翻天覆地的变化,让里科弗找到突破障碍的契机。

首先,是苏联潜艇展现出远超预期的航速性能;其次,是麦克纳马拉的离职。

意料之外的苏联高速潜艇威胁

就在麦克纳马拉公布新的潜艇兵力规划过后两天,1968年1月5日,美国海军"企业"号航空母舰离开旧金山,伴随着一艘核动力护航舰与一艘传统动力护航舰,正驶向夏威夷珍珠港,美国海军情报系统基于水下监听系统等情报来源,向"企业"号航空母舰通报:有一艘苏联"11月"级潜艇正接近以该舰。于是以"企业"号为首的特遣舰队随即加速,试图甩开苏联潜艇,但令人吃惊的是,即使"企业"号特遣舰队将航速提高到30节以上(有些数据指称加速到31节),苏联"11月"级潜艇仍然跟得上特遣舰队。

这次事件震撼了美国海军，"11月"级潜艇（627A型）是苏联第一种核动力潜艇，早在1958年便已出现。在美国海军原本的估计中，"11月"级级潜艇应该与他们的第一种量产型"鳐鱼"级相当，或许稍快一些（"鳐鱼"级的最大水下航速仅18节）。但1966—1967年，美国海军观察到"11月"级的航速已较先前估计高了两节，达到了"鲟鱼"级的水平（25~26节）。而1968年1月的"企业"号航空母舰事件又证明了"11月"级潜艇的速度足以在苏联海洋监视系统的指引下执行拦截美国航空母舰的任务[1]。

在20世纪60年代后期，苏联发展了两种新时代核攻击潜艇——"查理"级（Charlie Class，670型）与"维克托"级（均于1967年服役），既然10年前服役的"11月"级，都拥有如此高的航速，美国海军有理由推测，"查理"级与"维克托"级的速度还会更快[2]，很可能超过当时美国海军的主力核攻击潜艇"鲟鱼"级与"长尾鲨"级。这也意味着，苏联与美国的核潜艇速度不相上下，某种程度上说苏联潜艇的速度甚至超过美国潜艇。更糟的是，苏联还拥有每年建造20艘核潜艇的能力。

苏联潜艇的高航速性能大大冲击了美国海军原本的核攻击潜艇运用构想，美国海军随即在1968年进行了一系列研究，重新探讨攻击潜艇的航速需求。

其中一项研究的结果显示，对于以"冲刺与漂流"（sprint & drift）作业模式执行反潜阻栅任务的潜艇，面对试图以高速穿透阻栅区的敌方潜艇，执行阻栅任务的潜艇航速，至少要比对方的速度高出五节，才足以拦截对方。此外，执行阻栅任务的潜艇，也可能会失去对敌方潜艇的接触，而必须设法恢复接触，若我方潜艇速度够快的话，即使先遭到敌方侦

---

[1] 苏联"11月"级潜艇的量产型627A型，最大水下航速可达30.1节。

[2] "维克托"级的速度确实很快，最大水下航速可达33.5节，不过"查理"级实际上的航速性能平平，最高只有26节。

测,也仍然能够凭借速度优势拦截目标。最后,当双方潜艇相互接近时,将会各自机动以寻找有利的攻击位置,此时速度的差距,将会完全改变战局,速度较快的一方,将更有机会在占位中取得优势。

另一项试验的结果则建议,面对一心一意逃避的敌方潜艇,攻击潜艇至少需要有七节的航速优势,才能保持与敌方潜艇的接触。

这些研究都证实了获得潜艇航速优势的必要性,因而当苏联核潜艇已拥有如此高的航速时,那么美国海军的攻击潜艇就要具备更高的航速,才能满足阻栅拦截的要求,这也强化了在新一代攻击潜艇发展中,尽可能提高航速的重要性,以及必须尽快获得这类高航速性能潜艇的急迫性。

也就是说,新型潜艇的航速越快越好,而且美国海军必须尽快获得这种新型潜艇,这样的需求,也影响了美国海军新一代攻击潜艇的发展方向。

下图:1968年1月"企业"号航空母舰遭遇苏联"11月"级潜艇的事件,让美国海军发现苏联潜艇的速度超乎先前预期,即使"11月"级这种第一代核潜艇都拥有30节等级的最大航速,这给当时的美国海军新型攻击潜艇发展带来很大的冲击。图为航行中的"11月"级潜艇。

上图:"企业"号航空母舰遭遇苏联"11月"级潜艇事件后,美国海军担忧美苏潜艇之间的航速性能趋势已经逆转,第一代核潜艇"11月"级都有如此高速,1967年新服役的"维克托"级与"查理"级速度恐怕更快。图为水面航行的"维克托"级。

麦克纳马拉的离职

"企业"号航空母舰遭遇苏联"11月"级潜艇的事件,促成各界认识到提高潜艇航速的迫切需求,对于里科弗极力推动的高速潜艇计划,固然带来了正面影响,但尽管如此,只要麦克纳马拉的潜艇兵力规模政策还在,里科弗就得不到让高速潜艇计划付诸建造的机会。不过一个多月后,这道阻碍便自行消失了。

从1961年1月起便担任美国国防部长一职的麦克纳马拉,由于与约翰逊总统及参谋首长联席会议(Joint Chiefs of Staff, JCS)之间,对于越战政策方向出现难以克服的歧见——麦克纳马拉希望缩小战事、并逐步退出越南,但却遭到约翰逊与参谋首长联席会议的反对,以致麦克纳马拉在1967年

11月29日宣布辞职，最终于1968年2月29日正式离开国防部长位子，转任世界银行总裁。

虽然麦克纳马拉离开国防部长位置，但他引进国防部的系统分析制度与相关专家仍留了下来，而继任国防部长的克利福德（Clark M. Clifford），并不像麦克纳马拉那样信奉与支持系统分析程序，在缺乏新任国防部长的支持下，国防部长办公室中的系统分析专家们与里科弗之间的斗争，也无法再坚持下去，这导致了两个结果。

（1）麦克纳马拉在1968年1月订出的潜艇兵力规模上限，已跟着人亡政息，成为空谈，不再具有强制力。这也代表着，里科弗现在有机会让他的高速潜艇计划，获得采购与建造的授权。

（2）麦克纳马拉主导的"概念成形／合约定义"程序，不再具有政策上的优先性与正当性。这意味着，依循"概念成

下图：由于与约翰逊总统在越战政策方向出现难以克服的歧见，麦克纳马拉于1968年2月离开国防部长位置，也让麦克纳马拉给美国海军潜艇发展与采购政策设下的众多限制消失。图为约翰逊与麦克纳马拉在1968年2月9日白宫内阁会议上的合影，此时距离麦克纳马拉离职只有不到3周时间。

形/合约定义"程序的"概念形成"计划潜艇，不再比里科弗的高速潜艇计划更具政治上的优势。

里科弗高速潜艇计划的最后障碍——"概念形成"计划的挑战

麦克纳马拉在政策上给里科弗造成的障碍，已随着麦克纳马拉的去职而消失。而"企业"号航空母舰遭遇苏联"11月"级潜艇的事件则促成海军与国防部认识到，在新潜艇计划中提高航速性能的必要性。

但问题在于，即使各界都认同新一代攻击潜艇必须具备高航速，但这种新型高航速潜艇的设计选择却未必是里科弗的高速潜艇计划。事实上，从1967年底到1968年初，除了里科弗以外，多数美国海军高层青睐的新潜艇设计，其实是"概念形成"计划中的潜艇。所以里科弗设法排除"概念形成"计划这个竞争对手。

就政策层面来说，"概念形成"计划要比里科弗的高速潜艇更具正当性，它是依循麦克纳马拉的"概念成形/合约定义"程序展开的正式舰艇发展计划，这被国防部与海军预设为发展新一代主力攻击潜艇的基础，而里科弗的计划则只被视为试验性质的、用于验证D1G反应堆在潜艇上的应用而已。

就设计来看，里科弗的高速潜艇与"概念形成"计划采取了完全不同的路线。里科弗通过引进高功率的D1G反应堆，以直接、简单的方式来获得高航速，代价是为了容纳D1G反应堆，以致新艇体型庞大，吨位也直逼7000吨，比"鲟鱼"级大了45%。至于在武器系统与声呐配备方面，则类似于早先"长尾鲨"级与"鲟鱼"级，没有太多变化。

负责"概念形成"计划的海军舰船系统司令部，对他们的设计深具信心，当时曾参与设计研究工作的艾克哈特上校表

4 里科弗的胜利

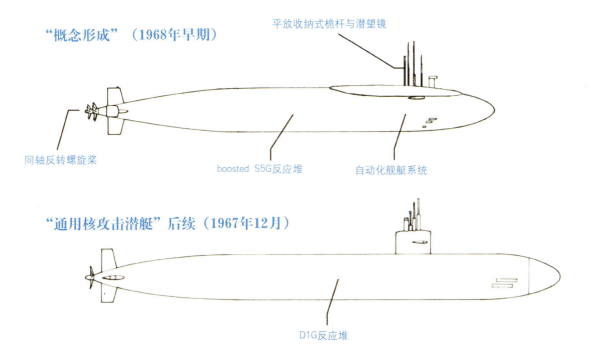

上图："概念形成"计划潜艇的概念设计，与"通用核攻击潜艇"后继设计的对比。"概念形成"计划潜艇在1968年初的状态，尺寸为305英尺×33英尺，吨位为4500吨。"通用核攻击潜艇"后继研究在1967年12月的状态，尺寸是366英尺×33英尺，吨位为7040吨。

示，通过采用同轴反转螺旋桨[1]，可以让"概念形成"计划新艇的航速比里科弗的潜艇还高出两节。而且"概念形成"计划还打算采用HY-100高强度低合金钢来建造耐压壳（其他数据则记载为HY-130高强度低合金钢），可提供超过2000英尺的测试潜深。

当时负责领导海军舰船系统司令部潜艇设计部门的科恩上校，进一步指出"概念形成"计划相对于里科弗高速潜艇的优势："相对于（里科弗）非常守旧的30000匹轴马力潜艇，'概念形成'计划显得非常有竞争力，换句话说，面对他的688潜艇，我们开始显露出航速上的竞争力，我们创造了一种采用

---

[1] 在此之前，美国海军已在1962—1965年的"大青花鱼"号试验潜艇的第Ⅳ阶段测试中，实证了同轴反转螺旋桨的效益。稍后在1960年开工并于1967年服役的"长尾鲨"级7号艇"鲥鱼"号（USS Jack SSN-605）上装设了涡轮直接驱动的同轴反转螺旋桨。

下图与对页图：比起里科弗着力推动的AGSSN/SSN-688潜艇，"概念形成"计划潜艇并非是以高航速为首要目标，而是更着重静音性，同时还考虑引进更多新技术，例如无围壳构型，以及同轴反转螺旋桨等。虽然动力系统输出功率较里科弗的AGSSN/SSN-688潜艇少了三分之一，但"概念形成"计划潜艇凭借低阻力船体与同轴反转螺旋桨，可望拥有与前者相去不远的高航速性能。下图为"概念形成"计划潜艇想象图，可见到无围壳的设计，对页图为美国海军最早采用同轴反转螺旋桨的"大青花鱼"号艇艏特写。

20000匹轴马力与同轴反转（螺旋桨）的潜艇，但航速却与拥有30000匹轴马力的688潜艇相同，而且体型还更小。所以这对于他（里科弗）来说真的很难处理。"

也就是说，比起里科弗通过在潜艇上塞进D1G反应堆、以粗暴、蛮力的提高功率方法来提高航速，"概念形成"计划潜艇获得高航速的方法，更为巧妙与高效。

"概念形成"计划潜艇搭载的功率提升型S5G反应堆与涡轮机组，虽然只能输出20000匹轴马力，但凭借较小体型带来的低阻力优势，加上使用高效率的同轴反转螺旋桨，航速性能可与里科弗拥有30000匹轴马力的高速潜艇计划并驾齐驱，S5G的自然循环能力还能带来更好的低速静音性。

此外，相对于里科弗的高速潜艇计划，"概念形成"计划除了动力单元以外，在其他方面也引进了许多新设计，包括数量更多的武器、先进声呐，以及高度的自动化等。此外，"概念形成"计划的多数设计案，体型都控制在与"鲟鱼"级相当的程度，比里科弗的高速潜艇小得多，因而成本也可望更低。

当时正在大量建造中的"鲟鱼"级，单位成本为8300万美元。而里科弗基于D1G反应堆的高速潜艇，预期原型首舰的成本为1.79亿美元，但大量建造的后续艇的单位成本能降到1.29亿美元。而采用功率提升型S5G反应堆的"概念形成"计划潜艇，预期单位成本则为1.4亿美元。

不过"概念形成"计划潜艇的设计也存在以下隐忧。

　　(1) 功率提升型S5G反应堆虽然是现有S5G的衍生型,但还需要额外的开发工作,而这将需要里科弗的合作。

　　(2) "概念形成"计划以轻量型减速齿轮,取代"独角鲸"号(同样配备S5G反应堆)所采用的直接驱动设计,但面对推进系统极高的应力与应变,轻型的减速齿轮能否足以承受应力、并可靠的运作,存有许多疑虑。

　　(3) 美国海军虽然已有过应用同轴反转螺旋桨的经验,但过去的实测表现并不完全成功。

　　(4) "概念形成"计划潜艇声称要大幅降低乘员数量需求,但并未具体说明要如何实现这个目标。

　　此外,"概念形成"计划还有着较高的时程与技术风险。在时程方面,"概念形成"计划最快也要等到1972财年以后才能完成设计、建造首艇,而里科弗的高速潜艇计划在1969—1970财年便能完成设计,进度快了两年以上;在技术方面,"概念形成"计划潜艇在主要设计上引进了许多新技术,也因此带来较高的风险,一旦任何一个部分的研发发生问题,就会让整个计划延误。相较下,里科弗的高速潜艇设计方案只有D1G反应堆潜艇衍生型是新设计,其余设计与配置大都沿用

上图:凭借着身为海军反应堆研发主管与原子能委员会成员的职权,里科弗在1968年初否决了"概念形成"计划潜艇预定采用的S5G功率提升型反应堆研发工作。优先保障他推动的高速潜艇计划中所预定使用的D1G与D1W反应堆开发工作。

"鲟鱼"级,虽然保守,但开发风险也较低。

里科弗的全面反扑

面对"概念形成"计划的挑战,里科弗决定以釜底抽薪的方式来扼杀这个竞争对手,他宣称无法担保"概念形成"计划预定使用的功率提升型S5G反应堆发展计划。这虽然违反了1967年9月与海军舰船系统司令部达成的协议,但里科弗也有着冠冕堂皇的理由。

在1968年初,里科弗的海军反应堆部门仍然在忙于D1G反应堆的发展工作,D1W反应堆的潜艇化发展相关工作也已经开始,同时还展开了将D1W发展成为航空母舰用A4W反应堆的研发工作，因而里科弗的反应堆开发资源已经十分紧绷。

另一方面，S5G虽然是现有的反应堆，陆地原型从1965年9月12日便达到临界状态开始运转测试，舰载型S5G也已经安装到正在建造中的"独角鲸"号潜艇上，但仍需要许多调整工作，才能从用于试验艇（"独角鲸"号）的试验性反应堆发展成为可允许批量生产的反应堆。而"概念形成"计划打算使用的S5G功率提升型，则还需要更多的额外设计工作。但里科弗并没有足够的资源可以同时应对这样多的反应堆研发工作，于是他决定在S5G与D1G/D1W之间选择后者。虽然里科弗没有明言，但实际上他在1968年初否决了S5G功率提升型的发展，并异乎寻常地坚持这个决定。

但无论如何，里科弗有权限这样做。里科弗的海军反应堆办公室，负责直接管理所有海军反应堆、推进机组、控制单元等相关设备与组件的研发与建造工作。所有海军反应堆的相关设备，从反应堆、反应堆的流体与蒸汽系统、控制与电气系统，到反应堆舱室布置、屏蔽布置以及配套的涡轮发电机与冷凝器等单元的设计，还有其他任何会影响反应堆的设计与配置，都需要经过海军反应堆办公室的审查与核准。里科弗不认可S5G功率提升型反应堆的开发，其他人也无可奈何。

里科弗这种做法，自然遭致了许多批评，认为他借着身为海军反应堆主管与原子能委员会成员的职权抹杀了竞争对手"概念形成"计划的发展。

里科弗在1968年1月15日致新任海军部长伊格纳修斯（Paul

下图：在1968年初，S5G反应堆虽然已安装到建造中的"独角鲸"号潜艇上，但还需要许多调整工作才能完善。而"概念形成"计划潜艇预定使用的功率提升型S5G反应堆，则又需要更多设计工作，因而被里科弗以尚不成熟为由否决。图为爱达荷国家工程实验室海军反应堆设施内的S5G陆地原型反应堆。

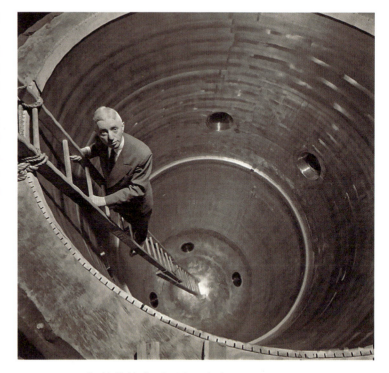

右图：利用掌管海军反应堆开发的职权，里科弗否决了竞争对手"概念形成"计划所需的S5G衍生型反应堆开发计划，虽然这种做法并不光彩，但十分有效，随后"概念形成"计划便因缺乏配套的动力来源而陷入困境。照片为爬进码头市核电站（Shippingport Atomic Power Station）反应堆的里科弗。

R．Ignatius）的信件中（原海军部长尼采此时已转任国防部副部长），表示他知道外界对他的批评，诸如他扼杀了十分有潜力的新式小型高功率反应堆发展，而他的高速潜艇却太大、太贵，而且海军已经有太多只造一艘的单舰型潜艇，以及海军应该等待"概念形成"研究计划完成等等。

但里科弗清楚表示，他并不信任"概念形成"研究这种程序："对我来说，难以置信的是，据说相关的国防部官员，会相信借由'概念形成'这类研究，比起海军中那些知识渊博、负责设计的人员所提出的设计，可以生产出既能符合军事要求，同时还更小、更快、更安静、更便宜的潜艇设计提案"，里科弗认为，相信"'概念形成'研究会有更好成果"而拒绝他的高速潜艇计划是没有道理的，这不是基于工程事实与经验，而是一厢情愿。

面对里科弗否决了开发S5G功率提升型反应堆的做法，负责"概念形成"计划的海军舰船系统司令部也迅速做出响应，改用与"独角鲸"号相同的标准型S5G反应堆来作为"概念形成"计划潜艇的动力来源，虽然功率从升级型S5G的20000匹轴马力降到17000匹轴马力，但海军舰船系统司令部认为凭借着高效率的同轴反转螺旋桨，动力缩减后的"概念形成"计划潜艇，航速性能仍然赶得上里科弗基于D1G反应堆的高速潜艇，整体尺寸则介于"鲟鱼"级与"独角鲸"号潜艇之间，大约是4500吨的排水量[1]。

但里科弗不相信这样的估算结果，刻意人为地压低了"概念形成"计划潜艇的速度。如此一来，"概念形成"计划潜艇的速度虽然明显高于同样采用S5G反应堆的"独角鲸"号潜艇，但仍比原定目标慢了几节。

美国国会的介入

针对里科弗的D1G反应堆高速潜艇以及"概念形成"计划，国防部长办公室的一些成员认为，应该让两种设计各造一艘原型潜艇，通过实际操作的对比测试来决定哪一种潜艇可以投入大量建造。

在这个时候，核物理学家出身的国防研究工程总监福斯特成了关键人物。一年半前，福斯特曾支持里科弗的涡轮电力驱动潜艇计划，但是在D1G高速潜艇与"概念形成"计划的争议中，他却站在里科弗的对立面。

福斯特的基本态度与他的助理总监纳南在1967年12月17日提出的报告相仿。他否决了各造一艘原型潜艇的提议，希望直接发展一种量产型潜艇；其次，福斯特也同意应该等待"概念形成"计划研究完成后再来确定新潜艇的发展路线选择。

---

[1] 为了确保充足的动力，"概念形成"计划潜艇也提出了采用两部S5G的双反应堆设计构想，美国海军核潜艇惯例都是采用单反应堆，曾在1959年服役的"海神"号潜艇（Triton SSRN/SSN-596）上尝试过两具S4G的双反应堆设计。而"概念形成"计划潜艇若要采用双S5G反应堆构型，则必须重新设计反应堆控制单元，并大幅延长艇体。

针对里科弗的高速潜艇设计方向，福斯特辖下的几个技术小组审视了里科弗的高速核攻击潜艇设计后，对于这种潜艇预计采用由水面舰所用的D1G反应堆发展而来的反应堆有所疑虑。这种反应堆的尺寸是当时海军标准的潜艇反应堆S5W的2倍，需要体型更大的潜艇才能容纳。而较大体型带来的较高阻力也部分抵消了D1G的高功率优势，还拉高了成本，以致这种潜艇要花费2倍的成本代价。

1968年1月18日，福斯特的国防研究工程总监办公室发布了关于新潜艇的发展概念报告草案，表示将把高速潜艇计划，推迟到"概念形成"计划研究完成以后。

然而里科弗既不愿等待、也不会容忍除了D1G高速潜艇以外的其他选择，于是采取了他惯用的手法——通过国会来向阻碍他的福斯特等人施压。形势的演变自然对里科弗有利。《华盛顿邮报》记者泰勒(Patrick Tyler)这样描述了这段发生在1968年上半年间的政治争论："华盛顿开始流传着种种关于苏联潜艇威胁不祥之兆的故事。国会打算资助（里科弗的）潜艇计划，即使国防部未必准备将这种潜艇列入预算。"

上图：在里科弗推动高速潜艇计划时，国防研究工程总监福斯特成为反对派的核心人物。核物理学家出身的福斯特，在进入国防部之前是劳伦斯·利佛摩尔国家实验室（Lawrence Livermore National Laboratory, LLNL）总监，1965年为麦克纳马拉延揽进国防部担任国防研究工程总监，这是仅次于部长与副部长的第三号位置，他在这个职位上长达8年之久（直到1973年），历经了4位国防部长与两任总统。

1968年1月23日，海军情报局的布莱德雷（James F. Bradley）上尉连同里科弗与其两位资深助理，一同出席了众议院武装部队委员会主席里夫斯（Mendel Rivers）召开的听证会。里科弗等人向委员会议员们展示了苏联船厂的卫星照片，指证苏联在潜艇方面的投资远大于美国，并陈述了在"企业"号航空母舰事件中苏联"11月"级潜艇的惊人航速表现。

国会议员们对苏联潜艇威胁的增长大感震惊，而里科弗进一步向国会中的支持者表示，他已经准备好了对抗苏联威胁的方案（也就是他推动多时的高速潜艇计划），但福斯特与海军的某些官员却不支持他。

在接下来的几周，在国会的原子能联席委员会（Joint Committee on Atomic Energy, JACE）以及参议院武装部队委员会的听证会中，里科弗也作了类似的陈述。他一方面宣传苏联潜艇威胁的急速增长，另一方面则强调为了对抗苏联潜艇威胁，必须尽快获得拥有高航速性能的新型潜艇，而他所推动的高速潜艇计划，是这个时候唯一可立即投入量产的新型攻击潜艇设计（相较下，"概念形成"研究还得等待两年才能完成），但国防部与海军阻碍了他所作的努力。此后，国会议员们成为里科弗的坚定支持者，从而也让"概念形成"计划的支持者们就此陷入被动。

接下来，里科弗又展现了他强大的国会支持力量。1968年2月8日，当国会原子能联席委员会听取了里科弗的听证后，随即便要求为第一个高速潜艇反应堆机组拨款（也就是里科弗提议的D1G反应堆潜艇版本），以便启动正式的开发工作，并指示海军应开始采购相关的蒸汽机组组件。接着在2月28日，原子能联席委员会又要求预算局重新调整部分研发经费规划，以便加速里科弗的反应堆开发工作。

显然，里科弗对于苏联潜艇威胁的宣传打动了国会议员，促使国会决定支持里科弗的计划。即使美国国防部当时还未确定将里科弗的高速潜艇列入预算，国会仍决定拨款给这项计划。华盛顿邮报记者泰勒对此评论道："最终，这是一项政治性的决定。"泰勒感叹福斯特等人试图阻挠这项计划的举措徒劳无功，"福斯特为什么要徒劳地对抗有权可以绕过他行动的人（即里科弗）？在五角大厦、白宫与海军中，没有任何领导人能迫使里科弗去考虑其他替代方案，福斯特无法阻止这项潜艇计划的前进。"

右图：里科弗拥有极佳的国会关系，每当他的主张遭遇国防部或海军内部的阻挠时，往往能凭借他在国会中的深厚人脉，帮助他度过难关。图为1964年9月11日，里科弗（照片左起第二人）陪同深具影响力的华盛顿州民主党籍参议员杰克森（Henry M. Jackson）等人，一同参访华盛顿州班戈（Bangor）基地内"北极星"（Polaris）弹道导弹设施的情形。

关键的决定

面对里科弗强大的国会支持力量，国防研究工程总监福斯特被迫改变了立场。比起这位长期从事核武器科研工作，两年前才被麦克纳马拉招进国防部的年轻官僚（福斯特当时年仅44岁），里科弗与国会议员们有着15年以上的深厚交情，再加上里科弗过去极为出色的实绩，更为国会所信任。

福斯特在1968年2月底表示，他愿意批准高速潜艇计划，但前提是这项计划必须保证航速性能，然而里科弗拒绝给予承诺，他表示会尽力而为，但无法保证结果。

1968年2月，高速潜艇计划仍然还没进入细部设计阶段，如果要在1970财年建造首艇，那么就得赶在1969财年拨付足够的资金。

于是海军作战部长穆勒加紧了脚步，在1968年3月1日组织了以反潜战部门（OpNav）总管贝桑尼（Philip A. Beshany）少将为首、由资深潜艇军官组成的特设小组（Ad Hoc Panel），负责评估里科弗的高速潜艇设计。该小组从空间、重量、坚固性（ruggedness）、可靠性与维护性等方面评估任务并检查装备，进而向海军作战部长与海军部长建议是否让这种潜艇投入实际建造。

1968年3月19日，福斯特被传唤到参议院武装部队委员会的次级委员会听证会。他向这些支持里科弗的议员们解释，还不确定是否同意里科弗建造他的潜艇，就此而言，福斯特也不确定苏联的威胁是否已被充分理解。福斯特认为，此事是如此重大，以致海军必须作出正确的决定。所以他需要时间来研究包括"概念形成"计划潜艇在内的议题，希望将决定的时间定在6月。

福斯特的缓兵之计拖延不了多久时间，在他研究前述议题的期间，形势持续向对里科弗有利的方向发展。

一个多月后，贝桑尼的特设小组得出了关键的结论。虽然该小组要等到7月1日才会提交正式的报告，却在4月30日便提前宣布了他们对里科弗高速潜艇设计的评估结果。贝桑尼的特设小组同意了里科弗的论点，比起里科弗建议的D1G反应堆潜艇版本，唯一有竞争力的S5G反应堆仍太不成熟，因而不列入考虑。于是他们同意支持海军作战部长与海军部长在1970年计划中，列入里科弗这种高速潜艇的首艇，舷号暂定为SSN-688。

贝桑尼特设小组认为，虽然进一步的研究或许可以带来一些改善，但不会改变将里科弗这个设计投入建造的结论。为了获得高航速，小组成员设想了许多方式来削减这个设计方案的吨位，其中一个可行的办法是降低潜深，但这会导致这种潜艇的潜深性能低于先前的"长尾鲨"级与"鲟鱼"级。该小组虽然赞同里科弗的基本设计提案，但另外特别要求这种新潜艇必须配备新型武器系统，包括全数字化火控系统（日后的

下图：贝桑尼少将领导的特设委员会，在1968年4月底对里科弗的高速潜艇计划作出了正面评价，给这项计划起了关键的推动作用。

右图：贝桑尼特设小组大致认可里科弗的高速潜艇设计提案，而评估中较大的不同意见，是希望这种新潜艇配备新型火控系统与声呐，如图中的BQQ-5声呐系统。

Mk117水下火控系统）与新的数字化声呐（即BQQ-5声呐），而不是直接沿用"鲟鱼"级的火控系统与声呐配备。

在这个时候，福斯特则在他启动的研究中尝试将电动驱动与高速潜艇两种需求结合到同一种潜艇上，但很快就发现以当时的技术无法实现。

里科弗在5月27日会见了海军部长伊格纳修斯，指出他提议的两种潜艇计划——涡轮电力驱动潜艇与D1G反应堆高速潜艇，都必须投入建造，前者改进了潜艇的静音技术，后者则能发展成一种高性能攻击潜艇。要让美国潜艇保持相对于苏联潜艇的优势，这两种潜艇都是不可或缺的。里科弗还抱怨，福斯特的研究与质疑妨碍了这些事情的进展。

福斯特则在第二天向海军部长伊格纳修斯发出一份备忘录，试图阻挠里科弗的涡轮电力驱动潜艇与高速潜艇两项计划。福斯特要求伊格纳修斯重新考虑是否建造涡轮电力驱动潜艇，表示自己无论如何都不希望在未厘清情况之前就为这项计

里科弗的胜利

左图：在参议院拥有很大影响力的斯坦尼斯主导下，参议院武装部队委员会在1968年4月10日率先发难，表示将主导拨款在1970财年建造里科弗的高速潜艇。显示了无论国防部与海军是否同意，美国国会都会支持、甚至主动拨款建造里科弗提议的高速潜艇。

划拨款。至于高速潜艇计划，福斯特则希望在1969财年计划的背景下解决这个问题。这样的陈述，可以解释为福斯特无意批准这种潜艇的建造。

福斯特虽然向海军部发出了不利于里科弗的备忘录，但实际上已于事无补，美国国会已经为里科弗的高速潜艇计划开启了绿灯。

1968年4月10日，在影响力很大的参议员斯坦尼斯（John Stennis）主导下，参议院武装部队委员会主动提议让海军先在1969财年采购两艘"鲟鱼"级，并在接下来的1970财年为采购一艘拥有更先进性能的潜艇（即里科弗提议的高速潜艇）拨款。而在里夫斯主持的众议院武装部队委员会方面，虽然尚未提交预算法案提案，但毋庸置疑，他们也会强力支持里科弗发展与建造新型潜艇的计划。

换言之，福斯特的任何行动都已不能阻挡建造高速潜艇。无论国防部与海军的意愿如何，美国国会都将拨款建造里科弗提议的高速潜艇。

上图与对页图：1968年6月初，国防研究工程总监福斯特亲自登上"长尾鲨"级潜艇"鲦鱼"号（上），与"鲣鱼"级潜艇"鲨鱼"号（右），进行了为期两天的水下攻防作战演练。"鲣鱼"级是当时美国海军航速最快的潜艇，拥有接近30节的最大航速；"长尾鲨"级的航速比"鲣鱼"级慢了两节左右，但拥有更好的静音性能，声呐与武器系统也明显更优。但是演习结果显示，"鲦鱼"号在技艺精湛的麦基艇长指挥下，虽然在相互对抗中略占上风，但始终无法对航速更快的"鲨鱼"号占据有效攻击位置，显示了航速对潜艇作战的重要性。

里科弗的胜利

为了更好地理解下一代潜艇对航速的要求，福斯特决定进行一次实际的体验。1968年6月初，福斯特与几位办公室随员分别登上了"长尾鲨"级潜艇"鲦鱼"号（USS Dace SSN-607）与"鲣鱼"级潜艇"鲨鱼"号（USS Shark SSN-591），一同进行各种水下对抗作战操演。其中"鲦鱼"号扮演典型的美国潜艇角色。"鲦鱼"号的艇长麦基（Kinnaird R. McKee）拥有极为出色的指挥纪录[1]。而"鲨鱼"号的声呐配备与静音性能都较逊色，但航速比"鲦鱼"号稍快一两节[2]，用于扮演未来的苏联高速潜艇角色。

在为期两天的演习中，"鲦鱼"号凭借麦基艇长精湛的指挥以及高度训练的乘员们操作，在相互对抗中略占优势。但面对速度更快的对手"鲨鱼"号，"鲦鱼"号始终不能占据有效的攻击位置。这次演习证实了高航速对于潜艇的重要性，即使只有几节的优势，也能在作战中发挥关键作用。而就当时的趋

---

[1] 值得一提的是，麦基后来的军事生涯非常显赫，在14年后的1982年2月，接替里科弗成为海军反应堆办公室第二任总监，稍后晋升海军上将。

[2] "鲨鱼"号所属的"鲣鱼"级，是当时美国海军速度最快的潜艇。

势来看，苏联潜艇的航速显然逐渐居于优势。

经过这次演习的亲身体验后，福斯特完全改变了想法，决定支持里科弗的高速潜艇计划。福斯特在1968年6月稍晚，向此时担任国防部副部长的尼采建议，提前在1969财年为高速潜艇的首舰拨付先期采购经费，接着在1970财年拨付剩余全部经费。此外，高速潜艇也不再是只造一艘的试验艇，而将投入批量建造，发展成为一级"SSN-688级"攻击潜艇。

此时福斯特也把对于新型潜艇的关注焦点，从船体与动力单元设计转移到武器系统，他向尼采表示将会加速评估那些可以整合到新潜艇上的新装备，并要求新潜艇配备新的武器系统。这也成了福斯特与里科弗之间的妥协点——福斯特同意建造高速潜艇，但必须引进新型声呐与武器系统。

1968年6月底，美国海军正式提案建造基于D1G反应堆的新型攻击潜艇。海军认为这是当时技术所能获得的最佳攻击潜艇，在成功可行性、可靠性与操作性方面都足以信赖。这也让里科弗的高速潜艇计划摆脱了过去几年以来一直只能以设计研究计划或是仅造一艘试验艇的试验性计划等身份存在的窘境，终于获得了正式舰艇发展计划的身份。

1968年7月1日，D1G反应堆高速潜艇的首艇SSN-688被列入1970财年预算中,正式获得了预算授权。7月稍晚,基于贝桑尼特设小组的设计修改建议,海军作战部长穆勒发表了调整后的SSN-688潜艇设计特性(如引进了新的声呐与武器系统等新装备),成本估算也因为这些设计调整而改变,在9月30日发布的新成本与可行性研究报告显示,SSN-688潜艇首艇成本预计为2.34亿美元,后续艇则为1.56亿美元。

基于新的成本与可行性报告,舰艇特性委员会与海军作战部长在1968年11月批准了正式定案的SSN-688潜艇设计。里科弗过去5年来努力推动的高速潜艇计划,至此终于修得了正果。

上图:历经"鲦鱼"号与"鲨鱼"号潜艇的实际演练后,国防研究工程总监福斯特迅速改变了对于里科弗高速潜艇设计的立场,从反对转为赞成。图为1972年时福斯特(右)与当时国防部长莱尔德(Melvin Laird)(左)合影。福斯特在"洛杉矶"级潜艇发展过程中,扮演了失败的反派角色,但他接下来仍然继续在美国国防部拥有高度影响力,历经约翰逊与尼克松(Richard Milhous Nixon)两任总统,以及四任国防部长,是历来任期最长的国防研究工程总监。

里科弗的完全胜利

到了1968年中,里科弗的高速潜艇计划已经获得海军、国防部与国会的认可,即将投入实际建造。但美国海军仍然没有放弃"概念形成"计划,打算让高速潜艇计划与"概念形成"计划同时并行。

美国海军初步拟定的新攻击潜艇采购计划,是在1970财年采购一艘基于D1G反应堆的SSN-688原型艇,接着在1971财年采购两艘SSN-688潜艇,然后在1972财年采购一艘SSN-688潜艇与一艘"概念形成"计划的原型艇。

但里科弗坚持认为,采购"概念形成"计划潜艇意味着航速性能方面的退步。而福斯特此时也认为,应该在1970财年采购一艘以上的SSN-688潜艇,以免拖慢这项非常具有急迫性的高速潜艇计划进度。他最后提议在1970财年至少采购两艘

SSN-688。在里科弗的影响下，国会也保证在1970财年采购一艘以上的SSN-688，为了加快整个计划的进度，还重新调整了1968年的研发测试与工程（RDT&E）相关经费分配，甚至还考虑仿照当年的"北极星"弹道导弹潜艇计划，将SSN-688的建造放到最高优先（super-priority），但后来并未实行。

接下来SSN-688潜艇的采购规模又有所扩大。依据贝桑尼特设小组的研究结果，"概念形成"计划无法在1972财年计划中完成设计，于是海军作战部长穆勒将"概念形成"计划首艇的采购从1972财年延后到1973财年。而1972财年计划中因此空出来的潜艇采购缺额，则换为采购额外一艘SSN-688潜艇，让这个年度的SSN-688采购量从原本的一艘增加为两艘。于是新的SSN-688潜艇采购规划便成为1970财年两艘、1971财年两艘、1972财年两艘，连续三个财政年度都是每年采购两艘。

接着国防部长克利福德在1968年9月又将1970财年的SSN-688潜艇采购数量增加到三艘，稍后国防部长办公室决定在1970—1974财年计划中，将SSN-688潜艇的采购数量从每年两艘上调为每年三艘。而美国海军则建议，在1971财年与1972财年各采购四艘SSN-688，接下来的1973财年为五艘。国防部长办公室则将这个提案修改为1970财年与1971财年各采购三艘，1972财年与1973财年分别采购四艘。稍后在里科弗支持者的运作下，美国国会又进一步追加了采购数量，提议将1971财年采购量提高为四艘、1972财年五艘，接着在1973财年列入六艘。

无论以哪个标准来看，里科弗的高速潜艇计划在1968年的发展都可以用戏剧化来形容，短短不到一年时间内，命运便有了180度的大逆转。在1968年年初，它还只是设计研究与试验计划的身份，并因麦克纳马拉的潜艇政策而陷入连一艘也没有机会建造的困境；到1968年年底，不仅已被认可为正式的舰艇计划，还一口气跃升成为预定在5年内采购15~20艘以上的大型采购案。

至于前任国防部长麦克纳马拉在1968年1月设定的60艘核

"洛杉矶"级攻击型核潜艇

攻击潜艇规模限制，此时也被海军与国防部抛诸脑后，完全不起作用了。

但直到此时，美国海军仍然继续进行"概念形成"计划，到了1968年年底时，"概念形成"计划研究也已累积了一定的成果，截至1968年11月，"概念形成"计划研究一共提出了36种设计概念，其中还尝试了一系列新设计，包括双反应堆、单涡轮、同轴反转螺旋桨、大潜深以及更大口径的鱼雷管等。

在1969年1月15日提交给国会的"1970财年国防预算与1970—1974财年国防计划"（The Fiscal 1970 Defense Budget and Defense Program for Fiscal Years 1970—1974）中，国防部长克利福德向国会表示，将在1970财年采购前3艘"高速的"SSN-688潜艇，然后再于1971与1972财年采购4艘，克利福德乐观地认为，到了1972财年以后，"概念形成"计划潜艇也应该完成了设计，将可以投入建造。这也意味着，除了推动

下图：里科弗的高速潜艇计划有了180度大逆转。在1968年年初，它还受困于麦克纳马拉的潜艇兵力数量限制，差点落得连一艘也无法建造的窘境。到了1968年底时，已翻身成为获得国防部与国会认可、准备投入大量建造的大型计划。图为四艘"洛杉矶"级合影。

里科弗的胜利   119

左图：里科弗的高速攻击潜艇计划虽然在造舰路线发展与预算竞争中获得胜利，但这个胜利得来并不容易，自1964年初开始推动，经过五年努力后，终于在1968年中被认可为正式潜艇计划，并将从1970财年开始大批量采购。图为里科弗与其海军反应堆办公室的部属们。

SSN-688潜艇建造计划外，美国国防部也打算采购"概念形成"计划潜艇，让两种潜艇平行展开建造。

　　然而"概念形成"计划的生命未能持续太久。新一届的尼克松政府于1969年1月20日正式上任，随着尼克松政府重新检讨与调整攻击潜艇采购计划，不久后便完全放弃了"概念形成"计划。而里科弗则指示有关部门将所有"概念形成"计划相关档案从官方文件中清除，这个曾经给他带来莫大困扰的竞争对手已经消亡，也象征着里科弗的SSN-688高速潜艇计划最终获得了完全胜利。

全面开展的"洛杉矶"级潜艇计划：设计与采购

随着尼克松政府于1969年1月上台，里科弗也迎来他的收获年，过去四年多以来，里科弗积极推动的两项核攻击潜艇计划——着眼于高航速的SSN-688高速潜艇，以及着眼于静音性能的涡轮电力驱动潜艇，都在尼克松任内投入建造。

"概念形成"计划潜艇预定搭载的S5G改进型反应堆，功率比SSN-688的D1G反应堆少了三分之一（20000匹轴马力对30000匹轴马力），但凭借着较小的船体与减阻设计，搭配引进高效率的同轴反转螺旋桨，航速性能并不比SSN-688差多少[1]，比起一味依靠提高反应堆功率来提高航速的SSN-688更巧妙。

此外，S5G反应堆还具备自然循环能力，在低航速时，可以不使用循环泵，而仅仅依靠热交换流体的自然对流，来带走反应堆芯的热量，从而也消除了循环水泵这个核潜艇上的一大噪声源。与里科

---

[1] 据估计以同轴反转螺旋桨取代单螺旋桨，可以提高大约五节速度。

下图与对页图：里科弗于1964年发起的两种新型攻击潜艇计划——涡轮电力驱动潜艇计划，以及基于D1G反应堆的高速潜艇计划，先后在1968与1970财年获得美国国防部采购授权。下图为涡轮电力驱动潜艇计划的成果"利普斯科姆"号，对页图为D1G反应堆高速潜艇的成果"洛杉矶"级潜艇。图为第17号艇"巴尔的摩"号（USS Baltimore SSN-704）。

弗主导的涡轮电力驱动潜艇相比，"概念形成"计划通过反应堆的自然循环，也能达到降低噪声的目的（虽然仅限于低速），其获得的整体评价，高于里科弗在涡轮电力驱动潜艇计划中坚持采用的直流电机电动推进系统。

美国海军原先的规划是同时让"概念形成"计划与SSN-688两种潜艇计划平行展开，"概念形成"计划预定排在SSN-688级稍后投入建造。但是在里科弗的阻挠下（包括利用掌管海军反应堆开发的职权，阻止"概念形成"计划潜艇预定配备的S5G修改型反应堆研发工作），最终，"概念形成"计划在尼克松政府时期遭到彻底放弃。

于是，美国海军的攻击潜艇计划此后便只剩里科弗的SSN-688与"涡轮电力驱动潜艇"得以继续进行。

里科弗的两大新世代攻击潜艇计划

事实上，里科弗真正的兴趣是发展新型核反应堆与推进系统，正是为了支持核反应堆的发展，里科弗才需要推动相对应的核动力水面舰与潜艇计划。

而里科弗积极推动的SSN-688与"涡轮电力驱动潜艇"两种新型潜艇计划分别以两种新型推进系统为核心。"涡轮电力驱动潜艇"采用的是以电动马达取代减速齿轮，以求消除减速齿轮这个潜艇主要噪声源，借此大幅改善静音性能；SSN-688则采用重视输出功率的高功率压水反应堆与齿轮传动系统，引进了D1G反应堆的潜艇用版本，输出功率两倍于既有的标准型潜艇反应堆S5W，以便获得30节以上的高航速。至于在武器

系统与声呐配备方面，两者都类似于早先的"长尾鲨"级与"鲟鱼"级潜艇，包括四具21英寸鱼雷管、25枚鱼雷与升级的BQQ-2声呐系统。

在SSN-688与"涡轮电力驱动潜艇"这两种几乎同时启动的核攻击潜艇计划中，属于试验性质。只造一艘试验艇的涡轮电力驱动潜艇计划的政治争议与干扰相对较小，进度比SSN-688快了大约两年[1]。美国国防部在1966年底便接受了涡轮电力驱动潜艇计划，同意列入1968财年预算中执行。美国海军随后在1968年12月16日与通用动力集团旗下的电船公司签订建造合约，1971年6月5日开工，1973年6月4日下水，被命名为"利普斯科姆"号，于1974年11月21日完工服役。

持续扩大的SSN-688潜艇采购计划

而SSN-688计划在1968年7月1日取得预算授权，定于1970财年开始采购。至于在采购数量方面，最初按1968年的设定，是分别在1970财年、1971财年与1972财年各采购一艘、两艘与一艘。在这个时候，"概念形成"计划潜艇仍在美国海军的计划日程中，预定于1972财年采购首艘原型艇，日后将与SSN-688潜艇平行建造。

而海军作战部长穆勒依据贝桑尼少将的特设小组研究结果，判断"概念形成"计划潜艇无法在1972财年完成设计，决定将1972财年原用于采购"概念形成"计划潜艇的额度转给SSN-688潜艇，至于"概念形成"计划首艇则延到1973财年采购。

在约翰逊政府离任前夕的1969年1月15日，国防部长克利福德提交给国会的"1970财年国防预算与1970—1974财年国

---

[1] "涡轮电力驱动潜艇"与SSN-688两项计划都是里科弗在1964年发起，其中"涡轮电力驱动潜艇"试验艇"利普斯科姆"号，在1968财年获得采购授权，1968年12月签订建造合约，1974年服役；SSN-688首艇"洛杉矶"号被排入1970财年预算计划，1971年1月签订建造合约，1976年服役。

SSN-688"洛杉矶"级潜艇采购计划(1970—1974财年)

财政年度	FY 70	FY 71	FY 72	FY 73	FY 74
采购数量	3	4	5	6	5
采购成本*	647.6	662.4	904.7	1041.5	958.1

*单位:百万美元。

防计划"中,设定的SSN-688采购规划是1970财年3艘,然后1971与1972财年各2艘。但5天之后,克利福德便跟着约翰逊政府一同离职,来不及将这项规划落实为正式的采购政策。

接下来当尼克松政府于1969年1月22日上台后,潜艇采购政策也有了变化。

1969年中,海军作战部长穆勒决定尽快让SSN-688潜艇投入建造,以便在严重的通货膨胀下尽可能节省一些费用,以免建造成本迅速攀升。为此,穆勒指示SSN-688计划可无须等待一些重要装备研发完成(如新型雷达信号截收接收机与10英寸规格的新式诱饵等)便立即展开建造工程。日后待这些新装备研发完成后,再通过预先规划的"艇级改进计划"(Class Improvement Plan, CIP)安装到SSN-688潜艇上。

穆勒的这项指示,一方面可让SSN-688的建造进度不受次系统的研发时程所拖累,另一方面,通过"艇级改进计划"来安装新装备时,相关费用也将由独立的"艇级改进计划"项目来支出,而不会算到SSN-688潜艇上,也能减轻SSN-688计划的成本压力。

接下来各界又陆续为SSN-688计划加码,继续留任于尼克松政府的国防工程研究总监福斯特则建议将1970财年的SSN-688潜艇采购数量增加到两艘。到了1969年12月,国防部副部长帕卡德(David Packard)将1970财年的SSN-688潜艇采购量提高到三艘,而国防部长办公室这时候则考虑将1970—1974财年计划中的SSN-688采购数量从每年采购两艘提高到三艘。美

"洛杉矶"级攻击型核潜艇

国海军则建议，先在1971与1972财年各列入四艘，然后在1973财年编列五艘。

国防部长办公室接着决定，在1970与1971财年各采购三艘，然后在1972与1973财年则提高到各四艘。在1969年中提出的修订版"1970—1974财年国防计划"中，设定是在1970财年采购三艘，1971—1974财年各四艘。

随后在里科弗盟友们的鼎力相助下，美国海军获得了比预期更多的建造资金，美国国会主动增加了SSN-688潜艇采购数量，让海军在1971财年获得四艘的采购授权，1972财年与1973财年更分别增加到五艘与六艘。

而在这个时候，"概念形成"计划已经遭到尼克松政府彻底放弃，让攻击潜艇的预算资源都集中到SSN-688计划上。除此之外，前任国防部长麦克纳马拉在1968年1月设定的60艘第一线攻击潜艇规模上限，也为新上台的共和党政府所放弃，新的攻击潜艇规模被提高到90艘，这意味着美国海军必须采购30艘以上的SSN-688来达到这个规模需求。

至于攻击潜艇的服役寿命，则定为三个反应堆芯的寿命。

下图：SSN-688"洛杉矶"级的建造计划是在约翰逊政府后期的1968年获准，并在尼克松政府任内全面展开，但由于诸多原因造成的延误，一直要等到卡特（James Earl Carter, Jr.）政府时代，才进入大量服役阶段。图为1982年9月18日于电船公司格罗顿（Groton）船厂下水的"洛杉矶"级第20号艇"普茨茅斯"号（USS Portsmouth SSN-707）。

5 全面开展的"洛杉矶"级潜艇计划：设计与采购　　127

左图：为了加快"洛杉矶"级计划的进度，海军作战部长穆勒在1969年中指示，无须等待部分装备开发完成，便先行启动"洛杉矶"级的建造，日后再于独立的升级计划中安装这些新装备。图中的10英寸规格移动式潜艇模拟诱饵（Mobile Submarine Simulator, MOSS），便是其中一种被"洛杉矶"级计划暂时跳过的装备。

以20世纪60年代末期的技术水准来看，三个反应堆芯的寿命为24年，平均更换一次炉芯燃料可维持8年。不过新开发的新型炉芯显著延长了寿命，每个炉芯可持续使用12~13年，也就是说，若以相同的24年潜艇操作寿命为基准，改用新型炉芯，可让每艘潜艇减少一次炉芯更换作业。

以每艘攻击潜艇服役24年计算，要维持90艘攻击潜艇的兵力，平均每年需要新购3.75艘新潜艇。不过由于20世纪60年代初期与70年代初期各有一波攻击潜艇采购高峰，累积了足够的储备，所以在1974—1975财年，原则上可以将采购量降到3艘。

1974年8月，福特（Gerald Ford）接替辞职的尼克松继任总统，但一开始仍沿用了尼克松的国防管理班底与国防采购政策。在尼克松任内到福特接任总统的初期为止，美国海军在1970—1974财年期间一共获准采购23艘SSN-688潜艇。

"洛杉矶"级潜艇的设计演进

1968年7月获得美国国防部的采购授权后，SSN-688潜艇得以从可行性与概念研究阶段进入正式的工程设计时间。

里科弗不甚成功的电动驱动潜艇尝试

1974年底服役的"利普斯科姆"号,是涡轮电力驱动潜艇的试验艇,这是继14年前(1960年)服役的"白鲑鱼"号之后,美国海军再一次尝试涡轮电动驱动系统,借此省略涡轮与驱动轴之间的减速齿轮,从而降低潜艇噪声。

虽然有着里科弗的保证,但涡轮电力驱动潜艇计划从一开始的关键设备采购上就遭遇了许多困难。

如前所述,涡轮电力驱动潜艇的目的是试验电动驱动系统,反应堆则是由既有S5W反应堆修改而来,关键任务是设计与制造电动驱动系统的主推进设备。所以里科弗的海军反应堆办公室没有和贝蒂斯或诺尔(Knolls)这两个负责反应堆开发的实验室合作,而是希望由负责营运这两个实验室的母集团——威斯汀豪斯(Westinghouse)与通用电

下图:在涡轮电力驱动潜艇计划下建造的"利普斯科姆"号成本十分昂贵,但基于探讨静音技术的考虑,美国国防部仍同意建造。图为1973年6月4日,于电船公司康涅狄格州格罗顿船坞中的"利普斯科姆"号下水仪式,左边还可见到另一艘建造中的潜艇。

气（General Electronic, GE），来竞标与承包"涡轮电力驱动潜艇"的推进系统设计与建造。

依照海军反应堆办公室过去的经验，威斯汀豪斯公司在进度方面表现优秀，而通用电气公司则长于先进技术开发。而无论最后决定由哪一家厂商承包这项工作，都需在总包"涡轮电力驱动潜艇"建造工作的电船公司下以分包合约的形式来执行。

1965年底，负责"涡轮电力驱动潜艇"船体设计与建造工作的电船公司，要求威斯汀豪斯与通用电气公司交付"涡轮电力驱动潜艇"推进系统的可行性研究，以便电船公司能据此进行艇体的相关配置设计。但通用电气公司回复表示，基于该公司先前的技术承诺，将不参与这项可行性研究；而威斯汀豪斯则在1966年中进行了可行性研究，并在稍后的1967年2月完成。

下一步的工作便是主推进设备的实际设计与制造，但通用电气公司再次以工作负荷与技术承诺为由，拒绝参与竞标。于是电船公司只能委由威斯汀豪斯公司，设法修改原本由通用电气公司提供的舰载涡轮发电机，但威斯汀豪斯公司缺乏必要的技术信息，以致未能实行。不过威斯汀豪斯公司表示愿意参与其他设备的竞标。显然通用电气公司的消极态度已影响到涡轮电力驱动潜艇计划的进行。

针对涡轮电力驱动潜艇推进系统的设计与制造承包问题，里科弗在1967年3月8日打电话给通用电气公司副总裁兼动力分部总经理克雷格（Donald E. Craig）。里科弗向克雷格强调这项计划的重要性，要求克雷格重新考虑通用电气公司的立场，但获得的答案依旧是否定的，于是里科弗指出此事必须在政府最高层面前解决。

通用电气公司持消极的态度有以下原因。首先，该公司认为涡轮电力驱动潜艇的相关组件不仅难以制造，而且十分昂贵。其次，该公司看不到这种推进系统的未来市场，觉得涡轮电力驱动潜艇只会是仅造一艘的实验艇，既不会获得海军的大规模采用，也不会有任何商业应用前景，在这方面的投入难以收到回报。

此外，通用电气公司认为这类高度复杂的技术没有规范可循，但海军反应堆办公室近年来却持续缩紧现有的规范，还增加了新规范。这些规范的异动都造成时间延误。所以通用电气公司要求必须限制海军反应堆办公室以减少他们的干涉。

里科弗虽然极力施压，但通用电气公司仍不为所动。经过艰苦的谈判后，才达成让里科弗满意的妥协，通用电气公司最终同意参与涡轮电力驱动潜艇计划，并在1967年8月22日与电船公司签订分包合约，承包了"涡轮电力驱动潜艇"的推进系统设计与制造工作。

虽然好不容易解决了关键组件的承包商问题，但涡轮电力驱动潜艇计划接下来又受到成本过高的质疑。国防部副部长尼采担心涡轮电力驱动潜艇计划的成本攀升，而国防工程研究总监福斯特虽

右图:"利普斯科姆"号的电动驱动系统最后是由通用电气公司承包。相对于竞争对手威斯汀豪斯公司,通用电气公司在先进技术方面略占优势,不过通用电气公司最初对于"利普斯科姆"号相关业务并不感兴趣,认为电动驱动系统在当时看不到市场前景,不愿意耗费心力参与这项计划的竞标。图为通用电气公司的涡轮机厂房。

然也担心其他问题,但仍认为涡轮电力驱动潜艇是值得建造的。

接替麦克纳马拉、出任约翰逊政府的最后一任国防部长克利福德,在离任前夕的1969年1月15日,提交给国会的"1970财年国防预算与1970—1974财年国防计划"中,总结了当时美国国防部对涡轮电力驱动潜艇计划的看法。他表示在潜艇计划中最担心的是"利普斯科姆"号的情况,涡轮电力驱动潜艇计划的成本已经大幅攀升,当时预估前三艘SSN-688潜艇的平均单位成本为1.787亿美元,而海军呈报的"利普斯科姆"号预估成本则为1.52亿美元,但国防部认为其实际成本将高达两亿美元。尽管如此,克利福德仍然支持这项计划:"我们相信,涡轮电力驱动潜艇计划将物有所值,将能通过这种新型推进系统与其他重要的静音措施,为我们提供独特且有价值的操作与测试经验。"

争议的技术路线选择

比起大幅攀升的成本,"利普斯科姆"号最大的争议是电动机系统的技术形式选择。

不同于吨位仅有2600吨、航速不到15节、主要用于研究与试验的"白鲑鱼"号,里科弗主张"利普斯科姆"号应该是一种具备"鲟

鱼"级的作战能力且采用涡轮电动驱动的潜艇。

"利普斯科姆"号的基本设计构想是以"鲟鱼"级为基础,换装电动推进系统而成。它沿用了"鲟鱼"级的SCB-302设计代号,而没有给予独立的舰船特性委员会编号,动力来源是一部S5Wa反应堆,是"鲟鱼"级上的S5W反应堆衍生型,至于搭配的电机系统,则在里科弗的坚持下沿用了类似"白鲑鱼"号的直流电机系统,以求简化推进系统的组态[1]。而这个决定也带来了"利普斯科姆"号的电机系统尺寸过大的问题。

舰船局虽曾建议涡轮电力驱动潜艇改用较小的S3W反应堆以减小

上图:1974年服役的"利普斯科姆"号涡轮电力驱动潜艇,是美国海军在潜艇上应用电动驱动的尝试,虽然静音性优良,但可靠性与成本控制不佳。于是此后的半个世纪,美国海军所有核潜艇都采用减速齿轮驱动,直到目前研发中的"哥伦比亚"级弹道导弹核潜艇,才又重新启用电动驱动。

---

[1] 涡轮电动驱动系统可分为直流推进电机与交流推进电机两种类型。采用直流推进电机的优点是拥有较简单的整体架构,当反应堆停机时,可直接由潜艇上的蓄电池向直流推进电机供电,缺点则是尺寸庞大。交流推进电机的优缺点则与直流推进电机相反,优点是有助于缩小尺寸,缺点是必须增设变流机组,才能与蓄电池配合作业,组态较为复杂。

尺寸，但被里科弗拒绝。里科弗希望涡轮电力驱动潜艇计划能作为解决现役潜艇噪声问题的手段，这意味着"利普斯科姆"号必须拥有类似第一线潜艇的作战能力，而不是像"白鲑鱼"号这种小型试验潜艇。

因而"利普斯科姆"号的推进功率需求是"白鲑鱼"号的6倍，里科弗的解决办法是将"白鲑鱼"号的直流电机装置放大6倍，以致尺寸非常庞大。若改用交流电机，虽能大幅缩小尺寸，但不被里科弗接受，基于直流系统理论上的简单性，他宁可承受尺寸方面的代价。

为了容纳庞大的电机设备，"利普斯科姆"号的吨位足足比"鲟鱼"级大了35％，长度也增加70英尺以上。但受限于直流电推进电机的效率，"利普斯科姆"号的输出功率只有11000马力（另有12000马力的记载），低于S5W反应堆搭配减速齿轮所能提供的15000马力输出功率；比"鲟鱼"级大上许多的尺寸也带来更大的湿表面积与水下阻力，但"利普斯科姆"号的推进功率却比"鲟鱼"级少了将近30％，这也制约了"利普斯科姆"号的水下航速。

"利普斯科姆"号由电船公司建造，1974年12月21日服役，该艇虽然静音性优良，但装备的直流推进电机导致整体吨位过大。然而直流电机的输出功率又有限，以致航速较慢，水下最大航速只有23节，比"鲟鱼"级低了3～4节。该艇采用的直流电机系统，还存在着容易过热与可靠性欠佳的问题，而且这套电动推进系统后期也难以维护。

当里科弗在1982年初离任后，"利普斯科姆"号就被海军打入冷宫，出航率大为减少，并很快就在1989年退役，仅仅服役了14年半就退役，只有美国海军核攻击潜艇标准服役年限的一半，算是里科弗推动的潜艇计划中一个不太成功的案例，不过仍为后来的潜艇电动推进系统发展提供了宝贵的经验。

基于"利普斯科姆"号采用直流电机系统运作不佳的经验，后来的电动驱动潜艇如法国的红宝石级（Rubis Class）、凯旋级（Triomphant Class）等都采用交流电机系统。

而在美国海军方面，在"利普斯科姆"号不尽理想的尝试后，此后的核潜艇都一律采用减速齿轮驱动，直到半个世纪后，目前研发中的"哥伦比亚"级（Columbia Class）弹道导弹核潜艇才重新启用电动驱动推进系统。

5 全面开展的"洛杉矶"级潜艇计划：设计与采购

依据1968年11月发布的SSN-688潜艇军事特性（military characteristics）要求，美国海军从1969年3月开始SSN-688潜艇预备设计（Preliminary Design），舰船特性委员会的设计代号为SCB-303。

基本设计的成形

SSN-688潜艇的设计是围绕着D1G反应堆进行的，必须将这款原为大型水面舰艇发展的高功率反应堆塞进对于空间与重量都十分敏感的潜艇耐压壳内。这款反应堆是既有D1G反应堆的衍生版本，D1G是安装于纽约州肯尼斯凯塞林（Kenneth A. Kesselring）海军核实验站的陆地原型反应堆，其量产型D2G反应堆从1962年起便在多艘核动力水面舰上服役。而SSN-688潜艇预定采用的则是D1G反应堆的衍生版本，稍后被美国海军定名为S6G。

由于S6G是既有D1G反应堆的衍生型，所以美国海军没有另外建造专门的陆地原型，而是使用换装D1G-2炉芯的D1G扮演S6G的陆地原型角色。

使用D1G-2炉芯的S6G反应堆可提供150MW的热功率，搭配两部主蒸汽涡轮，可为螺旋桨推进器提供30000轴马力的推进功率（是上一代S5W反应堆的两倍），但尺寸与重量也增大了60%以上，这也是造成SSN-688潜艇大型化的根本原因。

在早期研究阶段，纽波特纽斯船厂在1967年12月完成的D1G反应堆潜艇设计研究显示，新潜艇的长度将达到366英尺，排水量则达到7040吨。比起上一代的"鲟鱼"级，长度增加了25%，吨位更足足大了48%。而大型化的代价，是成本的直线攀升，预估基于D1G反应堆的新型高速潜艇，单位成本几乎要比"鲟鱼"级高出近一倍。

于是，尽可能地设法缩减尺寸与吨位以便压缩成本便成了1969年开始的SSN-688潜艇预备设计研究重点之一。1969年8月，预备设计研究将SSN-688的艇体长度缩减了16英尺，成为

350英尺，排水量也降为6600吨。美国海军曾尝试将艇体长度进一步缩减到308英尺或314英尺，排水量降到5200吨，也就是比"鲟鱼"级（292英尺，4762吨）略大一些的程度，但最终没有成功。

无法进一步缩减尺寸的根本原因是SSN-688搭载的D1G反应堆尺寸较大，需占用较长的艇体舱段（D1G反应堆舱段占用的艇体长度要比S5W反应堆舱段占用的艇体长度大了将近70%），此时如果缩减艇体长度，那么就会压缩艇艏与艇艉部位的可用空间。在这样短的船体下，在艉段无法装设可供低转速螺旋桨使用的减速齿轮（低转速螺旋桨更有利于静音）。另一方面，在较短的艇体下，艇艏空间也有限，将不足以提供充分的机械装置安装空间。

除此之外，过短的艇体长度，还会导致指挥塔围壳前方的空间不足，以致必须把连接深潜救援潜艇（Deep-Submergence Rescue Vehicle，DSRV）的救生舱（rescue chamber）接口从美国海军潜艇惯用的围壳前方位置挪到围壳后方。

认识到进一步缩减SSN-688的尺寸与吨位并不可行后，美国海军放宽了相关需求。1969年11月，SSN-688预备研究设计的艇体长度又回到360英尺，水面排水量6125吨，潜航排水量6900吨，与纽波特纽斯船厂两年前的研究结果几乎相同，体型并没有缩减多少，这也是最后被接受的SSN-688设计。

下图：美国海军并未建造S6G的陆地原型反应堆，而是以换装D1G-2炉芯的D1G反应堆担任S6G的陆地原型角色。D1G反应堆装设于纽约州西米尔顿（West Milton）肯尼斯凯塞林海军核实验站中的原用于S1G反应堆的霍顿球（Horton Sphere）建筑内，一直运作到1996年3月才关闭。

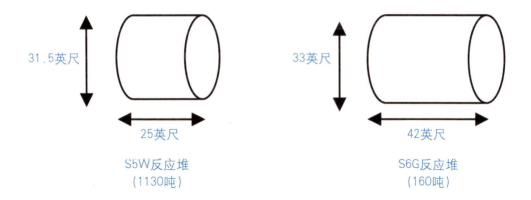

上图：S5W与S6G反应堆舱段尺寸与重量对比。S6G输出的热功率两倍于S5W，但尺寸也比后者大得多，以整个反应堆舱段计算，S6G的重量比S5W重了48%，占用的长度多了68%，整个舱段的体积则大了80%。为了容纳庞大的S6G反应堆，让"洛杉矶"级潜艇付出了许多代价。

设计中的两难

凭借S6G反应堆的高功率，SSN-688可以达到当初里科弗为其设定的高航速目标，最大航速可比"鲟鱼"级提高五节以上，成为当时美国海军速度最快的潜艇。但为了容纳庞大的S6G反应堆，同时又要尽可能地抑制尺寸，给SSN-688潜艇带来许多副作用，直接的影响便是艇内空间不足，间接的影响则是潜深性能受限。

SSN-688的吨位比上一代的"长尾鲨"级与"鲟鱼"级分别大了60%与45%，但这些增加的吨位，主要是花在容纳S6G反应堆上，剩余可用空间十分有限，制约了武器携带能力和日后升级改装的潜力，并牺牲了乘员居住舒适性。

①SSN-688的吨位虽然比"长尾鲨"级与"鲟鱼"级大得多，但武器携带量并没有质的提高；②由于艇内可用空间极为窄迫，美国海军选择优先确保装备安装空间而牺牲了乘员居住空间，因而形成了"热铺"（hot bunk）的乘员铺位配置（艇上配置的铺位数量少于乘员的编制数量），迫使乘员们必须轮流使用床铺（平均每三名乘员只能分配到两个铺位）。

而在潜深性能方面，SSN-688为了抑制排水量而削减了耐压壳重量，也影响到潜深能力。美国海军原本打算通过两种手段——引进强度更高的HY-130高强度低合金钢（另有采用

"洛杉矶"级攻击型核潜艇

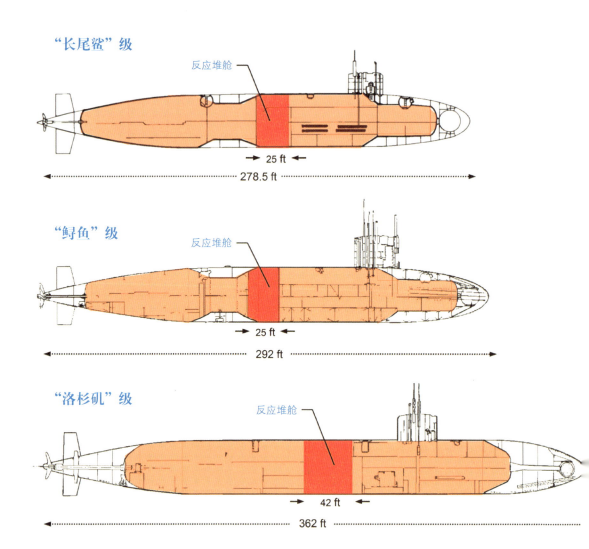

上图:"长尾鲨"级、"鲟鱼"级、"洛杉矶"级的耐压壳与反应堆舱段尺寸对比。

"洛杉矶"级的体型与吨位远大于"长尾鲨"与"鲟鱼"级,但在耐压壳设计上,"洛杉矶"级少了艇艏的瓶状鼻舯舱段,加上反应堆舱占用了较大空间,艇内可用空间相当窘迫。

HY-100高强度低合金钢的记载),以及更不易导致失控的X形艉舵来补偿SSN-688的潜深性能,但最后这两种方法在设计过程中都遭到放弃。

美国海军原本还希望通过HY-130或HY-100钢材的应用,让SSN-688潜艇拥有与"长尾鲨"级、"鲟鱼"级相近的1275英尺潜深,但HY-130与HY-100钢材最快也得等到20世纪80年代中后期才能实际应用于潜艇,来不及在SSN-

688潜艇计划中采用。于是SSN-688只能改回使用强度较低的HY-80钢材。但由于SSN-688又为了抑制排水量而削减了壳体的重量，因而影响了耐压壳强度，以致测试潜深（test depth）被限制为950英尺左右。

而到了1969年秋季，在SSN-688前期研究阶段曾考虑采用的X形艉舵也正式遭到放弃。放弃X形艉舵的理由是认为操纵X形艉舵所需的计算机尚不够可靠，因而改回可由人工操作的传统十字型艉舵。但如此一来，原先打算通过引进X形艉舵来改善SSN-688潜深不足问题的期望也跟着落空[1]。

为了检验SSN-688最终设计采用十字型艉舵后的操纵性，美国海军建造了含有动力的自推进模型在水池中进行测试。而模型测试的结果显示，如同其他现代核潜艇一样，SSN-688这种构型在高速下进行机动时，会出现瞬间突发性横滚，从而失去深度，让潜艇沉入较预期更深的深度。因而SSN-688潜艇的艇长们必须限制他们的水下机动操纵，以免潜艇超过测试潜深而发生危险。

但另一方面，为了容纳S6G反应堆而导致的潜艇体积大型化，也给SSN-688带来较佳静音性的优点。在SSN-688设计

上图：受限于空间不足，"洛杉矶"级潜艇优先确保装备安装需求，而牺牲了乘员居住舒适性，配置的住舱铺位比乘员编制数量少了将近40%，因而被迫采用"热铺"的方式，让乘员们轮流使用有限的卧铺。图为"洛杉矶"级的乘员住舱，采用标准的三层卧铺。

---

[1] 比起十字型艉舵，X形艉舵的舵效更高、且安全性更好、不易造成失控下潜事故，安全冗余性更高，因此可减少潜艇操作时必须预留的安全下冲潜深，从而获得更大的实际可用潜深。

计划中进行的噪声审查显示，直径更大的艇壳，能提供较"鲟鱼"级更佳的静音效果（"鲟鱼"级艇壳直径为31.5英尺，SSN-688为33英尺）。

系统设计的简化与新式救生概念

为了简化系统并节约成本，曾应用在"鲟鱼"级攻击潜艇与"富兰克林"级（Benjamin Franklin Class）弹道导弹潜艇的触点模拟操纵系统（Contact Analog，CONALOG），以及配备在弹道导弹潜艇上的自动机动控制系统（Automatic Maneuvering Control，AMC）在SSN-688潜艇上都遭到取消[1]。

SSN-688其他的规格削减还包括：删除了一组后绞盘、一组氧气产生器以及辅助柴油发动机上的一些紧急续航装置。

比起"鲟鱼"级，SSN-688最重要的规格牺牲是监视能力，这是其较小的围壳所致。SSN-688的围壳尺寸明显小于"鲟鱼"级，介于"鲟鱼"级和围壳更小的"长尾鲨"级之间。通过缩小围壳构造不仅有助于减阻，同时也能抑制吨位，但也因此制约了围壳内的可用空间。SSN-688在围壳内只配备了4根桅杆，相较下，"鲟鱼"级则配备了6根桅杆，这也限制了SSN-688可通过桅杆装设的电战系统接收天线数量。不过另一方面，SSN-688也因问世较晚，通过引进微电子化的新型电战接收机略微弥补了桅杆数量较少的缺点。

除此之外，SSN-688也引进了一套新的Type18搜索潜望镜，其可提供18倍的放大倍率，而先前的潜望镜则只有8倍放大倍率。凭借Type18潜望镜更大的放大倍率，能让潜艇无须抵近

---

[1] 触点模拟操纵系统在阴极射线管显示器上，整合了原本由多种指示仪表提供的信息（如航向、纵倾与深度等），并以"海中道路"的图像画面形式，为潜艇操舵人员提供直观、容易理解、可视的航行空间图像。但由于系统的复杂性与维修困难，并不受第一线艇长欢迎。自动机动控制系统则类似飞机的自动驾驶系统，提供了几种自动航行操纵模式，能通过模拟式计算机计算出潜艇的操纵参数，自动控制潜艇的围壳舵与水平舵，提供自动化的操舵、下潜与盘旋等功能。

5 全面开展的"洛杉矶"级潜艇计划：设计与采购　　139

上图：图为"鲟鱼"级"逆钩鳟"号潜艇（Queenfish SSN-651）控制室中，正在操作触点模拟操纵系统的乘员，可见到屏幕上显示了模拟的"海中道路"图像，帮助操纵人员直观地掌握潜艇行进状态消息。但由于触点模拟操纵系统的复杂性与难以维护，并不受第一线艇长们欢迎，在"洛杉矶"级上便取消了这套系统。

侦测距离就可观察目标。

除了更大的放大倍率外，Type18潜望镜另一个特点是引进了光学-电子视讯设备的整合操作功能。承包商科尔摩根（Kollmorgen）通过整合潜望镜与电视摄影机的特殊设计，无须移去潜望镜面板就能直接使用摄影机，从而在竞标中战胜竞争对手伊泰克（Itek）公司。而科尔摩根公司在Type18潜望镜上采用的这种新设计，最终也促成电视摄影机在美国海军潜艇上的普遍使用，可通过被称作佩雷维兹（Pereviz）系统的管线，将摄影机的影像传送到潜艇内显示并记录下来，让艇长以右图:"鲣鱼"级、"长尾鲨"级、"鲟鱼"级与"洛杉矶"级潜艇的围壳尺寸对比。从图中可以发现,"长尾鲨"级与"洛杉矶"级都为了减少阻力而特意缩小了围壳结构的尺寸,但这也限制了围壳内所能容纳的桅杆装备数量,以致潜望镜与天线桅杆配备都不如"鲟鱼"级完整。

"鲣鱼"级

"长尾鲨"级

"鲟鱼"级   "洛杉矶"级

外的人员也能观看与艇长相同的潜望镜影像[1]。

除了影响容纳的桅杆数量外,SSN-688较小的围壳尺寸带来的另一项负面影响是围壳的高度过低,不足以容许围壳舵垂直偏转,以致不适合在北冰洋操作。相较下,上一代的"鲟鱼"级便拥有这种设计,当潜艇需要突破冰层上浮时,可将围壳舵垂直偏转以减少围壳舵冲击冰层时的受力面,避免受损。

与先前的"长尾鲨"级与"鲟鱼"级相比,SSN-688潜艇另一个主要的设计更动是救生系统的配置。这型新潜艇在耐压壳内设置了内部维持舱壁(internal holding bulkhead),强度足以承受压溃深度(crush depth)的压力(而不仅止于测试潜深),当潜艇下潜超过压溃深度时,能通过这个构造保护部

---

[1] 佩雷维兹系统后来也被应用到现役的Type8与Type15潜望镜上,可将潜望镜的电视影像传送到潜艇内显示,这也带来美国海军潜艇运作的显著变化。在此之前,只有艇长能通过潜望镜观看到外界情况,因而也没有其他人可以质疑与修正艇长的决策。而有了佩雷维兹系统之后,指挥室内的其他军官也能看到潜望镜影像,进而可协助艇长的指挥决策。

5 全面开展的"洛杉矶"级潜艇计划：设计与采购   141

分乘员。

而在搭配的救援系统方面，SSN-688则以深潜救援潜艇为主，而不是有许多运用限制的麦卡恩式救生潜水钟（McCann rescue chamber），救援速度和作业弹性都有显著的提高。另外，SSN-688也大幅减少了标准的救生舱口数目，另引进一种可与深潜救援潜艇对接的新型30英寸直径舱口，这种新规格的舱口也能通往储藏室，以便在基地整补时，可借此向储藏室快速地装货与周转货物。

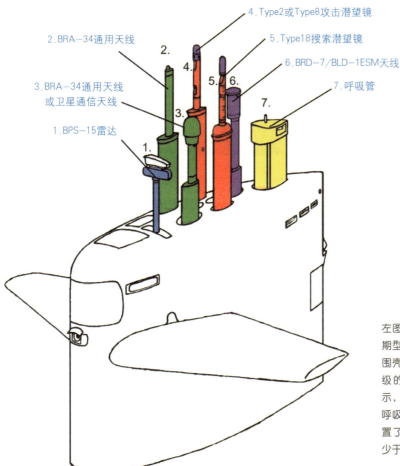

1. BPS-15雷达
2. BRA-34通用天线
3. BRA-34通用天线或卫星通信天线
4. Type2或Type8攻击潜望镜
5. Type18搜索潜望镜
6. BRD-7/BLD-1ESM天线
7. 呼吸管

左图："洛杉矶"级潜艇早期型围壳天线图解。较小的围壳尺寸限制了"洛杉矶"级的桅杆数量，如上图所示，扣除两具潜望镜与一组呼吸管，"洛杉矶"级只配置了4根天线用升降桅杆，少于"鲟鱼"级的6根。

上图:"洛杉矶"级潜艇配备了两种潜望镜,左为光学式的Type2攻击潜望镜(有些"洛杉矶"级则是配备Type8攻击潜望镜),右为整合了电视摄影机与影像记录器的Type18搜索潜望镜。

武器系统设计

引进新型反应堆,是里科弗在SSN-688潜艇计划中真正关切的重点。至于在传感器与武器系统方面,里科弗最初的构想只是沿用先前"鲟鱼"级的配置,包括BQQ-2声呐系统、Mk113火控系统以及四具鱼雷管。

但1968年初组成的贝桑尼少将特设小组,评估了里科弗的提案后,特别要求这种新潜艇必须配备新型武器系统,包括研拟中的全数字化火控系统与新的数字化声呐,也就是日后的Mk117水下火控系统与稍后开始发展的BQQ-2数字化版本BQQ-5,而不是直接沿用"鲟鱼"级的配备。

BQQ-5与Mk117原本是互相配套的系统,不过只有BQQ-5的研发进度勉强赶得上SSN-688潜艇计划的时程,Mk117则要等到20世纪70年代后期才能进入实际部署阶段。于

5 全面开展的"洛杉矶"级潜艇计划：设计与采购　　143

是美国海军在1968年中决定让头几艘SSN-688先装备Mk113火控系统的改进型作为过渡，日后待Mk117火控系统开发完成后，再为SSN-688导入。

◆ 数字式声呐系统

BQQ-5由一组艇艏鼻端的球形阵列与一组围绕着艇艏内侧装设的适形阵列组成，是配备在"长尾鲨"级与"鲟鱼"级上的BQQ-2声呐系统数字化发展型，主要改进是引进了数字多波束操纵功能（Digital Multi-Beam Steering，DIMUS），可提供同时追踪多目标的能力，另外还拥有较佳的显示系统和改进的主动搜索与被动识别能力，还有可实时监控系统运作效率的在线效能监视系统以及帮助迅速修复系统故障的自动故障诊断功能。其中被动目标识别功能，是通过艇艏下颏适形阵列来提供，这是先前BQQ-2所使用的BQR-7阵列后继版本。

上图："洛杉矶"级是美国海军第一种提供共享潜望镜影像的潜艇，其配备的Type18搜索潜望镜可通过佩雷维兹系统，将电视摄影机影像传输回潜艇内储存与显示，让其他乘员见到与艇长见到的相同的潜望镜画面，从而改变了潜艇作业模式。图为"洛杉矶"级控制室配备的两种潜望镜，图中左边便是Type18搜索潜望镜，右边则是Type2攻击潜望镜。

"洛杉矶"级攻击型核潜艇

上图与右图:"洛杉矶"级潜艇的围壳尺寸较为低矮(上),不允许围壳舵垂直偏转,因而不适合在北冰洋值勤。相较下,上一代的"鲟鱼"级便能通过较大型的围壳,让围壳舵垂直偏转,以便从冰层上浮时,避免围壳舵受损(右)。

5 全面开展的"洛杉矶"级潜艇计划：设计与采购   145

美国海军在1969年的评估显示，BQQ-5在对抗以"鲣鱼"级为代表的标准的高速潜艇目标时，效能比上一代系统提高了三倍。

◆改良的水下火控系统

SSN-688预定作为过渡使用的Mk113火控系统改进型，是Mk113数字化改良版的Mk113 Mod.10。

Mk113是当时美国海军核潜艇的标准水下火控系统，配备在"长尾鲨"级以后所有的核攻击潜艇，以及"拉法叶"级（Lafayette Class）以后的弹道导弹潜艇上。Mk113 Mod.10则是Mk113的最新改良版本，其引进了部分后来被应用于Mk117火控系统的新型数字化组件，包括：①作为中央计算机单元（central computer complex）的UYK-7计算机；

上图："洛杉矶"级是美国海军第一种在设计时间便预设采用深潜救援潜艇，来作为主要救援手段的潜艇。图为携带深潜救援潜艇的"洛杉矶"级潜艇。

"洛杉矶"级的内部耐压隔舱与救生设计

自"鲤鱼"级起,包括"长尾鲨"级、"鲟鱼"级,以至"独角鲸"号、"利普斯科姆"号等两艘试验潜艇,美国海军核攻击潜艇的耐压壳都采用五个舱室的布置,由艇艏到艇艉依序是鼻艏舱、鱼雷与指挥管制舱、反应堆舱、辅机舱、主机舱。

而在"洛杉矶"级上,则配合新的抗沉性与乘员救生概念改用三个舱室的布置,没有先前攻击潜艇的艇艏舱,并将主机舱与辅机舱合并为一个舱室,由艇艏到艇艉依序是鱼雷与指挥管制舱、反应堆舱以及主机/辅机舱,一共三个大舱室,并通过两个具备耐压能力的内部维持舱壁(internal holding bulkhead)将三个舱室隔开。其中在鱼雷与指挥管制舱以及主机/辅机舱的顶部各自设有一个救生舱口,可与深潜救援潜艇对接。

"洛杉矶"级借由将耐压壳内部简化为三大舱室,结合两个内部的耐压舱壁,可以将耐压壳内部再隔离成前、后两个各自独立的水密耐压结构,并各有一个救生舱口,比起单一的耐压壳,可以进一步提高安全性。一旦潜艇失事沉没,即使耐压壳部分受损,仍可以通过前、后两个独立耐压构造来保护乘员,保证至少有一部分乘员能通过深潜救援潜艇救出。

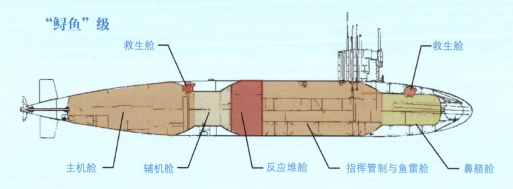

"鲟鱼"级

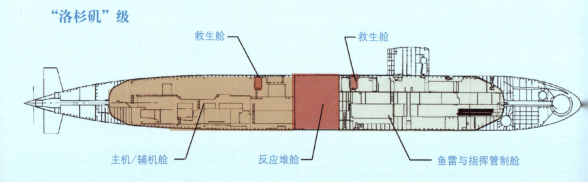

"洛杉矶"级

②用于目标动态分析测绘（Target Motion Analysis plots, TMA plots）的Mk81显控台；③沿用自Mk113火控系统的模拟式组件的Mk75攻击指挥台和Mk50攻击控制台（Attack Control Console）；④用于模拟-数字信号转换的Mk73系统数据转换器。

相较于Mk113火控系统的早期版本，Mk113 Mod.10最大的改进是将中央计算机单元从旧的Mk130计算机换成了ＵＹＫ-7计算机。ＵＹＫ-7的运算能力与功能弹性都远高于Mk130，可以用于处理鱼雷射击解算、辅助导航以及"目标动态分析"（Target Motion Analysis, TMA）计算等功能。当用于"目标动态分析"计算时，ＵＹＫ-7的内存可同时储存所有声呐追踪数据，声呐操作员可从内存中调出较早的目标追踪数据，从而以分时方式轮流使用计算机运算能力，借此同时追踪更多的目标，而不需要实时地处理每一个目标的被动追踪运算，其可获得的目标追踪数量是Mk130计算机的五倍以上。

凭借ＵＹＫ-7的运算能力，Mk113 Mod.10还提供了称作"人工适配目标动态分析评估"（Manual Adaptive TMA Evalution, MATE）的新功能，操作人员可以依据进行中"目标动态分析"的分析计算过程实时计算目标运动参数，当某个目标的"目标动态分析"的追踪分析仍在进行中时，操作人员便可以尝试建立攻击预案，并与"目标动态分析"分析结果对照，借此评估攻击成功概率，而这是基于Mk130计算机的旧版本Mk113火控系统所不具备的能力。

此外，Mk113 Mod.10用于"目标动态分析"操作的Mk81显控台，也比旧版Mk113用于"目标动态分析"分析的Mk51分析控制台（Analyzer Console），能提供更多样化的操作模式以及更清晰、精确的数据显示。

美国海军从最后两艘"鲟鱼"级（1971年6月与10月服役的"里夫斯"号（USS L. Mendel Rivers SSN-68）与"罗素"号（USS Richard B. Russell SSN-687））上开始引进

对页图："鲟鱼"级与"洛杉矶"级内部舱室与救生舱配置对比。

自"鲣鱼"级起，美国海军的核攻击潜艇的耐压壳都采用五个舱室的布置，而"洛杉矶"级则改用三个大舱室的布置，并通过两道内部维持舱壁，将艇艏的鱼雷与指挥管制舱，以及艇艉的主机/辅机舱，各自构成两个独立的水密耐压结构，并各有一组救生舱口，当潜艇失事时，可借此进一步提高乘员获救的概率。

右图：Mk113 Mod.10火控系统图解，整合了新的显示驱动系统与计算机控制次系统，可提供更好的目标追踪、武器控制与战术功能。

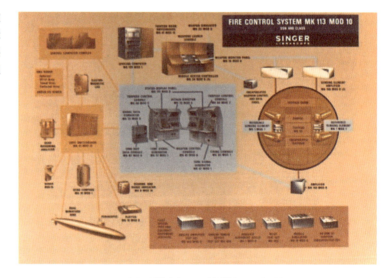

Mk113 Mod.10。用于管制这两艘潜艇配备的Mk14与Mk37鱼雷，采用的是单机柜型（single-bay）UYK-7计算机，并搭配三部Mk81显控台，以及两部Mod.5版本的Mk75攻击指挥台。美国海军认为通过这种改进型火控系统可使"鲟鱼"级在对抗"鲣鱼"级这类高速水下目标时提高三倍效率。

而"洛杉矶"级配备的Mk113 Mod.10则改用双机柜型（two-bay）UYK-7计算机，搭配两部Mk81显控台与两部Mk75 Mod.5攻击指挥台。凭借双机柜型UYK-7计算机，"洛杉矶"级的Mk113 Mod.10不仅拥有两倍的处理能力，而且两组UYK-7机柜单元之间还有一定程度的冗余备援能力，当其中一组单元失效时，可由另一组接手部分运算工作[1]。而这样的配置也符合了美国海军在20世纪60年代初期的潜艇整合控制（Submarine Integrated Control，SUBIC）计划中所得到的结论：比起单一计算机系统，多套计算机组成的分布式系统是更佳的选择。

---

[1] 这两组UYK-7之间的冗余备援能力是有限的，考虑到UYK-7还承担了武器系统控制以外的运算负荷，受限于整体运算能力，两组UYK-7单元之间尚不具备完整承接另一组单元运算工作的能力，只能承担部分运算工作。

不过由于Mk113 Mod.10是半数字、半模拟的混合式系统,无法直接控制数字式的Mk48鱼雷,所以"洛杉矶"级还另外配备了两套内含模拟-数字转换器的Mk66鱼雷控制台(Torpedo Control Console),以及两套Mk47音频信号产生器(Tone-signal Generation)。由Mk66鱼雷控制台作为中介,将攻击指挥台的模拟式火控指令转换为数字化形式,再经由Mk47音频信号产生器产生导引信号发送给鱼雷管中的Mk48鱼雷。

上图:"洛杉矶"级原定配备全数字化火控系统,也就是后来发展的Mk117,但基于服役时程考虑,决定前几艘先以Mk113火控系统的Mod.10改进型作为过渡。图为Mk113的操控台。

◆ 全数字化的武器

不同于先前的攻击潜艇,美国海军将SSN-688设定为只使用数字化的武器,借此可以免除安装模拟式设备的需要,从而节省重量并简化系统,显著提高潜艇的可靠性。火控系统通过单一的标准化接口来连接武器,无论武器的类型是什么,只要连接接口采用这种数字化标准规格便可以连接。

问题在于,在1968年,美国海军唯一的数字化潜艇武器是当时刚开始研发的Mk48鱼雷,因而SSN-688只适用于数字化武器这一项需求,也局限了可用的武器类型。当时美国海军的其他几种主要潜艇用武器,包括"潜射反潜火箭"(submarine rocket,SUBROC)与水雷等,SSN-688都无法使用。

不过对于SSN-688设定的主要任务——航空母舰战斗群护航来说,不能使用"潜射反潜火箭"以致SSN-688失去远距离水下攻击能力,还算是可以接受的代价。因为航空母舰战斗群的飞机可以提供更有效的远距离水下接触能力,而无须依靠潜

上图："洛杉矶"级初期配备的Mk113 Mod.10火控系统，是一种半数字、半模拟的混合式系统，无法直接管制数字化的Mk48鱼雷，因此另外装备了作为中介的Mk66鱼雷控制台，将模拟指令转为数字形式，再馈送给Mk48鱼雷。后来早期版本的Mk113火控系统，也都通过类似方式兼容了Mk48鱼雷。图为Mk66 Mod.0鱼雷控制台。

射反潜火箭这种运用限制颇多的武器。

而在水雷方面，当时美国海军保有的水雷都是20世纪50年代以前生产的，均为模拟式，因而也无法适用于SSN-688潜艇，这也让SSN-688失去布雷能力。不过SSN-688是以航空母舰护航任务为核心，布雷也不是优先需求。

而就Mk48鱼雷来说，最初是设定为单纯的反潜用鱼雷，不过到了20世纪60年代后期，旧式反舰用鱼雷库存已经耗尽，所以美国海军在1967年重组了Mk48鱼雷计划，引进了反舰功能需求，让Mk48鱼雷能兼顾反潜和反舰双重用途。

至于SSN-688可用武器类型受限的问题，则需等待日后数字化武器的普及，以及可让数字火控系统兼容于模拟式武器的武器数据转换器问世，才能逐渐得到解决。

◆ 改进的鱼雷管设计

美国海军也为SSN-688引进了改进的鱼雷发射管。自"长尾鲨"级到"鲟鱼"级，以及"独角鲸"号与"利普斯科姆"号等试验性潜艇，美国海军的攻击潜艇都是配备四具Mk63鱼雷管。而SSN-688潜艇则改用四具Mk67鱼雷管,其同样属于液压活塞式鱼雷管,但具备在潜艇最高航速下发射鱼雷的能力。

美国海军先前的潜艇往往无法在全速航行时发射鱼雷,一方面是由于鱼雷管前端的外壳门(shutters)无法承受高速时的水压冲击;另一方面,则是受老式鱼雷加速较慢的限制。例如最普遍使用的Mk14直航式鱼雷,需要几分钟时间才能加速到预设的31节航速,如果潜艇在最大航速下发射鱼雷,则潜艇自身航速将会大于刚发射的鱼雷初始速度,以致可能撞上自己发射的鱼雷,因而必须限制发射鱼雷时的潜艇航速。

而在SSN-688潜艇上,则改用转动式(rotate)开闭的鱼雷管外壳门,取代先前潜艇的滑动式(slide)鱼雷管外壳门,从而提高了承受水压冲击的能力。另一方面,Mk67鱼雷管的液压活塞推动系统也能提供更高的推送动力,赋予鱼雷更高的出管速度,再加上专为对付高速核潜艇而开发的Mk48鱼雷也拥有更高的加速性能,让SSN-688成为第一种可以在30节以上航速发射鱼雷的潜艇。

不过SSN-688的鱼雷管设计,仍被一个长期存在的问题所困扰。自"白鲑鱼"号起,以及后来的"长尾鲨"级与"鲟鱼"级,美国海军核潜艇都采用艇艏两侧倾斜布置的鱼

上图:"洛杉矶"级潜艇预设只装备数字化武器,但是在20世纪60年代末期,美国海军唯一的潜艇用数字化武器只有当时新开发的Mk48鱼雷。至于采用类比式的潜艇武器,包括Mk37鱼雷、潜射反潜火箭等,都无法与"洛杉矶"级兼容。上为正准备装载进"洛杉矶"级潜艇艇内的Mk48鱼雷,下为"鲟鱼"级鱼雷室中的潜射反潜火箭。

右图：干坞中的"洛杉矶"级潜艇，可以见到鱼雷管外壳门采用转动式开闭机构，以转动方式将外壳门往内侧转开，比起先前潜艇采用的滑动式外壳门，可以承受更高的水压，让"洛杉矶"级成为美国海军第一种可在全速航行下发射鱼雷的潜艇。

雷管，以便在艇艏空间安装声呐，但这种鱼雷管布置，一直存在着两个隐忧。

首先，从艇艏侧面向前发射鱼雷可能会损坏鱼雷的导引用导线；其次，由于美国潜艇惯常采用单螺旋桨推进，当潜艇在高速下发射鱼雷时，单螺旋桨的扭矩会造成潜艇艇身偏航，鱼雷可能有撞上鱼雷管侧面的风险。一个解决办法是将鱼雷管装设于艇艉，并让潜艇改用双螺旋桨（两组螺旋桨可以互相抵消扭矩），但这会带来增加900吨重量的代价，可能还会造成一节航速的损失。另一个办法是让鱼雷管仍布置于艇艏，但是让鱼雷管改为向后方发射鱼雷，然而这又会大幅提高耐压壳设计的复杂性。最后SSN-688还是维持原有鱼雷管的布置方式，从而让这些隐忧留了下来。

◆武器储存设计的调整

对于SSN-688的武器配置来说，缺点是武器携载量的限制，其吨位虽然比上一代的"长尾鲨"级与"鲟鱼"级大了45%以上，但空间与吨位大都被用于容纳庞大的反应堆，武器携载空间受到很大的制约。

SSN-688若要增加武器携载量，必须付出相当大的代价。计算显示，若要在鱼雷室储放的鱼雷上方再安置一列鱼雷，就需付出长度增加9英尺的代价，从而带来排水量增加、阻力提高与成本攀升等一系列负面影响。尽管如此，SSN-688潜艇仍通过细节上的改进力求提高武器携载量。

在导入Mk48鱼雷之前，美国海军潜艇的标准鱼雷配置是混合搭载Mk14或Mk16直航式鱼雷，以及线导的Mk37鱼雷，前者用于反舰，后者用于反潜。Mk14与Mk16是标准21英寸重型鱼雷，而Mk37则是19英寸直径、"半长度"（half-length）的鱼雷。所谓的"半长度"，指的是Mk37的长度较短（11.3~12.5英尺），仅约相当于Mk14、Mk16"全长度"（full-length）的一半（美国海军标准的21英寸重鱼雷长度为20英尺6英寸）。

下图：为了运用尺寸较长的Mk48鱼雷，"洛杉矶"级的鱼雷室引进了新的鱼雷架与鱼雷滑轨设计，扩大了滑轨尺寸，可容纳Mk48鱼雷与其导线施放器。图为"洛杉矶"级的鱼雷室，可见到安置于滑轨上的Mk48鱼雷，鱼雷尾部的导线施放器也清晰可见。

上图：通过扩大鱼雷室以及新的鱼雷架与鱼雷滑轨设计，"洛杉矶"级的鱼雷携载数量略高于先前的"长尾鲨"级与"鲟鱼"级。同时还配置了两组鱼雷装填吊架，装填作业效率高于只配备一组鱼雷装填吊架的"长尾鲨"级与"鲟鱼"级。图为"洛杉矶"级的鱼雷室，可见到分成上下两层的鱼雷架，鱼雷与其他武器都通过可移动的滑轨安装在架上。

所以潜艇在搭载Mk37鱼雷时可以直接使用既有的全长度鱼雷滑轨（skid），标准的全长度鱼雷滑轨足以容纳一枚Mk37以及Mk37的导线施放器（wire dispenser）。然而随着引进Mk48鱼雷，这种做法便不再使用。

Mk48本身也是21英尺的"全长度"重型鱼雷，单就Mk48鱼雷本体的长度来说（19英尺），还略短于第二次世界大战时期留下来的标准全长度鱼雷。但Mk48鱼雷储放时还需加上鼻端与尾部的护罩以及导线施放器，需要占用全长度鱼雷空间。所以为了配合Mk48鱼雷，SSN-688潜艇引进了长度更长、直径也更大的鱼雷滑轨，以及更大型的鱼雷架，借此也带来增加额外三枚鱼雷携载量的附带利益。同时SSN-688还有空间更大的鱼雷室，因而可在鱼雷室左右两侧各设置一部装填用的武器举升吊架。

"长尾鲨"级与"鲟鱼"级的最大武器携载量都是23枚

5 全面开展的"洛杉矶"级潜艇计划：设计与采购

（包括鱼雷管内预置的4枚，加上鱼雷室储存的19枚），并只有一部设于鱼雷室中央的武器装填吊架。相较下，SSN-688则通过前述新设计，拥有最大26枚的武器携载量，包括鱼雷室中携带的22枚，加上4枚预先装填于鱼雷管内的武器，并配有两部武器装填吊架，武器携载量和武器装填作业效率都略优于"长尾鲨"级与"鲟鱼"级。

下图："洛杉矶"级的鱼雷室布置。

鱼雷室内一共设有三座武器架（rack），每座武器架有上下两层，鱼雷等武器通过滑轨安置于武器架上，在三座武器架之间设有两组武器装填吊架，装填鱼雷时先通过滑轨将鱼雷移动到装填吊架上，然后装填吊架旋转对准鱼雷管后膛门，通过吊架后方的推送锤将鱼雷推送进鱼雷管，同时将一条数据传输缆线（即A-Cable）连接到鱼雷尾端上，以便火控系统向鱼雷发送指令。

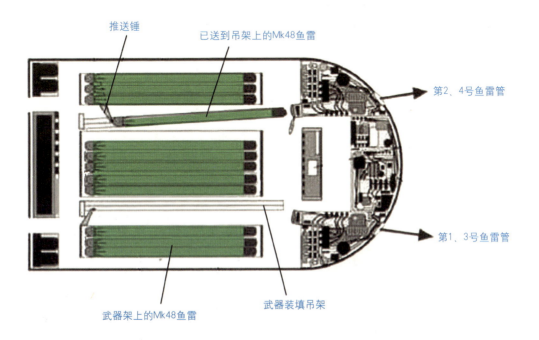

6

失速的"洛杉矶"级潜艇计划：建造与服役

"洛杉矶"级的建造

美国海军在1969年5月完成了SSN-688潜艇的预备设计，接着便展开合约设计工作，同时也开始准备遴选承担细部设计与首艇建造的承包商，稍后当合约设计于1970年1月完成后，美国海军便以合约设计为基础，向船厂发出建造合约的竞标邀请。

这个时候，美国前国防部长麦克纳马拉推动的总包采购制度（Total Package Procurement, TPP）在1970年5月28日被新上任的国防部副部长帕卡德所撤销，帕卡德转为推动一种折中的新采购程序，结合了传统的采购程序以及麦克纳马拉的"概念形成"与"合约定义"分析程序部分特点。

在帕卡德的新政策下，采购程序被区分为"概念形成"（Concept Formulation）、验证与确认（Demonstrations and Validation）、全尺寸发展（Full Scale Development）以及采购与部署（Production and Deployment）四个阶段，对应到海军的造舰计划，则区分为可行性与概念研究（Feasibility and Conceptualization）、预备设计、合约设计以及细部设计与采购（Detail Design and Production）四个阶段。

先由海军内部与设计单位完成可行性研究，然后依序完成预备设计与合约设计，之后以合约设计案为基准，向船厂发出细部设计与采购阶段的竞标邀请。

而细部设计与采购又可分为两个阶段。

（1）细部设计与首艇建造（Lead Ship Construction）的竞标。选出一家厂商负责细部设计，并依照海军提供的合约设计，进一步完成用于实际建造工程的细部设计蓝图，同时这家厂商也承担兼有原型艇角色的首艇建造工程。

（2）后续艇（Follow Ship）的批量建造竞标。依照前一阶段完成的细部设计展开后续潜艇的批量建造，并在多家船厂之间，通过竞标来分配后续量产艇的建造工程，利用竞争来获得较佳的生产成本效率。

萎缩的美国潜艇建造产业

而对于SSN-688潜艇计划来说，当美国海军完成合约设计，向业界发出细部设计与采购阶段的竞标邀请时，美国的造船业界只剩下位于弗吉尼亚的纽波特纽斯船厂、位于康涅迪格

下图：20世纪70年代的美国海军造舰计划程序。麦克纳马拉时代的总包采购制度遭撤销后，美国海军从1970年起回归较传统的造舰计划程序，但也保留了部分麦克纳马拉时代的分析程序。

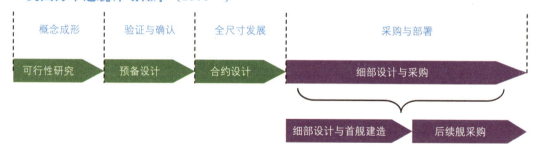

美国海军造舰计划程序（1970—）

的通用动力电船公司以及位于马萨诸塞的英格尔斯造船厂保有核潜艇建造业务。

在20世纪50年代后期,美国海军提出"北极星"弹道导弹潜艇计划,吸引了美国造船业界大举投入核潜艇的建造,高峰时期曾同时有7家船厂(包括5家民营船厂与两家海军船厂)承接核潜艇建造任务。但随着"北极星"弹道导弹潜艇计划进入尾声,潜艇建造需求也大幅萎缩,各民间船厂陆续退出核潜艇建造业务。后来在麦克纳马拉时期,又以缩减开支为由结束了海军船厂的建造业务,转为单纯的维修单位。

到了1970年,美国虽然还有3家船厂保有核潜艇建造能力,但其中的英格尔斯船厂已决定退出市场,待手上最后3艘"鲟鱼"级潜艇的合约于1973—1974年间完工交付后便会结束核潜艇相关业务。因此可以回应海军SSN-688潜艇计划的船厂实际上只剩纽波特纽斯与电船公司两家。

"洛杉矶"级建造计划启动

纽波特纽斯船厂与电船公司都回应了海军的SSN-688潜艇计划邀标。出人意料的是,美国海军决定将SSN-688潜艇的细部设计与首艇建造任务交给纽波特纽斯船厂。美国海军在1969年11月授予纽波特纽斯细部设计合约,接着在1970年2月授予该船厂SSN-688首艇建造合约。

在美国海军的核潜艇发展史上,美国海军各级核潜艇的细部设计以及首艇的承造几乎都是由电船公司负责,只有"长尾鲨"级首艇"长尾鲨"号(由普茨茅斯海军船厂建造),以及"洛杉矶"级的首艇"洛杉矶"号是例外。

比起电船公司,纽波特纽斯在核潜艇方面的资历浅了许多,它1958年才开始投入这个领域,第一艘承建的核潜艇是1960年服役的"乔治·华盛顿"级(George Washington Class)弹道导弹潜艇4号艇"罗伯特·李"号(USS Robert E. Lee SSBN-601)。但纽波特纽斯船厂成长迅速,到了20世

上图与对页图：自1974年以后，随着英格尔斯船厂退出潜艇建造业务，电船公司与纽波特纽斯成为美国仅有两家有能力承造核潜艇的船厂。美国海军将SSN-688潜艇细部设计与首艇建造合约交给纽波特纽斯船厂，试图制衡电船公司在潜艇领域的一家独大。但电船公司在SSN-688后续艇的建造合约方面，压倒性的超过纽波特纽斯。上图与对页图分别为纽波特纽斯船厂与电船公司的航拍鸟瞰照片。

纪70年代初期，纽波特纽斯船厂在潜艇建造领域已经是美国国内实绩仅次于电船公司的第二大船厂。

而纽波特纽斯船厂之所以赢得SSN-688细部设计与首艇建造合约，除了该船厂的能力受到海军肯定外，海军也有意扶植该船厂，试图借此制衡电船公司的一家独大。

事实上，几年前SSN-688计划仍在概念研究阶段时，美国海军便显露了对纽波特纽斯船厂的支持。美国海军在1964年9月启动基于D1G反应堆的高速潜艇研究，接着便在1964年10月委托电船公司进行基于D1G反应堆的潜艇机舱设计研究，但是在1965年10月时，又把这项研究转给纽波特纽斯船厂承担，以培养该船厂的设计能力。后来的高速潜艇相关设计研究，也都交由纽波特纽斯船厂负责。

不过纽波特纽斯船厂虽然赢得了SSN-688细部设计与首艇建造合约，但是在后续艇的竞标中电船公司却凭借较低的报价

6 失速的"洛杉矶"级潜艇计划：建造与服役

占了上风。

美国海军在1971年1月一口气与电船公司签订了7艘SSN-688后续艇的建造合约。而纽波特纽斯船厂则在1971年2月获得4艘后续艇合约，加上首艇一共获得5艘的合约。而这全部12艘SSN-688潜艇的合约，分别被编列于1970—1972财年的采购计划中。

非传统的潜艇命名

在1971年初陆续签订前12艘SSN-688潜艇的建造合约后，握有军舰命名权限的海军部长，也开始着手这级新潜艇的命名事宜。

传统上，美国海军都是以海洋生物名称来作为攻击潜艇的命名，但当时的海军部长查菲（John Chafee）（1969年1月—1972年5月在任），却决定以美国城市名称来作为这级新潜艇的命名,借此回报在SSN-688计划预算案中支持海军的国会议员,以这些议员们选区所在的主要城市名称来命名新潜艇。

事实上,在此之前,查菲部长便以政治因素打破了美国海军攻击潜艇命名传统。第一个例子,发生在"鲟鱼"级潜艇第31号艇SSN-680上。1968年6月与英格尔斯船厂签订该艇的建造合约后,原本预定命名为"红鱼"号(Redfish),但是在该艇下水前夕,马萨诸塞州众议员威廉·贝茨(William H. Bates)于1969年6月22日过世,于是查菲决定改用威廉·贝茨的姓名作为SSN-680的命名,以纪念这位长期坚定支持海军核动力计划的国会议员。在1969年8月4日举行的SSN-680开工仪式中,该艇便被命名为"威廉·贝茨"号。

不久后,1968年12月签约的涡轮电力驱动潜艇试验艇SSN-685以及1969年7月签订建造合约的最后两艘"鲟鱼"级

下图:"鲟鱼"级的"威廉·贝茨"号(USS William H. Bates SSN-680),是美国海军第一艘打破以鱼类命名传统,改以政治人物命名的攻击潜艇,由此也打开了以潜艇命名作为政治工具的做法。图为1971年12月11日下水仪式中的"威廉·贝茨"号。

也都基于类似的理由，以长期支持海军的政治人物名字命名。"涡轮电力驱动潜艇"试验潜艇SSN-685以1970年1月过世的加州众议员利普斯科姆（Glenard P. Lipscomb）名字命名。而"鲟鱼"级的第36号艇SSN-686则以1970年12月过世的南加州众议员里夫斯名字命名。"鲟鱼"级最后的第37号艇SSN-687以1971年1月过世的乔治亚州参议员罗素（Richard B. Russell）的名字命名。

因此在接下来的SSN-688潜艇计划中，查菲部长再次基于政治因素考虑来决定命名也就不足为奇。查菲在任内挑选了6个城市，定为头6艘SSN-688潜艇的命名，依序是洛杉矶（Los Angeles）、巴顿·鲁治（Baton Rouge）、费城（Philadelphia）、孟菲斯（Memphis）、奥马哈（Omaha）与格罗顿（Groton）。由于SSN-688首艇被命名为洛杉矶，因

下图：基于争取预算支持的考虑，美国海军以赞同SSN-688预算案的国会议员所在选区城市，来作为这一级潜艇的命名。图为1974年1月12日下水仪式中的SSN-688潜艇首艇"洛杉矶"号。

而这级潜艇也就成为"洛杉矶"级。

而后来接替查菲担任海军部长的沃纳（John Warner）也萧规曹随，继续以城市作为SSN-688潜艇的命名，由此形成了这级潜艇的命名惯例，而潜艇的命名此后也成了美国海军在与国会议员们来往时一个十分有力的"交友工具"。

里科弗对于"洛杉矶"级这种违反海军传统的潜艇命名下了一个精妙的评论："鱼不会投票（Fish don't vote）！"也就是说，比起维持海军传统，更重要的是争取国会对预算的支持[1]。

延宕的"洛杉矶"级建造计划

纽波特纽斯船厂于1972年1月8日正式开工建造SSN-688首艇"洛杉矶"号，而电船公司负责的第一艘"洛杉矶"级3号艇"费城"号（USS Philadelphia SSN-690）在稍晚的1972年8月12日开工。

在"洛杉矶"级的建造工程逐步展开时，纽波特纽斯船厂与电船公司同时也在进行着最后几艘"鲟鱼"级的建造工作，当时两家船厂手上还各有两艘与三艘的"鲟鱼"级建造工程，正在最后的舾装阶段，电船公司另外也开始着手建造首艘"三叉戟"弹道导弹潜艇的先期准备工作。

在两家船厂各自展开建造工作时，美国海军接着又于1973

---

[1] 里科弗这句对于潜艇命名的评述十分出名，但并不见于里科弗的言谈纪录，这句话实际上是《纽约时报》（The New York Times）在1985年4月22日的报导中，引述当时海军作战部长沃特金斯（James D. Watkins）的说法。沃特金斯当时曾声称，在即将展开的新一代核攻击潜艇计划SSN-21上，海军将会恢复以鱼类命名的传统。在接受纽约时报访谈时沃特金斯表示，先前以城市作为潜艇命名的做法是里科弗制定的政策，并进一步表示："里科弗曾说，'鱼不会投票！'"于是这个说法便从此流传下来。

不过沃特金斯声称SSN-21将恢复鱼类命名传统一事后来只在SSN-21首艇"海狼"号上获得兑现，SSN-21后续艇又改为地名与政治人物命名。美国海军最终还是无法舍弃潜艇命名这项方便的政治工具，鱼类命名传统此后再也未能恢复。

年陆续签订后续"洛杉矶"级的建造合约。美国海军虽然对电船公司的造舰能力存有疑虑（能否同时承接多艘潜艇工程并满足交付时程的要求），但仍为电船公司的报价所吸引，在1973年10月授予电船公司另外7艘"洛杉矶"级的建造合约，接着在同年12月又与该公司签订另外4艘的合约。

这也就是说，在短短35个月时间内，美国海军便授予了电船公司18艘"洛杉矶"级潜艇的建造合约，占已签约潜艇建造数量（23艘）的78%。而纽波特纽斯船厂则只拿到5艘的合约。

美国海军打算于1974年8月便接收首艘"洛杉矶"级，并预定在1977年6月以前完成头12艘的建造与交付。

不过在这个时候，两家船厂的建造工作都出现了问题。承担细部设计的纽波特纽斯船厂拖延了向电船公司交付蓝图的时间。到1973年底，电船公司只收到原定5368张细部设计图纸的一半，已交付的图纸也存在许多问题，必须逐一修正才能顺利施工，因此电船公司的工作进展缓慢。

随着1973年底中东战争爆发，导致能源价格暴涨，带动了物价飞升，通货膨胀率几乎达到两位数[1]。也给"洛杉矶"级的建造计划带来冲击，两家船厂都遭遇了营运困难。

与此同时，他们还得面对一系列设计变更以及来自海上系统司令部与里科弗的干扰。

在SSN-688潜艇计划中，美国海军曾采用一项新的成本控制政策，考虑到一旦合约计划完成后再更动设计将会付出十分

上图：罗得岛众议院出身的约翰·查菲，在1969—1972年担任海军部长期间，打破了美国海军以海洋生物为攻击潜艇命名的传统，数次以国会议员作为攻击潜艇命名，进而在SSN-688潜艇计划中，选择城市名称命名，作为对在预算案中支持海军的议员们回报。

---

[1] 美国在1974年与1975年的年通胀率分别为11.1%与9.1%。

1973年中已签约的12艘"洛杉矶"级潜艇命名与交付时间规划

舷号	命名	承包商	预定交付时间
SSN-688	洛杉矶(Los Angeles)	纽波特纽斯	1974/8
SSN-689	巴顿·鲁治(Baton Rouge)	纽波特纽斯	1975/5
SSN-690	费城(Philadelphia)	电船公司	1975/8
SSN-691	孟菲斯(Memphis)	纽波特纽斯	1975/9
SSN-692	奥马哈(Omaha)	电船公司	1975/10
SSN-693	未定	纽波特纽斯	1976/2
SSN-694	格罗顿(Groton)	电船公司	1976/2
SSN-695	未定	纽波特纽斯	1976/7
SSN-696	未定	电船公司	1976/6
SSN-697	未定	电船公司	1976/10
SSN-698	未定	电船公司	1977/2
SSN-699	未定	电船公司	1977/6

对页图:为了同时承接"洛杉矶"级与"俄亥俄"级两大潜艇建造计划,电船公司在1972—1975年间大举扩充厂房设备与人力规模,但急速的扩充也带来管理薄弱、人力素质降低以及施工质量欠佳等问题。图为1979年12月8日"洛杉矶"级"凤凰城"号(USS Phoenix SSN-702)下水仪式中,所拍摄的电船公司船坞俯瞰照片,最右边在水中的是"俄亥俄"级首艇"俄亥俄"号,中间在船台上的是"俄亥俄"级二号艇"密歇根"号(USS Michigan SSBN-727),后面露出舰艏的是"洛杉矶"级的"波士顿"号(USS Boston SSN-703),最左边则是刚下水的"洛杉矶"级"凤凰城"号。

昂贵的代价,于是美国海军要求,此时的每项设计更动都需要海军作战部长或副作战部长(VCNO)的核准,借此抑制设计更动的数量与幅度[1]。但即使如此,两家船厂仍为海军方面频繁的设计施工修改要求困扰,这也更加拖延了原本就已经延误的建造进度。

到了1974年初,电船公司不得不将他们手上头7艘"洛杉矶"级的交付时间向后延期了7个月。尽管如此,美国海军仍决定授予电船公司建造首艘"三叉戟"弹道导弹潜艇的合约,外加3艘后续艇的选择权。双方在1974年7月正式签订首艘"三叉戟"弹道导弹潜艇的合约,也就是日后"俄亥俄"级(Ohio Class)的首艇"俄亥俄"号(USS Ohio SSBN-726)。

接着到了原定交付"洛杉矶"级首艇"洛杉矶"号的1974

---

[1] 这项制度没能持续太久,一直到里根政府时代,美国海军才又重启这项制度。当舰艇计划进入合约发包阶段后,任何设计更动都须由海军部长或海军作战部长的核准。

年8月，两家船厂的建造进度严重滞后。而电船公司又面临了更严峻的情况。为了承接规模庞大的"洛杉矶"级潜艇计划，电船公司从1972年起大举扩充厂房设备与人力，稍后电船公司又于1974年承接了"三叉戟"弹道导弹潜艇计划，因而也带来进一步的人力需求，这也让电船公司的人力规模急剧扩张。1971年1月，电船公司只有12000人，1975年1月时便增加到19000人，1977年1月增加到26000人，人力在五六年时间便扩充到了两倍以上。

问题在于，电船公司的管理体制跟不上这样急剧的人力扩充，随之出现了管理松散、混乱与人力素质低落等问题。由于熟练技术工人的短缺，电船公司新招募的技术人员都达不到必要的专业水平，也影响了"洛杉矶"级与"俄亥俄"级的建造工程，不仅建造效率欠佳，建造质量也达不到要求。

早在当初的建造合约谈判时，就有迹象显示电船公司刻意低报了建造成本与所需工时。尽管"洛杉矶"级的吨位比"鲟鱼"级大了45%，长度也超过了24%，但电船公司在竞标提案中所估算的直接工时（direct labor hours），却与"鲟鱼"级相同，远低于竞争对手纽波特纽斯船厂，也远低于海军自身的估算。

依以往的经验判断，"洛杉矶"级的建造会依循典型的学习曲线（learning curve），随着经验的累积建造与管理工作会逐渐步上轨道，因此后期建造"洛杉矶"级的成本，将会低于早期建造的批次。电船公司的如意算盘显然是先以低价抢得合

上图：因石油危机造成的高通货膨胀，让承接"洛杉矶"级建造工程的两家船厂都遭遇了极大的营运压力，营运成本大幅攀升。图为纽波特纽斯船坞中建造的"洛杉矶"级潜艇。

约，承受头几艘合约中的损失，再于后几艘的合约中赚回来。然而在通货膨胀与人力素质降低的双重影响下，电船公司失算了。

电船公司的困境

到了1974年底时，电船公司手上一共有18艘"洛杉矶"级的建造合约，合约总值达到12亿美元。相较下，纽波特纽斯船厂则只获得5艘"洛杉矶"级的合约[1]。

而在这个时候，已签约的全部23艘"洛杉矶"级只有9艘开工，其中又只有两家船厂各自承造的首艇——"洛杉矶"号与"费城"号进入了下水舾装阶段，其余都还停留在船台组装的不同阶段，整个"洛杉矶"级计划的建造工程执行进度落后原定时程将近两年。

即使建造进度如此缓慢，电船公司的内部审计却显示，在高通货膨胀率与经济衰退的影响下，他们无法在原订的合约金额下完成承包的"洛杉矶"级建造工程，除非该公司自行吸收财务损失、设法填补超支的经费，或是由海军另行给予补贴，否则他们手上的"洛杉矶"级建造工程已经难以为继。而且在严重的通货膨胀下，预期的建造成本还在持续上涨当中。

---

[1] 不过纽波特纽斯船厂另外还有金额更庞大的核动力航空母舰业务，在1974年底，纽波特纽斯手上一共有3艘尼米兹级（Nimitz class）航空母舰的合约，其中首舰"尼米兹"号（USS Nimitz CVAN 68）已接近完工，准备在1975年初交付给美国海军；二号舰"艾森豪威尔"号（Dwight D. Eisenhower CVN 69）仍在干坞中组装，预定1975年下半年下水；三号舰"卡尔·文森"号（USS Carl Vinson CVN 70）则刚在1974年4月签约，正在进行先期采购与准备，预定1975年下半年开工。

6 失速的"洛杉矶"级潜艇计划：建造与服役

雪上加霜的是，急速扩充人力造成了施工质量低落，当海军检验电船公司的施工时，发现多艘"洛杉矶"级的压力壳等重要部位有数以百计的焊缝缺失，甚至是漏焊。这意味着这几艘潜艇必须重新施工，从而造成建造进度进一步延误以及电船公司的成本负担大幅增加。

于是电船公司要求美国海军补偿他们的财务损失，这也给刚上台不久的福特政府带来了一连串的麻烦。

陷入泥沼的"洛杉矶"级潜艇计划

自1968年起便一路顺遂进行的"洛杉矶"级潜艇计划，在福特政府时期开始陷入困境。

福特于1974年8月接替辞职的尼克松继任总统。福特意识到自身的过渡性质（任期只有两年半不到），且所属共和党在国会处于弱势，因此仍沿用了尼克松的国防管理班底与国防采购政策。

针对美国海军的"洛杉矶"级潜艇计划，福特政府一方面试图缩减采购数量和放缓采购速度，以应对当时困窘的财政；另一方面还须应付电船公司的索赔要求。

福特政府时期的"洛杉矶"级采购计划规模较尼克松时期有明显的降低。从尼克松时期续任的国防部长施莱辛格（James R. Schlesinger）提议，自1976财年起，到1979财年为止，每两年采购5艘SSN-688潜艇（平均每年2.5艘），具体规划是：1976财年两艘，1977财年3艘，1978财年2艘，

下图：预料外的高通货膨胀等问题，导致电船公司低价抢标"洛杉矶"级建造工程的策略破产，蒙受了严重的财物损失，无法按原订合约完成工程。照片为电船公司承造的"洛杉矶"级21号艇"明尼阿波利斯—圣保罗"号（USS Minneapolis-St Paul SSN-708）。

右图：相较于业务重心全在潜艇领域的电船公司，纽波特纽斯船厂除了潜艇业务外，比重更高的是航空母舰建造业务，在20世纪70年代初期承接"洛杉矶"级潜艇计划时，纽波特纽斯手上还有3艘尼米兹级合约。图为1972年5月13日命名仪式中的"尼米兹"号。

1979财年3艘，总计4个年度采购10艘，略低于尼克松政府时期预定的采购数量（平均每个年度采购3艘）。

施莱辛格只在福特政府待了一年多，便于1975年11月离任，由拉姆斯菲尔德（Donald Rumsfeld）接任国防部长。而拉姆斯菲尔德很快就发现，对于刚从越战脱身、财政仍十分紧张的美国来说，即使是缩减后的"洛杉矶"级建造计划，也还是过于昂贵。于是他在1976年将1977—1981财年的采购数量降为每年两艘，但就算是裁减到这个程度，仍显得财政负担太重。于是拉姆斯菲尔德在离任前的1977年初宣布，将1979财年与1980财年的"洛杉矶"级潜艇采购量降为各一艘，1981财年与1982财年为各2艘，总计四个年度只采购6艘。除此之外，在1977财年增购1艘（总数从两艘增加为3艘），所以将列在1978财年的数量减到一艘作为平衡。

而面对电船公司的索赔与追加费用的要求，福特政府则选择妥协。

初步的妥协

1975年2月14日，电船公司以政府未能及时提供"洛杉矶"级的设计数据和设计数据存在缺陷为由，向美国海军提出

2.2亿美元的索赔要求。一年之后，美国海军与电船公司在1976年4月7日达成和解，海军同意将合约金额上限提高到9700万美元，相当于电船公司要求金额的44%。

不久之后，"洛杉矶"级潜艇计划终于传来让人振奋的好消息。纽波特纽斯船厂承造的首艇"洛杉矶"号在开工4年10个月之后，终于在1976年11月交付海军试航，虽然比原定时程晚了2年又3个月，但整个计划总算是进入了一个新阶段。

然而海军的兴奋未能持续太久，几周后，电船公司接着又在1976年12月提出第二份索赔要求，这次仍然是以政府提供的信息太迟与不适当为由，要求获得5.44亿美元的补偿。美国海军提议在合约中追加1.25亿美元来作为和解的条件。但电船公司的母集团通用动力拒绝了，认为与预期相差太远（只相当于电船公司要求金额的22.9%），决定发起正式的法律诉讼，以求证明他们在法律上有权获得更高的补偿金额。

但这个时候，福特政府即将离任，相关争议只能留给下一任的卡特政府去解决。

"洛杉矶"级的服役与建造争端

在里科弗于1964年初提出"洛杉矶"级原始概念——基于D1G反应堆的高速核攻击潜艇之后，经过了将近13年时间，由纽波特纽斯船厂承造"洛杉矶"级潜艇首艇"洛杉矶"号，终于在1976年11月交付海军试航，里科弗的构想终于落实到实际服役阶段。然而在"洛杉矶"号交付的背后危机重重。

原本一路顺遂的"洛杉矶"级建造计划此时已陷入了困境。两家承造船厂——纽波特纽斯船厂与电船公司，各自遇上了不同的工程与管理问题，再加上石油危机导致的通货膨胀，让"洛杉

下图：在1975—1977年的福特政府国防部长任期内，拉姆斯菲尔德一方面缩减了"洛杉矶"级采购计划，另一方面与电船公司和解，同意补偿电船公司在承接"洛杉矶"级建造工程中的财务损失。

矶"级的建造进度出现了大幅的延误。

依照美国海军最初的规划,在1976年底,纽波特纽斯船厂与电船公司应该已经交付了头10艘"洛杉矶"级潜艇。但实际上,美国海军只收到仅仅一艘首艇"洛杉矶"号而已。

事实上,"洛杉矶"号本身的交付时间比原定时程晚了2年又3个月。而在当时已签约采购的28艘"洛杉矶"级中,除了首艇"洛杉矶"号完工交付外,另外只有13艘开工,其中也只有7艘达到下水舾装阶段,建造进度远远落后于预期。

纽波特纽斯船厂与电船公司两家船厂此时都面临了营运困难,以低价抢得多数"洛杉矶"级后续艇建造合约的电船公司,遭遇了更严重的问题。

凭借着低报价,电船公司在1971年初抢下了第一批12艘"洛杉矶"级中的7艘建造合约,接着又在1973年后期抢到第二批全部11艘建造合约,反观纽波特纽斯船厂虽然获得首艇的合约,但在后续艇的竞标中接连失利。

然而第四次中东战争与石油危机的爆发导致全球通货膨胀,让电船公司的低价抢标策略失灵,反而背负了庞大的财务压力。

为了抢得"洛杉矶"级的建造合约,电船公司设定了过低的直接工时(direct labor hours),但电船公司的管理体制与人力素质远远无法达到必要的生产效率,进一步恶化了建造工程的延迟情况。为了同时承接"洛杉矶"级与"俄亥俄"级弹道导弹潜艇两大计划,电船公司连年大举扩充厂房与人力,同时也带来管理跟不上规模扩充的问题,陷入了管理松散与熟练技术人力

下图与对页图:受到细部设计延迟,加上石油危机与通货膨胀等非预期因素影响,"洛杉矶"级潜艇的建造工程较原先规划延迟许多,下图为1974年4月6日下水仪式中的"洛杉矶"号。对页图为1976年夏季在大西洋沿岸试航的"洛杉矶"号。"洛杉矶"号原本设定在1974年8月交船,实际上拖到1977年11月才交付给海军。

不足的窘境,以致建造工程效率低下。

内有生产效率低下的困难,外有高通货膨胀率与经济衰退的影响,电船公司的营运与建造成本远高于几年前的预期。到了1974年底,情况显示电船公司在"洛杉矶"级潜艇上的低价抢标策略已完全落空,除非该船厂自行吸收损失,否则不可能在原始合约金额下完成手上的"洛杉矶"级建造合约,于是电船公司决定向海军寻求补偿,也开启了电船公司与海军间绵延多年诉讼的序幕。

电船公司与美国海军的诉讼

卡特政府上台后,维持了前任国防部长拉姆斯菲尔德的1979财年SSN-688潜艇采购计划,也就是只采购1艘,但是将1980财年的采购数量提高为2艘,之后到1983财年都保持每年2艘的采购速率。

而电船公司与美国海军间的诉讼则拖了一年半仍未能解决。在这段诉讼时间内,美国海军则将新的"洛杉矶"级合约交给电船公司的对手纽波特纽斯船厂,在1977年9月签订第四批"洛杉矶"级合约,包含3艘潜艇。

此时电船公司则遇上了越来越多的麻烦。该船厂的管理与工程效率问题不仅影响到"洛杉矶"级的建造工程,也殃及"三叉戟"弹道导弹潜艇计划。美国海军在1977年8月宣布:1974年7月与电船公司签约,1976年4月开工的首艘"三叉戟"

弹道导弹潜艇，完工进度将延后6个月。紧接着1974年11月，海军发言人公开承认首艘"三叉戟"弹道导弹潜艇的进度已经落后一年，而成本则增加了50%，从8亿美元提高到12亿美元。考虑到"三叉戟"弹道导弹潜艇的高优先性，才让部分海军官员打消了停止让电船公司继续建造潜艇的尝试。

围绕着"三叉戟"弹道导弹潜艇的问题，随之而来的是一连串涉及追加预算、反对追加预算，掩饰、谎言、秘密录音会议以及国会听证的斗争。相关争议很快就也蔓延到"洛杉矶"级潜艇计划上。主掌海上系统司令部的布莱恩（Charles R. Bryan）中将，在1978年5月19日的联合经济委员会（Joint Economic Committee）听证会中，严厉指责电船公司的管理问题，并表示当时电船公司建造的16艘攻击潜艇的费用已经超支了5亿美元以上。

事实上，纽波特纽斯船厂与电船公司两家承造船厂的建造

头12艘"洛杉矶"级潜艇交付延迟情况

舷号	命名	承包商	原定交付时间	实际交付时间	延迟时间
SSN-688	洛杉矶	纽波特纽斯	1974/8	1976/11	27个月
SSN-689	巴顿·鲁治	纽波特纽斯	1975/5	1977/6	25个月
SSN-690	费城	电船公司	1975/8	1977/6	22个月
SSN-691	孟菲斯	纽波特纽斯	1975/9	1977/12	27个月
SSN-692	奥马哈	电船公司	1975/10	1978/3	28个月
SSN-693	辛辛那提	纽波特纽斯	1976/2	1978/3	25个月
SSN-694	格罗顿	电船公司	1976/2	1978/7	29个月
SSN-695	伯明翰	纽波特纽斯	1976/7	1978/12	29个月
SSN-696	纽约市	电船公司	1976/6	1979/3	33个月
SSN-697	印第安纳波利斯	电船公司	1976/10	1980/1	39个月
SSN-698	布雷默顿	电船公司	1977/2	1981/3	49个月
SSN-699	杰克逊维尔	电船公司	1977/6	1981/5	47个月

成本,也出现了显著差异。依据里科弗在1978年3月16日众议院听证会中的说法,尽管纽波特纽斯船厂与电船公司正在建造相同的潜艇,但电船公司承造的"洛杉矶"级,单位成本却较纽波特纽斯船厂贵了5000万美元,"唯一的解释,是电船公司的效率不及纽波特纽斯船厂。"而在1979财年计划中,"洛杉矶"级的平均单位成本则是4.33亿美元,也就是说,两家船厂之间的价差,已经超过单位成本的一成。

然而电船公司却试图将攀升的成本转嫁给海军承担。一贯要求承包商遵循高标准的里科弗拒绝了这种做法,要求电船公司弥补潜艇施工缺陷,并自行承担相关成本。

考虑到沉重的财务负担,电船公司并不愿自行承担工程延误与修正施工缺陷的成本,电船公司在1977年底的预算显示,要完成手上两份涵盖18艘潜艇的"洛杉矶"级建造合约,预估实际上需要耗费26.68亿美元,如果海军未能提供补偿,那么通用动力集团将蒙受8.43亿美元的损失。

对页图:在两家"洛杉矶"级潜艇承造船厂中,电船公司遭遇了更严重的困难,除了"洛杉矶"级以外,电船公司同时也负责承造"俄亥俄"级弹道导弹潜艇,为了应对这两大潜艇计划,该船厂从20世纪70年代初期起大幅扩充厂房设备与人力,但也带来管理体制跟不上规模扩充的问题,导致潜艇建造施工质量低落。图为电船公司格罗顿船厂,中间是正在下水的"洛杉矶"级"科珀斯·克里斯蒂"号(USS City of Corpus Christi SSN-705),旁边的船台上正在建造中的"俄亥俄"级"佛罗里达"号(USS Florida SSBN-728),上方是接近完工的"密歇根"号。

为了让"洛杉矶"级建造计划继续进行下去，双方最终在1978年中达成妥协。

在1978年6月9日起生效的和解中，依据公法第85-804号（Public Law 85-804），美国海军同意，由于无法控制的复杂原因以及海军与电船公司的误判，导致成本的升高。

在海军方面，为了摆脱对电船公司的长期依赖，而选择纽波特纽斯船厂来承担"洛杉矶"级细部设计与首艇建造工作，但纽波特纽斯船厂经验不足，不仅交付设计图纸的时间没有保证，而且交付的图纸也存在许多问题，必须经过修正才能用于实际施工，也拖累了建造工程；电船公司则是低估了"洛杉矶"级的复杂性，且无法有效地控制人力与生产效率。

双方在和解中约定：

下图：图为电船公司承造的第一艘洛杉矶潜艇"费城"号，于1974年10月19日下水仪式中的纪念照，该艇原定1975年8月交付给美国海军，实际上拖到1977年6月才交付，延迟了将近两年时间。

- ◆在原始合约中追加1.25亿美元经费，以涵盖通用动力集团现有对海军的索偿。
- ◆在电船公司估计的8.43亿美元损失金额中，扣除前述1.25亿美元追加经费，剩余的7.18亿美元，其中一半3.59亿美元，由美国海军承担，另一半3.59亿美元，由通用动力集团在潜艇建造期间自行承担。
- ◆超支额度设定为1亿美元，由海军与通用动力集团以1∶1比例分担，超出1亿美元的部分，则全部由通用动力集团负责。若实际开销低于设定额度，则以1∶1的比例反馈给双方。

妥协下的隐忧

卡特政府选择了与电船公司妥协，以便能继续推进"洛杉矶"级建造计划。而美国海军也紧接着在1979年4月将第5批"洛杉矶"级潜艇建造合约授予电船公司，包含两艘潜艇。

但看似恢复正常的背后，仍潜藏着危机，电船公司依旧低估了"洛杉矶"级的建造工时。

在第5批"洛杉矶"级潜艇建造合约中，电船公司是以第二批合约中最后一艘SSN-710的预估工时，来设定第5批的初始建造工时预算，由此也产生了两点争议。

（1）当时SSN-710这艘潜艇的工程进度只有2%[1]，相较下，电船公司此时已经向海军交付了4艘"洛杉矶"级（包括SSN-690、SSN-692、SSN-694与SSN-696），但电船公司却没有选择这些已经完工的潜艇来估算新合约的报价，反而选择了还在初始工程阶段、生产作业仍存在许多变数的SSN-710，来作为报价的基准。

（2）电船公司选择了以SSN-710作为估算基准后，还采

---

[1] SSN-710这时候还在反应堆、涡轮机与减速齿轮等"政府供应装备"的先期采购与制造阶段，要等到4年后的1983年4月，才能正式开工。

上图：1977年5月28日一同登上"洛杉矶"号攻击潜艇的卡特总统（右），以及里科弗（左）。为了让"洛杉矶"级建造计划继续进行，卡特政府选择与电船公司妥协，在1978年6月达成和解，但电船公司并未彻底解决建造管理与质量问题，两年后又再次与美国海军爆发争议。

值得一提的是，卡特总统是安纳波里斯海军学院出身的正科海军军官，1946年毕业后进入潜艇部队服役，并曾在里科弗的海军反应堆办公室任职。卡特作为核反应堆专家，参与过抢救加拿大乔克河实验室炉芯融化事故的任务，并在液态金属钠反应堆动力的"海狼"号潜艇服役。

取了一系列计算调整，让直接工时（direct labor hours）降低了12%，但这样的计算完全是基于尚未实际落实的生产力提高措施所预期得到的工时节省效果。然后电船公司在这个计算基础上，又再调降了7%的预期工时，以反映在其他方面预期达到的生产效率改善。

如此一来，虽然使得第5批"洛杉矶"级潜艇建造合约的预期工时有了将近20%的大幅度降低，但这样的估算，都是基于电船公司"预期中"的生产效率改善效果，只是未经证实的"期望"而已，而不能反映真正的效率改进结果，这并不是可信的数字。

美国海军虽然也知道电船公司低估了人工成本，却仍旧将合约授予该船厂。以求尽可能同时利用电船公司与纽波特纽斯船厂两家船厂的产能，尽快加速"洛杉矶"级的建造工作，追赶落后的计划进度。到此时为止，美国海军一共签订了33艘"洛杉矶"级的合约，其中电船公司占了20艘。然而美国海军这种做法也带来了隐忧，在尚未确认电船公司工程管理改善成效的情形下，美国海军就让电船公司继续执行原本的合约，同时还授予新的合约，形同于埋下一颗未爆弹。双方的和解仅维持了不到两年时间，美国海军与电船公司之间关于潜艇建造施工质量问题的争议又再次引爆开来。

下图：在与电船公司于1978年6月达成和解后，美国海军随即在1979年4月授予电船公司额外两艘"洛杉矶"级建造合约，而未充分检验电船公司的施工质量改善成效，以致在两年后引爆了新一波关于潜艇施工质量的争议。图为正在焊接潜艇艇构件的电船公司工人。

7

"洛杉矶"级的后继者

"洛杉矶"级的后继潜艇研究

无论如何，经过两年多的延误后，"洛杉矶"级攻击潜艇终于在卡特政府任内（1977—1981年），逐步开始形成战力，美国海军采购的33艘"洛杉矶"级中，一共有10艘投入服役。

虽然"洛杉矶"级成为继"长尾鲨"级与"鲟鱼"级之后美国海军新一代的攻击潜艇骨干力量，但就设计来说，"洛杉矶"级是一种优点与缺陷都十分突出的潜艇，性能取向并不平衡。发展与建造"洛杉矶"级的主要目的是逆转自"鲣鱼"级以来美国海军攻击潜艇航速日渐降低的趋势。"洛杉矶"级确实达到了提高航速的目标，它是美国海军当时航速最快的量产型潜艇，凭借超过30节的高航速（最高航速据称超过33节），让美国海军终于获得一型可以跟得上航空母舰战斗群的潜艇，借此也将核潜艇的任务领域扩展到前所未及的航空母舰护航任务。

但另一方面，除了高航速这一点可取外，美国海军对于"洛杉矶"级其他方面的性能表现并不

上图:随着"洛杉矶"级潜艇在20世纪70年代中后期陆续服役,美国海军也展开了后继的新型攻击潜艇研究,以克服"洛杉矶"级设计中存在的不足。图为"洛杉矶"级的9号艇"纽约市"号(USS New York City SSN-696)。

对页图:1965年开始生产并达到初始作战能力(IOC)、1966年7月正式获准服役的"潜射反潜火箭",是1960—1980年美国海军标准的潜艇用长程反潜武器,采用标准的21英寸鱼雷管发射,可配合BQQ-2声呐的远距离侦测能力,在Mk113火控系统控制下,提供远达30～40海里的距外反潜攻击能力。图为吊装中的"潜射反潜火箭"。

满意。"洛杉矶"级为了容纳庞大的S6G反应堆,而在其他方面的设计作了许多牺牲,导致潜深性能降低、缺乏在北冰洋海区行动的能力,以及装备的天线桅杆数量减少、武器携载量有限、升级潜力不足、乘员居住性恶劣等缺陷。

"洛杉矶"级虽然能胜任以往潜艇所无法执行的伴随航空母舰任务,但是在不需要30节高航速的传统攻击潜艇任务场合,例如前沿区域情报搜集、监视和反潜阻栅等方面,表现并未能超过上一代的"鲟鱼"级。

而"洛杉矶"级的这些不足也促成了后继新型潜艇研究的展开。

新型潜射长程反潜武器的需求

事实上,早在"洛杉矶"级潜艇还在设计研究阶段时,美国海军也展开了针对"洛杉矶"级缺陷的改进型潜艇设计研究。

当"洛杉矶"级潜艇的预备设计研究在1968年进入尾声时,美国海军启动了一项潜艇武器研究,成立一个潜艇武器研究委员会负责探讨未来的潜艇武器需求,而从新一代潜艇武器的需求研究出发,进而衍生出对于新型潜艇的需求。

潜艇武器研究委员会检讨了当时的潜艇武器系统状况以及未来的作战环境形态后,受到应用在弹道导弹潜艇上十分成功的Mk113 Mod.9火控系统鼓舞,强烈支持当时进行中的数字化声呐与火控系统发展工作。

但潜艇武器研究委员会对于当时潜艇的武器携载量、新研发的Mk48鱼雷,以及鱼雷管配置位置都不满意。

针对鱼雷管的配置位置,潜艇武器研究委员会认为,线导鱼雷最好能从潜艇艇壳下方的位置向前发射,鱼雷管向前下方倾斜,也就是采用类似英国潜艇的配置方式,鱼雷管将从艇艏球形声呐下方发射鱼雷,鱼雷则从上方的鱼雷室装填,而不像先前的美国潜艇是从艇艏球形声呐后方的两侧发射鱼雷。

而针对潜艇武器,潜艇武器研究委员会则认为,当时美国海军潜艇的长程反潜武器存在不足。

自1966年起,"潜射反潜火箭"便是美国海军核潜艇的标准长程反潜武器,凭借着火箭助推,"潜射反潜火箭"拥有极高的反应速度,投射飞行过程为超音速,只需两分半钟就能抵达30海里(55.56千米)外的第一汇声区(first convergence zone)(预设飞行时间为163秒),可用于对抗时间紧迫的远距离潜艇目标,并凭借弹头携载的W55深水核炸弹(威力当量达250kT),可攻击5海里

右图："潜射反潜火箭"运作流程。

（1）声呐侦测与定位目前潜艇位置后，由Mk 113火控系统为"潜射反潜火箭"确定目标参数。

（2）"潜射反潜火箭"由鱼雷管水平射出，到达安全距离外后，在水下点燃固体火箭发动机，火箭通过扩散型喷嘴（jetavators）与四组折流板（jet deflectors）控制推力方向，将弹体以一定角度向水面推升。

（3）助推火箭将弹体推升出水面，并加速到超音速。

（4）助推火箭将弹体推送到一定速度后，通过推力逆向机构与爆炸螺栓，与含有深水炸弹的弹头分离。

（5）弹头依循弹道飞行，在惯性导航系统与气动力控制面控制下，飞向预定目标驱。

（6）抵达目标区后，弹头重新入水。

（7）弹头的深水炸弹沉入预设深度后，引爆其中的W55核弹头。

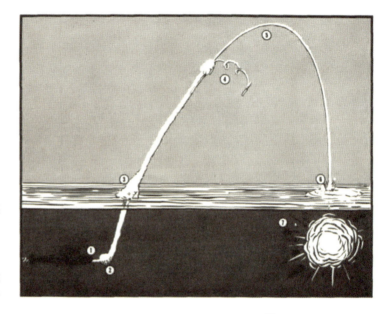

（9.26公里）宽度的环形汇声区范围内目标[1]。

但也由于"潜射反潜火箭"采用的是核弹头，以致限制了运用弹性，一方面不适合常规武器交战环境，另一方面，为了避免核弹头的威力殃及自身，"潜射反潜火箭"也设定了较大的安全使用距离。由于美国潜艇主要是通过作业缓慢的"目标动态分析"解算，以被动方式来追踪目标，往往直到目标潜艇接近到近距离时，才能实现捕捉，但此时可能已经接近"潜射反潜火箭"的最小安全距离，甚至敌方潜艇也可加速驶向美国潜艇、进入"潜射反潜火箭"安全距离内，从而回避"潜射反潜火箭"的攻击。除此之外，"潜射反潜火箭"由于发展时间较早，也不兼容于新一代的数字式火控系统。

在"潜射反潜火箭"之外，当时仍在开发阶段的Mk48鱼

---

[1] 在典型的大西洋环境中，第一汇声区是位于30～35海里距离外，宽约5海里的环形区域，由于声呐的汇声区侦测定位精度很低，只能确定目标在这5海里的环形区域内，所以"潜射反潜火箭"需要杀伤半径可以覆盖5海里宽度水域的核弹头，来确保杀伤目标。原本"潜射反潜火箭"最终的射程目标是70海里距离外的第二汇声区，但没有实现。

7 "洛杉矶"级的后继者

雷则预定在20世纪70年代为美国海军潜艇提供另一种长程的反潜、反舰双重用途武器。Mk48鱼雷采用的是传统高爆弹头,适用弹性远大于"潜射反潜火箭",能兼容于新的数字式火控系统。然而另一方面,Mk48鱼雷虽然具备以往鱼雷前所未见的高航速与长射程,射程仍逊于"潜射反潜火箭",而且在水下行进的鱼雷抵达远距离目标区所需的反应时间,也远远比不上空中投射的"潜射反潜火箭"。因而Mk48鱼雷只能与"潜射反潜火箭"互补运用,而不能取代"潜射反潜火箭"的角色。

因此一个自然的解决办法,便是将鱼雷与"潜射反潜火箭"这两种武器的特点结合起来,将原本携带核弹头的"潜射反潜火箭",改成携带导引鱼雷,利用"潜射反潜火箭"将鱼雷快速投射到目标区,再由导引鱼雷自行去搜获、追踪与攻击目标,也就是类似水面舰使用的"反潜火箭"(ASROC)运用方式,但两者设定的接战距离完全不同,也带来不同的技术挑战。

夭折的"鱼雷归向型潜射反潜火箭"

早在"潜射反潜火箭"尚未正式服役时,美国海军就在1962年5月提出了改用传统弹头的"潜射反潜火箭"改进需求,也就是将弹头从W55深水核炸弹改为轻型导引鱼雷的版本,称为"鱼雷归向型潜射反潜火箭"。

比起受到核爆的安全范围限制,而有着最小使用距离的W55深水核炸弹(最小使用距离为5海里),轻型鱼雷的最小使用距离限制,是由鱼雷导引头的归向包络范围所决定,最小使用距离仅2海里左右。

另一方面,轻型鱼雷的攻击范围也比

下图:"潜射反潜火箭"是一种革命性的反潜武器,是第一种水下发射的反潜武器,也是第一种采用水下点燃火箭发动机的导弹,率先采用水下发射—空中推送—重新入水的模式。为了确保攻击能力,"潜射反潜火箭"采用了深水核炸弹弹头。

W55深水核炸弹小了许多,难以独立地在汇声区的水域内猎杀目标。因此非核弹头型"潜射反潜火箭"将被限制在声呐的底部或水面反射侦测距离内使用,大约40000码距离,比核头头版本小了三分之一左右。

在1962年,可供搭配"潜射反潜火箭"的轻型鱼雷只有Mk44一种,不仅速度较慢,导引头侦测距离也有限,虽然水面舰使用的"反潜火箭"早期也是以Mk44鱼雷作为弹头,但"潜射反潜火箭"射程要求远高于"反潜火箭",因而也面临了更严苛的挑战[1]。

计算显示,受到Mk44的自导引归向半径限制,当敌方潜艇监听到己方潜艇发射的主动声呐测距信号,或是"潜射反潜火箭"马达的点火声音后,由于"潜射反潜火箭"需要一两分钟时间将鱼雷投送到目标区,敌方潜艇将有足够的预警时间,以高速机动脱离原本所在区域,从而逃出Mk44鱼雷的有效攻击范围。(相较下,"反潜火箭"的射程短了许多,不到30秒时间就能将鱼雷投送到目标区,目标逃出鱼雷导引头有效距离的概率便小了许多。)

于是美国海军稍后提出新的规划,预定改用新开发的Mk46鱼雷来作为"鱼雷归向型潜射反潜火箭"的弹头,Mk46的性能远优于Mk44,速度更快,侦测与归向距离也更远。依照1962年时的规划,"鱼雷归向型潜射反潜火箭"暂定于1969年开始作战测试,预估平均每4发"鱼雷归向型潜射反潜火箭"便可摧毁一个潜艇目标,并且日后还能搭配Mk46后继型鱼雷(即后来的Mk50鱼雷),进一步提高效能。

然而受到越南战争造成的经费压缩影响,"鱼雷归向型潜射反潜火箭"最终未能实现,相关的W23-20号需求在1969年3

---

[1] 水面舰使用的"反潜火箭",是射程仅5～6海里的短程反潜武器,而潜艇使用的"潜射反潜火箭",则是射程超过30海里的长程反潜武器,投送飞行所需时间也数倍于"反潜火箭",在不使用核弹头的前提下,"潜射反潜火箭"必须面对远距离外的定位与导航误差以及目标机动逃逸的问题,因而对携载弹头(鱼雷)的目标搜获能力有更高的要求。

7 "洛杉矶"级的后继者

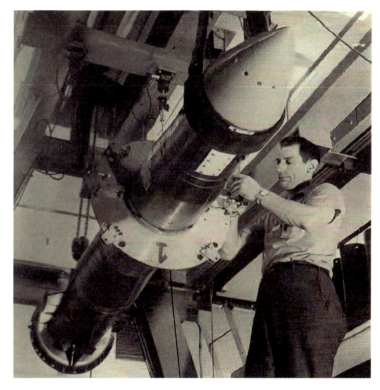

左图：为了改善"潜射反潜火箭"的运用弹性，美国海军在1962年提出发展非核弹头型"潜射反潜火箭"的需求，改以轻型鱼雷取代深水核炸弹，来作为"潜射反潜火箭"携载的弹头。图为测试中的"潜射反潜火箭"弹头。

月18日正式撤销。

核潜艇的新任务与新角色——巡航导弹的复兴

虽然"鱼雷归向型潜射反潜火箭"的发展没有实现，但美国海军对于常规弹头的长程反潜武器需求并没有因此而消失，紧接着便提出新的潜射导弹计划。但是在这个时候，美国海军对于潜射导弹的应用构想有了转变，除了反潜之外，还增加了用于反舰任务的要求，形成了反潜与反舰双重用途的巡航导弹需求，后来又进一步扩展到战略打击任务领域，带来了一波巡航导弹的发展热潮。

美国海军对巡航导弹这种武器并不陌生，早在20世纪40年代末期到50年代初期，美国海军便曾先后研发了多种配备核弹

潜射反潜火箭

反潜火箭

上图:"潜射反潜火箭"与"反潜火箭"尺寸对比。

潜艇用的"潜射反潜火箭"与水面舰用的"反潜火箭",同样都是属于火箭助推的反潜武器,利用火箭从空中投射,以提供极高的反应速度,但"反潜火箭"是短程反潜武器,而"潜射反潜火箭"则是接战距离比"反潜火箭"长了五六倍的长程反潜武器,因而也面临了不同层次的技术挑战。"潜射反潜火箭"必须面临远距离外的目标定位与导航误差以及目标机动逃逸的问题。"潜射反潜火箭"最初是通过核弹头来克服这些问题,而后来延伸发展的非核弹头型"潜射反潜火箭",则要求使用高性能鱼雷作为弹头,以便弹头重新入水时能捕捉到目标。

头的战略巡航导弹,包括"戈尔哥"(Gorgon)、"狮子座"(Regulus)与"狮子座"Ⅱ型(Regulus Ⅱ)、"猎户"座(Rigel)与"海神"(Triton)等,但受限于当时的技术,这些第一代巡航导弹不仅庞大笨重,还有着可靠性低、精确度差与突穿性能不佳等问题,最后只有"狮子座"巡航导弹于1954年起部署于包括5艘潜艇在内的19艘舰艇上,1963年便全面退役,由"北极星"弹道导弹所取代,也结束了巡航导弹的第一次兴盛期。

当时,美国海军一度对于巡航导弹失去兴趣。就战略打击任务来说,新服役的"北极星"弹道导弹足以满足要求,完全取代了早期的核弹头巡航导弹角色;而就战术打击任务来说,巡航导弹在美国海军中也派不上用场。

(1)由于航空派在海军中的巨大影响力,以及以航空母舰为核心的作战体系,美国海军对于以导弹作为打击载具的需求不高,依靠舰载机即可满足绝大多数需求;美国海军的主要对手——苏联海军,由于缺乏航空母舰之故,就得更依赖巡航导弹来作为舰对地与舰对舰攻击载具。

(2)考虑到美国海军舰队规模远大于苏联海军,换言之,苏联海军承受的压力更大、要面对的水上目标更多,自然也更重视反舰武器发展;相对地,苏联水面舰队对美国海军构成的压力有限,既有的航空与水面武器即足以应付苏联水面舰

7 "洛杉矶"级的后继者 189

上图与下图:20世纪40年代末期到50年代中期是巡航导弹的第一次兴盛期,美国海军在这段时间启动了8项舰载巡航导弹计划,但最后只有"狮子座"巡航导弹实际服役。美国海军先后改装了10艘航空母舰、10艘"巴尔的摩"级(Baltimore class)重巡洋舰、一艘"猫鲨"级(Gato class)、一艘"巴劳鱵"级(Balao class)潜艇作为"狮子座"巡航导弹平台,每艘重巡洋舰可载3枚巡航导弹,"猫鲨"与"巴劳鱵"级潜艇可载两枚。另外还专为搭载"狮子座"巡航导弹而建造了3艘巡航导弹潜艇〔包括"灰鲸"号(USS Grayback SSG-574)、"黑驴"号(USS Growler SSG-577)与核动力的"大比目鱼"号(USS Halibut SSGN-587)〕,分别可携带4枚、4枚与5枚巡航导弹。上为正在携带"狮子座"巡航导弹的"巴劳"级潜艇"刺尾鱼"号(USS Barbero SSG-317),下为正准备发射巡航导弹的"灰鲸"号。

上图：受到20世纪50年代的技术限制，第一代巡航导弹存在着庞大笨重、可靠性低、精确度差与突防性能不佳等问题，美国海军当时进行的8项巡航导弹计划中，最后只有"狮子座"实际服役。图为正准备试射"狮子座"Ⅱ型巡航导弹的"灰鲸"号潜艇，"狮子座"Ⅱ型是"狮子座"的超音速改进型，原定用于接替"狮子座"巡航导弹，但进行了48次试射后，于1958年12月取消，海上核打击任务由"北极星"弹道导弹取代。

队，许多武器都兼有攻击水面舰艇的能力[1]。因而美国海军也未特意专门针对反舰用途发展导弹系统。

到了20世纪60年代末期，随着技术的演进以及外部压力的变化，让美国海军重燃了对于巡航导弹的兴趣。

（1）随着一系列突破性技术的问世，包括电子技术的进步（组件小型化与可靠性提升），小型廉价涡轮喷射发动机的成熟、高能燃料技术的应用，以及超低空地形追随飞行、地形轮廓比对等崭新导航技术的出现，克服了巡航导弹在可靠性、精确性与突防能力等方面的问题，也赋予巡航导弹这种武器新的生命。

（2）1967年10月以色列"埃特拉"号（Elath）驱逐舰遭埃及以俄制"冥河"（Styx）导弹击沉的事件，也唤起美国海

[1] 在20世纪60年代至70年代，美国海军有许多空射或舰射导弹都具有攻击水面目标能力，如空射的AGM-12"斗牛犬"（Bullpup）导弹与AGM-62"鼓眼鱼"（Walleye）导弹，以及舰射的3T导弹——"塔洛斯"（Talos）、"猎犬"（Terrier）与"鞑靼"（Tartar）导弹等，但这些导弹主要功能都不是反舰，AGM-12"斗牛犬"导弹与AGM-62"鼓眼鱼"导弹用于攻击高价值地面目标，3T导弹则是舰载防空导弹，反舰只是这些导弹的附带用途。

军对于巡航导弹在反舰应用方面的关注。

这两方面因素的作用下，在20世纪70年代推动了巡航导弹的第二次兴盛期。

潜射反舰导弹的需求

在"埃特拉"号事件的冲击下，美国海军在1968年时修改了稍早于1965年启动的"鱼叉"（Harpoon）空射战术导弹计划需求，从原本的反潜用途——攻击上浮于水面的潜艇，调整为以反舰为主要任务，并大幅扩大了弹头与射程规格要求。

经初步概念研究后，美国海军于1970年向航天业界发出正式的提案征求书（RFP），国防系统获得评审委员会（DSARC）则于1970年11月批准海军研发两种"鱼叉"空射战术导弹——空射的AGM-84A与舰射的RGM-84A。美国海军稍后在1971年6月将弹体设计合约授予麦克唐纳-道格拉斯（McDonnell Douglas）公司，接着在1972年与台利德（Teledyne）公司签订"鱼叉"空射战术导弹的发动机设计合约。

1970年正式启动"鱼叉"空射战术导弹的开发后，美国海军拥有了第一种专门针对反舰任务研发的巡航导弹系统，但一开始只考虑了由飞机携带的空射型，以及水面舰携带的舰射型两种版本，而没有涵盖潜艇水下发射的版本。

不过在"鱼叉"空射战术导弹计划之外，美国海军同一时间在用于接替"潜射反潜火箭"的新型反潜弹计划中，则延伸发展出用于潜艇的反舰导弹需求。

下图：以"北极星"弹道导弹为代表的潜射弹道导弹在20世纪60年代初期投入服役，无论在射程、精确度、可靠性、突防能力，还是发射平台的隐蔽性，都优于早先发展的巡航导弹，迅速取代战略型巡航导弹的地位。

右图:自20世纪60年代末期起,随着电子组件小型化与可靠性提升,结合新式导航技术的问世,以及小型廉价涡轮发动机的成熟,共同促进巡航导弹出现新的发展。照片为威廉斯(Williams)公司在20世纪60年代末期推出的WR-19小型涡轮喷射发动机,是美国日后一系列巡航导弹发动机的源头。

潜射战术导弹

为了填补"潜射反潜火箭"与重型鱼雷各自的不足,1968年的潜艇武器研究委员会曾提出建议,发展新的非核反潜导弹来替代"潜射反潜火箭"。这种新的非核反潜导弹,基本构想延续了先前的"鱼雷归向型潜射反潜火箭",但也有关键的不同。"鱼雷归向型潜射反潜火箭"预定搭载12.75英寸的Mk44或Mk46轻鱼雷作为弹头,而新型反潜导弹则预定携带更大型的新型短鱼雷作为弹头,尺寸接近先前的19英寸短鱼雷Mk37,可允许配备声呐性能接近Mk48鱼雷的导引头,但速度较Mk48鱼雷低。

另外潜艇武器研究委员会还考虑到,为了替日后的鱼雷发展预留成长空间,建议研发一种25英寸×300英寸的大型鱼雷管,并在1975财年达到可用状态。比起通过标准的21英寸鱼雷管发射的"潜射反潜火箭",这种大型鱼雷管可允许新型反潜导弹的尺寸摆脱21英寸直径规格的束缚,从而搭载更大型、性能更好的新型弹头。

潜艇武器研究委员会将这种新型非核式反潜导弹,称为"潜艇战术导弹"(Submarine Tactical Missile,STM)。与"潜射反潜火箭"相比,非核"潜艇战术导弹"有着不同的运用模式。

对于使用"潜射反潜火箭"的潜艇来说,允许使用主动声呐来提供最终测距,即便这会惊动目标潜艇,可能使对方获得预警,进而采取回避机动,但"潜射反潜火箭"仍可凭借核弹头的威力与杀伤半径,保证一定的杀伤能力。然而对于使用"潜艇战术导弹"的潜艇来说,就没有核弹头可以保证杀伤概率,而是依靠弹头自行接触与追踪目标,因此必须以被动方式作战,以免主动声呐惊动目标,以免导致"潜艇战术导弹"弹头失去目标。

除了接替"潜射反潜火箭"、作为新一代长程反潜武器之外,"潜艇战术导弹"的有效射程已经超过典型反潜作战的范围,已具备应用于反舰任务的潜力。潜艇可通过自身的声呐追踪苏联水面舰艇,其他友军来源获得的目标标定数据也能发送给潜艇接收。至于"潜艇战术导弹"导弹也能将弹头从短鱼雷改换为小型核弹头,因而携载"潜艇战术导弹"的潜艇可以作为战略潜艇力量的补充,用于打击苏联的水面舰队。

问题在于,"潜艇战术导弹"的尺寸比预期更大。比起兼容于21英寸鱼雷管尺寸的"潜射反潜火箭","潜艇战术导弹"为了携带性能更佳但尺寸也更大的短鱼雷作为弹头,导致尺寸较"潜射反潜火箭"大上许多。进一步评估显示,"潜艇战术导弹"的尺寸将达到30英寸×300英寸(762毫米×7620毫米),重量6000~8000磅(2724~3632千克),预定的射程为5~30海里(9.26~55.56千米)。对于使用鱼雷管发射来说,"潜艇战术导弹"的尺寸实在过大,不仅远远超出标准21英寸鱼雷管可容纳的规格,即使是潜艇武器研究委员会稍早建议发展的25英寸×300英寸大型鱼雷管,也无法容纳"潜艇战术导弹"。

替代方案是改用垂直发射管来携带与发射"潜艇战术导弹",虽然不像可直接利用21英寸鱼雷管发射的"潜射反潜火箭"那样方便使用,但理论上所有"长尾鲨"级以后的核攻击潜艇都能加装这种垂直发射管,从而具备运用"潜艇战术导弹"的能力。当然,最理想的解决办法是专门针对运用"潜艇战术导弹"的需求发展一款新型潜艇,而这也让里科弗看到推动新型反应堆发展的新机会。

里科弗的新潜艇计划

美国海军在1969年3月发出了"潜艇战术导弹"的特定作战需求(Specific Operational Requirement),同时在3月18日撤销"鱼雷归向型潜射反潜火箭"计划,此后,"潜艇战术导弹"便正式替代了"鱼雷归向型潜射反潜火箭"。

洛克希德导弹与太空公司(Lockheed Missiles and Space)回复了"潜艇战术导弹"需求提案,并在1969年5月于加州森尼维尔(Sunnyvale)成立了新的水下作战计划部门来承包这项计划,稍后在1970年2月,美国海军又将ZUGM-89A柏修斯(Perseus)的编号与命名保留给这款新导弹使用。

"潜艇战术导弹"计划的启动也给里科弗带来了推动基于D1W反应堆的新潜艇机会。

事实上,基于D1G反应堆的高速潜艇计划(也就是后来的"洛杉矶"级)只是里科弗对于提高潜艇航速的短期解决方案。里科弗十分清楚"洛杉矶"级设计中存在的缺陷,为了容纳D1G反应

7 "洛杉矶"级的后继者

上图与对页图：1970年正式开始发展的空射战术导弹，但一开始只考虑舰射型与空射型，而不包括潜艇用的水下发射型。对页图为诺克斯级（Knox Class）护卫舰Mk112"反潜火箭"发射器发射的舰射型"鱼叉"反舰导弹，上图为P-3C"猎户座"（Orion）反潜巡逻机携带的空射型"鱼叉"反舰导弹。

堆、同时兼顾抑制吨位与成本的要求，而付出了潜深性能降低、居住性恶劣、武器酬载有限，以及未来增长潜力受限等代价。里科弗一开始便对这些问题心知肚明，但他认为，为了让美国海军弥补航速劣势，引进D1G反应堆是获得高速潜艇最快速的途径，为此可以付出前述代价。

然而在付出了这些代价后，虽然让"洛杉矶"级拥有超过30节的航速，但还是不够快，不足以确保对苏联潜艇的速度优势，仍可能被苏联潜艇所超越。所以里科弗的最终解决方案是另一种基于D1W反应堆的新潜艇设计。

相较于30000匹马力的D1G，D1W拥有两倍的60000匹马力级输出功率，被里科弗视作彻底解决潜艇航速问题的手段。由D1W反应堆提供动力的潜艇可提供额外5节的航速，让最大航速达到35节以上，足以确保对于苏联潜艇的长期速度优势。

虽然D1W尺寸较D1G更庞大，需要更大型的艇壳才能容

Mk46

Mk37

Mk48

上图：美国海军的三种鱼雷尺寸对比：Mk46（12.75英寸直径）、Mk37（19英寸直径）与Mk48（21英寸直径）。

先前的"鱼雷归向型潜射反潜火箭"计划中，预定以12.75英寸的Mk44或Mk46轻鱼雷作为弹头，而"潜艇战术导弹"计划则预定以更大型的短鱼雷作为弹头，尺寸相当于19英寸的Mk37短鱼雷，具备Mk48重鱼雷的导引头声呐性能，速度则较低。

纳，但更大型的潜艇也能带来更多的武器酬载，并改善居住性，同时也允许提高耐压壳强度，从而增加潜深性能，一举解决"洛杉矶"级的种种缺陷。

在"洛杉矶"级计划尚未正式获得国防部认可时，里科弗便从1967年开始着手研拟基于D1W反应堆的新潜艇概念，显然，这种体型、吨位较"洛杉矶"级更大的新潜艇，成本必然更高昂，如何说服国会接受将是一大难题，不过"潜艇战术导弹"计划的启动让里科弗看到新机会。

里科弗认为"潜艇战术导弹"这种新武器是促进外界支持D1W反应堆动力潜艇发展的好理由，可以提供新的任务角色，借以增加这种新潜艇的卖点。1970年8月，里科弗提出将D1W反应堆与"潜艇战术导弹"结合在一起的新潜艇提案，并在8月4日直接致函国会联合原子能委员会主席——资深众议员里夫斯，极力主张发展这种新型快速巡航导弹潜艇。

美国海军的巡航导弹潜艇研究

在里科弗抢先运作后，1970年7月1日新上任的海军作战部长朱姆沃尔特（Elmo R. Zumwalt）从8月中旬起接连启动一系列关于潜射巡航导弹以及巡航导弹潜艇的研究。

朱姆沃尔特首先是在1970年8月15日，指示进行一项新型高速潜艇研究，这种构想中的新潜艇将拥有33～35节的高航速，以鱼雷与导弹（如"潜艇战术导弹"）为武装，并配备相当于"洛杉矶"级的新型声呐。由于新的HY-100与HY-130钢材仍然还不能投入应用，这种新潜艇可能还是必须以HY-80钢材建造，但潜深性能将恢复到"鲟鱼"级的水平，较"洛杉矶"级明显改善。

接着朱姆沃尔特又在1970年9月指示组成一个以考夫曼（Robert Kaufman）将军为首的"过渡型潜射反舰导弹小组"（Submarine-Launched Anti-Surface Ship Interim Missile Ad Hoc Panel），负责评估可用于搭配即将服役的"洛杉矶"级攻击潜艇和具备成本效益的潜射导弹选择。

考夫曼小组考虑到为了同时容纳鱼雷与反舰导弹，应该发展一种壳体更大的新潜艇。由于反潜任务更具价值，潜艇指挥官大多会希望全部鱼雷管随时都装填着鱼雷，以随时应付水下威胁，为了让导弹不与鱼雷抢占鱼雷管，考夫曼小组建议改用专门的垂直发射管来发射新型反舰导弹。如此一来，还能得到额外的附加利益，由于垂直发射管的尺寸比标准的21英寸

下图："洛杉矶"级只被里科弗视为解决潜艇航速问题的短期手段，彻底解决办法，是采用60000匹马力D1W反应堆的另一种潜艇设计。凭借更高的输出与更大的体型，不仅拥有更高的航速，还有提高武器酬载、改进潜深与改善居住性的效益。

鱼雷管更大，可允许导弹采用更大型的发动机，从而提供更长的射程。

在1970年11月提交的最终报告中，考夫曼小组将这种通过垂直发射管发射的新型反舰导弹，称作"潜艇战术反舰武器系统"（Submarine Tactical Anti-ship Weapons System, STAWS）。显然，考夫曼小组提议的"潜艇战术反舰武器系统"导弹实际上就等同于刚开始研发的"潜艇战术导弹"。

接着朱姆沃尔特又在10月1日组织了另一个特设委员会，进一步探讨潜射巡航导弹的角色定位。在这个委员会于11月28日提交的报告中，特别强调了借由"潜艇战术导弹"来执行新的任务：视距外攻击敌人舰艇，来达到区域海洋控制的目的，例如攻击苏联部署在地中海的水面舰行动群。

这个委员会认为，随着苏联反潜能力的改善，未来美国潜艇要以传统鱼雷攻击目标势必将会越来越困难。而配备"潜

下图：到了20世纪60年代末期，苏联海军的反潜能力有了很大的提高，让美国海军潜艇的武器被迫转往巡航导弹发展，以便在苏联反潜圈外发动攻击。图为1967年服役的苏联"莫斯科"号（Moskva）反潜直升机母舰，可以搭载14架以上反潜直升机，显著改善了苏联的远洋反潜能力。

7 "洛杉矶"级的后继者

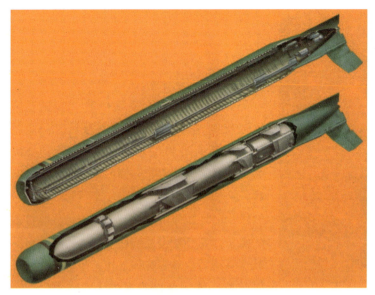

左图：美国海军为求尽快获得潜射反舰巡航导弹，在1971年提出"胶囊型鱼叉"反舰导弹的构想，后来演变为潜射型"鱼叉"反舰导弹。由于"鱼叉"反舰导弹最初并非为了潜射而发展，故弹体无法承受水下发射的水压，比起重新设计强化的弹体，这种外覆耐压外罩的方式是一种相对简单、又能满足水下发射的办法。

艇战术导弹"的新型高速潜艇将解决这个问题。美国海军若能在每支舰队中配属一两艘这种高速巡航导弹潜艇，这种新潜艇将能凭借着高速性能抢占战术位置，迅速应对苏联的水面行动群，还能利用"潜艇战术导弹"的长射程，在苏联水面行动群的反潜圈之外，齐射"潜艇战术导弹"攻击对方目标。

比起弹道导弹式武器，这个委员会则更偏好雷达导引与低空掠海飞行形式的武器。理论上，雷达导引武器可以通过扫描方位线来搜索目标，从而克服初始目标标定数据不够精确的问题。而考虑到要对抗苏联的驱逐舰或小型巡洋舰类型的目标，这种导弹得配备至少1000磅重（454公斤）的弹头。

美国海军除了评估"潜艇战术导弹"之外，接下来负责"鱼叉"反舰导弹发展的海军航空系统司令部（NAVAIR）也被要求展望"鱼叉"反舰导弹的未来发展，并提出新型战术导弹的发展建议。海军航空系统司令部的研究小组在1971年4月提交的报告中，提出了三种潜射导弹建议。

（1）通过垂直发射管发射的"胶囊型鱼叉"反舰导弹。

（2）"鱼叉"反舰导弹的后继型，拥有两倍的酬载，

上图：以"鱼叉"反舰导弹为基础，发展出潜艇用的潜射版本，目的是在最短的时间内，让美国海军潜艇获得一种可用的反舰巡航导弹。

并将射程延长到120～140英里（193～225千米）。

（3）射程1600英里（2576千米）的对陆攻击战略巡航导弹。

其中第（1）个提案中的"胶囊型鱼叉"反舰导弹，被视为是在最短时间内获得潜射巡航导弹的手段；而第（3）个提案，则暂时无法引起美国海军潜艇群体的兴趣，他们认为既有的"北极星"与"海神"（Poseidon）弹道导弹，已能满足战略打击的需求，并怀疑上述巡航导弹能否达到海军航空系统司令部声称的射程。尽管如此，海军航空系统司令部的报告让朱姆沃尔特确信，发展一种长程巡航导弹是可行的，决定进一步朝这个方向发展[1]。

依据1970年底到1971年初的一系列潜射巡航导弹研究，美国海军挑选了两种提案继续发展，在1971年形成了两项平行发展的潜射巡航导弹计划。

（1）"胶囊型鱼叉"反舰导弹。虽然它射程相对较短，但这是可以最快获得的潜射导弹系统，直接由已启动开发的"鱼叉"反舰导弹衍生而来。

（2）由"潜艇战术导弹／潜艇战术反舰武器系统"（STAM/STAWS）导弹计划扩展而来的"先进巡航导弹"

---

[1] 过渡型潜射反舰导弹小组与海军航空系统司令部在1970—1971年提出的巡航导弹发展建议，不同文献的记载有异。本文是引用里察·贝兹（Richard K. Betts）编辑的《巡航导弹：技术、战略、政治》（Cruise Missiles: Technology, Strategy, Politics）（1981）第12章的记载，过渡型潜射反舰导弹小组提议发展"潜艇战术反舰武器系统"，海军航空系统司令部则提议发展"胶囊型鱼叉"反舰导弹。但另一份重要文献肯尼斯·韦雷尔（Kenneth P. Werrell）的《巡航导弹的演变》（The Evolution of the Cruise Missile）（1985）则有着相反的记载，过渡型潜射反舰导弹小组提议发展"胶囊型鱼叉"反舰导弹，海军航空系统司令部则提议发展"潜艇战术反舰武器系统"。

（Advanced Cruise Missile，ACM），射程从140海里（259千米）起，并可延长达到400海里（740千米），除了基本的次音速型外，还考虑延伸发展出超音速型与射程更远的战略型。

美国海军很快就在1972年1月将"胶囊型"的潜射"鱼叉"反舰导弹需求正式列入"鱼叉"反舰导弹开发计划之中，预定1975年服役，作为亚声速"先进巡航导弹"服役前的过渡。至于后者则预定于1979年服役。

先进巡航导弹计划

相较于前身"潜艇战术导弹/潜艇战术反舰武器系统"导弹设定的5~30海里射程，"先进巡航导弹"最初设定的射程是140海里（259千米），一举提高了将近五倍，最终还打算延长到400海里（740千米）。

"先进巡航导弹"预定沿用"鱼叉"反舰导弹的主动雷达终端寻标头，但考虑到"先进巡航导弹"的射程较"鱼叉"反舰导弹高出数倍，飞行时间也更长，在导弹发射后的飞行过程中，目标可能的行驶机动范围也更远。所以"先进巡航导弹"也将修改寻标头、扩展搜索范范围，以防导弹抵达默认目标区、开启寻标头时，目标逸出侦测视野。

较大的问题，在于潜艇如何为"先进巡航导弹"提供远距离外的目标信息。以"先进巡航导弹"最初设定的140海里射程来说，潜艇要以自身的传感器为导弹标定这个射程范围的目标，还是可能的。但是若将射程延长到400海里，那么就得通过高容量数据链从友军获得外部数据的支持，才能标定400海里外的目标。

如同前身的"潜艇战术导弹/潜艇战术反舰武器系统"导弹，"先进巡航导弹"也预定采用独立的发射管来发射，如果硬把"先进巡航导弹"塞进空间有限的鱼雷管中，将会限制"先进巡航导弹"的弹体尺寸，以致影响到性能。"先进巡航导弹"预定采用发射管的尺寸将达到40英寸×360英寸，较

"潜艇战术导弹/潜艇战术反舰武器系统"预定使用的垂直发射管更大,这也反映了"先进巡航导弹"有更长距离的射程。

美国海军规划了三种版本的"先进巡航导弹",除了基本的亚声速型外、还考虑衍生出超声速与战略型两种版本,其中亚声速型与超声速型的最大射程都是400海里(740千米),战略型的射程则可达1800海里(3333千米),三种"先进巡航导弹"版本的基本规格如下表所示。

"先进巡航导弹"的三种备选构型(1971年)

	亚声速型	超声速型	战略型
尺寸	34英寸×336英寸	34英寸×340英寸	34英寸×336英寸
发射重量(磅)	8600	11420	9950
无助推器重量(磅)	6183	7519	—
弹头	1000磅穿甲弹	700磅	260磅
航速(马赫)	0.8	2.0	0.8
射程(海里)	400	400	1800

新型巡航导弹潜艇的设计构想

在"潜艇战术导弹/潜艇战术反舰武器系统"演变为"先进巡航导弹"计划的同时,由海军作战部长朱姆沃尔特召集的特设委员会也研究了与新型导弹搭配的巡航导弹潜艇设计需求。

针对每艘潜艇携带的巡航导弹数量,是以打击一整个苏联水面舰编队来设定。典型的苏联海军水面行动群大致由两艘巡洋舰与6艘驱逐舰组成,若对每一个目标发射2~3枚导弹,则攻击整个编队一共需要16~24枚导弹。而针对单一目标,潜艇武器研究委员会希望潜艇可在不进行重新补给的情况下,实施9~10次攻击,所以须要配备18~20枚导弹,该委员会得出的结论,是每艘潜艇须配备20组巡航导弹发射管。

至于巡航导弹在潜艇上的发射管配置方式,除了垂直发射管以外,其他几种列入评估的发射机构设计都被朱姆沃尔特召

左图：潜艇导弹出水后，很容易便会因此暴露自身位置，因此需要立即以高速脱离发射地点，这也带来提高巡航导弹潜艇航速的要求。

集的特设委员会所否决。

（1）其中包裹在耐压艇壳周围的转轮式（revolver）发射器，由于回转机构可能发生故障，限制了导弹的发展潜力，因而遭到否决。

（2）设置于围壳内、两到三组可重新装填的发射管配置，也因单一阻塞故障就会导致失去发射能力而遭到否决。

（3）以荚舱（pod）形式配置的水平式发射管，则有着无法在潜望镜深度发射，而且会破坏潜艇流线外形、形成噪声源等问题，也遭到否决。

（4）结合鱼雷与导弹的通用发射管因机构过于复杂，且难以在狭小的鱼雷室中搬运沉重的巡航导弹，而被特设委员会拒绝。

特设委员会同意朱姆沃尔特对于更高潜艇航速的要求。如同"洛杉矶"级，对于对抗快速的苏联潜艇来说，速度性能明显是有帮助的。而速度性能对于巡航导弹潜艇这个新角色来说十分具有价值，既可以接近高速的水面目标，也能让潜艇发射导弹后,迅速离开发射地点。潜艇一旦将导弹射出水面,也会暴露自身的发射位置,但如果潜艇拥有足够的高航速,便能在发射导弹后,迅速脱离发射地点,从而避免暴露自身。

除此之外,特设委员会也认为应该恢复"洛杉矶"级设计中所牺牲的潜深性能。潜深性能的价值,在当时越来越受到重视。更大的潜深可以允许更灵活的声呐操作,同时也能让因发射导弹而暴露位置的潜艇有更多的空间供脱逃之用。但要实现潜深性能的改善,涉及的技术面向相当广,需要对于艇壳焊接、渗透性、冷凝器与管线等主要系统部件,进行重新设计。

新型潜艇设计的成形

依据前述要求,美国海军在1971年1月21日发布了新型巡航导弹潜艇确定的概念设计指导方针。由于这种新潜艇同时结合了高航速与搭载大型巡航导弹的需求,可以预料将会引进大型的D1W反应堆来提供动力,而为了容纳这种反应堆,还将采用高达40英尺的艇壳直径规格,相较下,"洛杉矶"级的艇壳直径不过33英尺[1]。

在特设委员会的推荐下,新潜艇将在围壳后方的艇舯部位通过垂直发射管携带20枚"潜艇战术导弹"。在1971年1月这个时间点,"潜艇战术导弹"尚未演变为"先进巡航导弹"计划。艇艏鱼雷室也将携带较"洛杉矶"级更多的鱼雷,整体武器携载量较"洛杉矶"级提升许多。

特别的是,这种新型巡航导弹潜艇是第一种完全以被动式作战而设计的,也就是通过被动声呐在远距离侦测目标,然后完全通过被动方式来进行火控解算,因此在设计上一开始就默认配备拖曳阵列声呐,但也保留了艇艏主动式球形声呐,作为对付不易通过被动声呐捕捉的苏联安静型潜艇的手段。

---

[1] 事实上,新型巡航导弹潜艇的40英尺艇壳直径规格已大于美国海军过去所有的潜艇,仅次于当时正准备开始建造的"三叉戟"弹道导弹潜艇(即后来的"俄亥俄"级,艇壳直径为42英尺)。

为配合"潜艇战术导弹"的射程要求，新潜艇也将引进新的被动侦测技术。美国海军当时既有的被动式水下火控系统受限采用的频率较高，以及有限的增益（gain），侦测距离无法满足"潜艇战术导弹"的射程。于是新型巡航导弹潜艇将引进对单一测距脉冲进行三角测量的"快速被动定位"技术（rapid passive localization），搭配采用作业频率更低、尺寸也更大的平面式阵列，称作"宽孔径阵列"被动声呐，替代以往被动式水下火控系统采用的线型阵列，还结合了以往只被用在艇艏球形声呐的传播作业模式来运作（包括海底反射、水面回波与汇声区等模式）。

"快速被动定位"技术的运作原理与被动式水下火控系统相似，都是通过散布在潜艇外壳上的多组被动接收阵列，对于目标潜艇发出的声音信号进行三角测距，进而快速计算出目标距离，作业效率远高于另一种常用的被动测距技术——"目标动态分析"。"目标动态分析"必须持续监听目标一段时间，才能通过敌我双方相对运动的方位变化，计算出目标距离，作业速度十分缓慢。而"快速被动定位"技术与被动式水下火控系统理论上可以瞬时完成测距计算。

以往使用的被动式水下火控系统受接收阵列基线长度的限制，只适用于近距离目标。而"目标动态分析"可以将测量基线拉长到数个艇身长度以上，从而对远距离目标测距。而"快速被动定位"技术则通过引进尺寸更大、增益更高、测量基线也更长的宽孔径阵列被动声呐，搭配更低的作业频率，以及多种远距离传播作业模式，从而能大幅延伸侦测距离，兼有被动式水下火控系统的快速定位，以及"目标动态分析"的远距离侦测双重优点，堪称一种革命性的水下侦测系统。

正是通过引进"快速被动定位"技术与宽孔径阵列被动声呐，才让反潜版"潜艇战术导弹"这种长程反潜武器的应用成为实际可行的构想。宽孔径阵列被动声呐也能够侦测远距离外

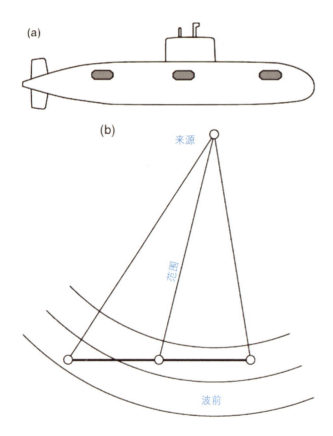

上图：快速被动定位技术图解。

（a）布置于艇壳外侧的三组以上的宽孔径阵列被动声呐。

（b）比对各接收阵列接收到同一声音来源的信号到达时间差，通过类似三角测量的波前圆弧测距法（wave front curvature），假设声音波前为圆弧形，然后求出圆心的距离，也就是声音源的位置。

的水面舰艇，有效距离甚至可能超过"潜艇战术导弹"的射程极限。

美国海军当时已经展开宽孔径阵列被动声呐的初步测试。1967年，在塞内卡湖（Lake Seneca）测试场的模拟潜艇上，安装了单一阵列板进行测试。接着在1970财年计划中，又在"喙鲈"号（Baya AGSS-318）试验潜艇上成功测试了宽孔径阵列被动声呐。而新型巡航导弹潜艇则预定成为第一种部署宽孔径阵列被动声呐的作战型潜艇。

先进性能高速攻击潜艇计划

经过几个月的概念设计工作后，美国海军在1971年4月16日发布了新型巡航导弹潜艇的基线设计（baseline design），稍后这种新潜艇被命名为"先进性能高速攻击潜艇"（Advanced Performance High-Speed Attack Submarine, APHNAS），以便与被称为"高速核攻击潜艇"的"洛杉矶"级区分。

"洛杉矶"级在当时已经是体型空前庞大的大型攻击潜艇，而"先进性能高速攻击潜艇"的体型又比"洛杉矶"级还要大上许多，长度与直径分别比"洛杉矶"级扩大29%与21%，排水量更大了将近一倍。最关键的"潜艇战术导弹"，是配置于指挥塔围壳后方艇舯部位，位于指挥舱与反应堆舱之间的"蜂腰式"舱段内，舱段内设置了20组垂直发射管，分为4排，每排5组发射管，这个垂直发射管舱段为双壳构造，耐压壳为收缩的蜂腰形式，外面再包覆外壳，可为舱段内携带的导弹提供较佳的保护，同时内、外壳之间的空间也为宽孔径阵列被动声呐的布置提供了必要的空间。

在"先进性能高速攻击潜艇"的概念研究阶段，美国海军考虑采用不同构型的变形设计，包括改用HY-100钢材取代原本使用的HY-80钢材，采用艇艏水平舵取代原本的围壳水平舵，省略宽孔径阵列被动声呐，以及改用不同的导弹酬载等。

海军资材局在1971年6月26日向海军作战部长朱姆沃尔特提交了"先进性能高速攻击潜艇"报告，稍后这项计划在8月3日提交给海军作战部长执行委员会（CNO Executive Board）讨论，紧接着在8月18日，海军作战部长朱姆沃尔特正式要求开始"先进性能高速攻击潜艇"的预备设计。由于"先进性能高速攻击潜艇"是以携带巡航导弹为目的，所以后来也被称作"巡航导弹潜艇"（Cruise Missile Submarine，CMS）。

朱姆沃尔特虽然认为美国海军有必要至少建造数艘"先进性能高速攻击潜艇"，但这种潜艇实在过于昂贵。朱姆沃尔特担心，在里科弗的运作下，原本只预定少量建造的"先进性能高速攻击潜艇"可能会演变为大量建造的标准量产型潜艇，以至重演几年前的历史——原本只预定建造一艘原型艇的D1G反应堆高速潜艇，最后却变成新的标准型攻击潜艇。

"先进性能高速攻击潜艇"与"洛杉矶"级对比（1971年4月）

规格	APHNAS	"洛杉矶"级
全长(ft)	472	366
直径(ft)	40	33
水面排水量	12075	6105
潜航排水量	13649	6927
平均吃水深(ft)	32.8	27.2
预备浮力	13%	13.5%
乘员配置 军官／士官／士兵	12/15/84	12/12/84

下图为"先进性能高速攻击潜艇"草图。指挥塔围壳后方的艇舯部位,设有20组"潜艇战术导弹"用的垂直发射管,艇艏则配备4具21英寸鱼雷管,主要通过艇壳外侧的宽孔径阵列被动侦测与接战目标,但艇艏也保留了主动球形声呐的配置,以应付那些难以通过被动声呐捕捉的安静型潜艇。整体构造上较特别之处,是配置"潜艇战术导弹"的垂直发射管舱段部位,采用了双壳构造,耐压壳呈收缩的"蜂腰"状,再包覆非耐压得外壳,可为导弹提供较佳的保护,同时内、外艇壳之间的空间也能用于容纳船舯的宽孔径阵列被动声呐。

由于朱姆沃尔特的疑虑,让"先进性能高速攻击潜艇"计划陷入了困境。朱姆沃尔特在1971年9月指示海军作战部长办公室辖下的系统分析分部(Op-96),指导一项针对未来20年潜艇部署需求的总体研究。这项研究采用了类似先前"概念形成"计划中的折中权衡方法,比较了"鲟鱼"级、"洛杉矶"级与"先进性能高速攻击潜艇"等三种潜艇的效益。值得注意的是,这项研究中,特地将"鲟鱼"级这种已进入生产末期的潜艇也列入比较范围,暗示了朱姆沃尔特可能隐藏的企图——有意回头建造较便宜的"鲟鱼"级(或同等级的低价潜艇),以减少采购昂贵的"洛杉矶"级而造成的潜艇产量损失,至于"先进性能高速攻击潜艇"则不被放在心上。

著名海军专家弗里德曼(Norman Friedman)认为,朱姆沃尔特在这项研究中,是想让先前在1968年决定以"洛杉矶"级取代"鲟鱼"级时便已确定的政策方向能重新生效,使得"洛杉矶"级计划能顺利地继续进行。通过系统分析分部来主持与主导这项研究,将能让"先进性能高速攻击潜艇"吸引众多的批评炮火,从而让"洛杉矶"级计划得以避开外界的非

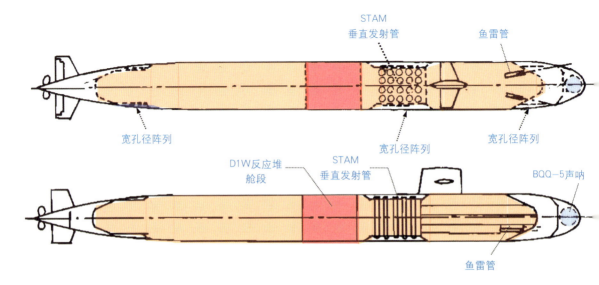

议。事实上，朱姆沃尔特在出任海军作战部长之前，上一个职位正是系统分析分部主任，系统分析分部都是他的老班底，因而能按照他的想法行事，但海军内部的潜艇群体仍有人支持"先进性能高速攻击潜艇"，认为D1W这类大型动力装置可以为潜艇提供足够的额外航速，从而回避苏联鱼雷攻击，然后以自身鱼雷回击。更进一步，若最大航速越高，则潜艇能够有效使用声呐的战术航速（tactical speed）也越高。

除此之外，更大型的潜艇也能容纳宽孔径阵列被动声呐这类新型声呐，进而让美国潜艇在面对更安静的苏联潜艇时，也能重新获得和对抗苏联潜艇的远程打击能力。最后，"先进性能高速攻击潜艇"预定配备的"潜艇战术导弹"能提供有价值的崭新能力，特别是在对抗持续增长的苏联水面舰队方面。

在系统分析分部主持的这项未来潜艇需求研究中，不寻常地在每一份研究报告复本中都附上了他们的评论，以驳斥"先进性能高速攻击潜艇"支持者在研究中的论点。系统分析分部选择了以反潜战作为他们的评论重点，并在评估中排除了"潜艇战术导弹"的作用。他们认为，就反潜战而言，没有任何理由能证明一艘14000吨的潜艇是正当必要的。

系统分析分部还指出，现有"洛杉矶"级的改进型也有潜力配备宽孔径阵列或拖曳阵列声呐等"先进性能高速攻击潜艇"预定引进的新装备。系统分析分部自身预估，若为"洛杉矶"级引进宽孔径阵列被动声呐，可望让反潜效能提高35%之多，从而满足未来的潜艇作战需求，而不是非得需要"先进性能高速攻击潜艇"这种昂贵的新潜艇不可。

系统分析分部指出，这项研究中期望"先进性能高速攻击潜艇"通过高航速来规避敌方鱼雷攻击，同时发射鱼雷反击对手，是不太现实的设想。固然"先进性能高速攻击潜艇"这种大型潜艇可以凭借着高航速规避敌方鱼雷攻击而生存，但规避机动的同时也会折断自身鱼雷的导线，以致无法反击敌方潜艇。除此之外，"先进性能高速攻击潜艇"庞大的艇体，也更

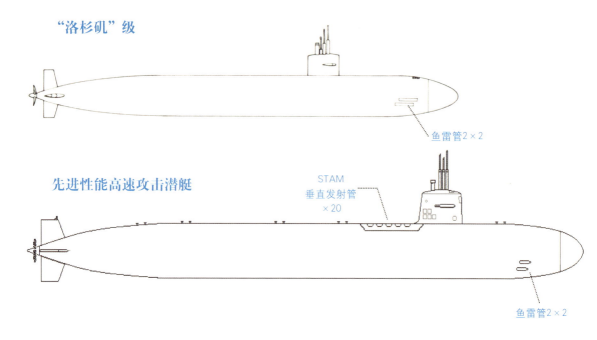

容易为敌方的主动声呐侦测,美国海军认为,苏联潜艇更可能主要通过主动声呐来探测目标,而非被动声呐。

"先进性能高速攻击潜艇"的支持者与反对者

比起更高的航速或是配备宽孔径阵列等新型声呐,"先进性能高速攻击潜艇"的优点是可以搭载"潜艇战术导弹"。

然而,"潜艇战术导弹"虽然能提供让人极感兴趣的新作战能力,但这不意味着为了应用这种导弹,便需要建造一种全新的潜艇。

有一些人怀疑,"潜艇战术导弹"是刻意将尺寸放大到超过标准鱼雷管的尺寸,以致只能由新的大型潜艇来携带,如此一来,又需要新的大型反应堆来驱动这种新潜艇,也就是说,"潜艇战术导弹"、新的大型巡航导弹潜艇与里科弗推动的D1W反应堆彼此捆绑在一起。就里科弗来说,的确需要"潜艇战术导弹"这种新的作战应用,才能证明发展潜艇版D1W反应堆的高昂成本是合理的;反过来说,对于支持"潜艇战术导

7 "洛杉矶"级的后继者

弹"的人，里科弗的支持将能带来很大的帮助。

于是"潜艇战术导弹"的支持者以及希望推动D1W反应堆潜艇版的里科弗，在"先进性能高速攻击潜艇"上找到了共同利益，成为"先进性能高速攻击潜艇"计划主要的支持力量。

里科弗在1971—1972年间不断向国会议员游说，强调"先进性能高速攻击潜艇"与"潜艇战术导弹／先进巡航导弹"（STAM/ACM）的巨大价值。在1971年3月10日的国会联合原子能委员会中，里科弗解释了"先进性能高速攻击潜艇"的价值："巡航导弹将为潜艇的攻击能力提供一个全新的维度。从本质上，无论敌方的速度与战术如何，美国潜艇都有能力迅速做出反应，依潜艇自身的条件来接战，并依此主动行动，直到每个单位成功攻击为止。这种先进高性能核攻击潜艇的存在，将对任何海上力量的海军与商船构成威胁。"

"这种潜艇也可以在高速航空母舰特遣部队前方执行护航作战，清除海域中的敌方导弹舰艇……作为战斗舰艇或商船的护航时，这种先进高性能潜艇可以独立作战，或是与其他护航舰艇协同。"

"除了具备远超过美国现役或计划发展中其他平台的反舰能力外，先进高性能潜艇还拥有至少与SSN-688级潜艇同等强大的反潜能力；它有能力侦测与攻击潜航的潜艇……这种新潜艇完全有能力在海上对抗苏联最先进反潜部队时生存。"

里科弗的结论是："先进性能高速攻击潜艇"将是一种真正的"全能型潜艇"（submarine for all seasons）。

一年后，里科弗在1972年5月10日的参议院拨款委员会听证会上，更进一步向议员们宣称"先进性能高速攻击潜艇"计划"是海军必须从事的最重要单一计划"。

不过里科弗在海军内并不是受欢迎的人物，因此他企图通过支持"潜艇战术导弹／先进巡航导弹"计划，进而把海军预算挪到"先进性能高速攻击潜艇"项目上的建议，也与海军作战部长朱姆沃尔特出现了摩擦。朱姆沃尔特虽然同意让"先进

对页图："洛杉矶"级与"先进性能高速攻击潜艇"尺寸对比。

"先进性能高速攻击艇"体型较"洛杉矶"级更大，长度与直径分别比"洛杉矶"级大了29%与21%，排水量则为"洛杉矶"级的两倍，但凭借60000匹马力级的D1W反应器。仍可拥有33～35节航速，速度还在"洛杉矶"级之上，并可提供较"洛杉矶"级更大的潜深性能，且曾考虑采用强度更高的HY-100钢板建造。"先进性能高速攻击潜艇"同样也装备4具鱼雷发射管，但鱼雷室可搭载的鱼雷数量比先前的攻击潜艇更多，指挥塔围壳后方的船壳还设有20管"潜艇战术导弹"用的垂直发射管，整体武器酬载能力远高于美国海军先前的攻击潜艇。

"连消带打"的鱼雷回避与反击战术

上图：美国与苏联海军的潜艇战术运用中，都有遭遇敌方潜艇先制鱼雷攻击时回射鱼雷反击的战术。

在"先进性能高速攻击潜艇"计划中，这项计划的支持者提出，"先进性能高速攻击潜艇"可以凭借高航速回避敌方鱼雷攻击，同时发射鱼雷反击。这是一种遭到敌方潜艇发射鱼雷攻击时，急速回射鱼雷反击对手的战术。

一般来说，当潜艇遭到对手先制发射鱼雷攻击时，典型的应对措施是发射诱饵干扰来袭鱼雷、同时采取回避机动。但除此之外，还有一种利用来袭鱼雷的噪声航迹化解敌方攻击，同时进行反击、"连消带打"的战术。

理论上，一枚高速鱼雷产生的噪声脉冲航迹（noise strobe），会直接指向发射鱼雷的潜艇，所以目标潜艇可以朝着来袭鱼雷的噪声脉冲航迹方向，"急速发射"（snap shoot）一枚鱼雷回击对方。即使这枚回击鱼雷无法命中攻击者，至少也能迫使攻击者不得不回避这枚回击的鱼雷，而当攻击者进行回避机动时，很可能会折断原先用于攻击目标潜艇的鱼雷导线，从而让目标潜艇逃脱攻击。

但另一方面，通过线导控制可以让鱼雷采取迂回转折的航线航向目标，如此一来，鱼雷产生的噪声脉冲航迹就不会直接朝向发射鱼雷的潜艇，而会有所偏离，因而也会让急速回射鱼雷反急战术失效。美国海军作战部长办公室的系统分析部在批评"先进性能高速攻击潜艇"计划时，便以此指责这种回击战术不甚实用。

除了美国海军外，苏联海军也有类似的回射鱼雷反击战术。苏联解体后，苏联海军官员曾对外透露，当潜艇遭遇敌方先制攻击时，标准的对抗战术，是朝向来袭鱼雷的噪声脉冲航迹方向，急射两枚核弹头直航鱼雷，以迫使攻击者采取回避，苏联海军甚至将这种回击用鱼雷专门称作"大型回避鱼雷"（lager evasion torpedoes, BGT）。意指这种鱼雷的目的，是迫使对手采取回避。

性能高速攻击潜艇"进入预备设计，但他与同僚们对于"先进性能高速攻击潜艇"计划有许多疑虑。

（1）"先进性能高速攻击潜艇"非常昂贵，朱姆沃尔特担心若是让"先进性能高速攻击潜艇"这种大型导弹潜艇投入大量建造，将会耗用大量的造舰预算。但如同朱姆沃尔特的担忧。后来在1972年8月提出的估算显示，"先进性能高速攻击潜艇"的首艇建造成本将达到5～6亿美元，后续艇的成本也达到3～4亿美元。作为对照，1974财年编列采购5艘"洛杉矶"级的总费用不过9亿美元（平均每艘1.8亿美元）。也就是说，"先进性能高速攻击潜艇"的单位成本比"洛杉矶"级高出66%到两倍以上。

原本"洛杉矶"级就因为高昂的成本而颇遭诟病，单位成本远高于上一代的"鲟鱼"级，但"先进性能高速攻击潜艇"却又比"洛杉矶"级还贵上两倍。如果推动"先进性能高速攻击潜艇"建造计划，预期将会耗用掉美国海军非战略性造舰与改建经费的20%，总金额几乎等同于昂贵的"三叉戟"弹道导弹潜艇计划，将极大地占用美国海军的造舰经费资源。

（2）朱姆沃尔特是继1955—1961年担任海军作战部长的伯克之后，10年以来仅有的一位水面舰艇出身的海军作战部长。与多数航空母舰单位出身的海军作战部长不同，朱姆沃尔特希望让巡洋舰与驱逐舰等水面舰以及潜艇都具备攻势打击作战能力。

自第二次世界大战以来，到朱姆沃尔特接任海军作战部长的20世纪70年代初期为止，美国海军的传统打击力量一直由大型航空母舰上的舰载飞机所构成。而巡洋舰、驱逐舰等水面舰以及攻击潜艇都没有远距离的攻势打击能力。于是朱姆沃尔特提倡将当时刚开始研发的"鱼叉"反舰导弹以及规划中的"先进巡航导弹"与其他中长程巡航导弹，部署到水面舰与潜艇上，赋予这些平台远距离打击能力。

而这样的构想，则与里科弗形成了对立——朱姆沃尔特

上图：围绕在"先进性能高速攻击潜艇"与"潜艇战术导弹／先进巡航导弹"间的争议，只是朱姆沃尔特与里科弗两人诸多冲突中的一环。由于建军理念不同，20世纪70年代初担任海军作战部长的朱姆沃尔特（左），与长期主宰核动力系统发展的里科弗（右），在多项计划中都彼此掣肘，如朱姆沃尔特取消了里科弗大力推动的"先进性能高速攻击潜艇"与"潜艇战术导弹／先进巡航导弹"，但在里科弗运作下，朱姆沃尔特主导的制海舰（SCS）轻型航空母舰也遭国会否决。

希望将巡航导弹普遍配备各式舰艇平台，而里科弗则主张由"先进性能高速攻击潜艇"这种高性能大型潜艇来作为巡航导弹平台。

在对立的情势下，里科弗积极的推动手段，给"先进性能高速攻击潜艇"与"潜艇战术导弹／先进巡航导弹"计划带来不利影响。在海军部提出的1973财年预算中，只分配给"潜艇战术导弹／先进巡航导弹"计划400万美元经费，而潜射型"鱼叉"反舰导弹计划则得到1600万美元。

而到了1972年时，一连串外在形势的变化，最终瓦解了"先进性能高速攻击潜艇"的支持力量。

政策的转向——战略巡航导弹的兴起

美国海军虽然在20世纪60年代末恢复了中断已久的巡航导弹研发，但发展方向集中在战术性巡航导弹。到1972年为止，美国海军推出的巡航导弹计划,包括"潜艇战术导弹/潜艇战术反舰武器系统""先进巡航导弹""鱼叉"反舰导弹等,全都是反舰、反潜等战术用途,与20世纪50年代那些携带核弹头的战略巡航导弹有着本质上的区别。

不过随着美国与苏联从1969年11月展开第一轮战略武器限制谈判(Strategic Arms Limitation Talks, SALT),预定对潜射弹道导弹作出限制,这也让战略性巡航导弹再次受到重视,被视为回避限武协议的手段。

事实上,海军作战部长办公室所属的系统分析分部,在1971年时便曾建议将无法升级配备"海神"潜射弹道导弹的旧型"北极星"弹道导弹潜艇改装为巡航导弹潜艇,改装后可搭配一种射程2600海里的战略巡航导弹,利用"北极星"弹道导弹发射管发射(每管配备8枚)。这种巡航导弹还有一种1600海里射程的水面舰用版本,可利用"狻犬"导弹发射器发射。但为避免影响到正准备开始部署的"海神"导弹计划,这些建议的优先性相当低,并未落实为实际的计划。

不过当战略武器限制谈判逐渐接近签约阶段,形势也开始有所转变,当时的国防部长莱尔德(Melvin Laird)在1972年1月向国防研究工程总监发出一份备忘录,指示可在1972财年预算中追加经费,以便让海军启动一项"战略巡航导弹"(Strategic Cruise Missile, SCM)开发案,作为补充性的战略核武力量。

尽管海军作战部长朱姆沃尔特在预算编列上,仍旧以潜射型"鱼叉"反舰导弹为优先,但种种迹象显示,战略巡航导弹的发展已经进入国防最高层的视野。

经过两年半的谈判后,美苏双方终于在1972年5月26日正式签订"第一阶段限武条约"(Strategic Arms Limitations Treaty, SALT I)。由于条约限制北约与美国海军保有潜射弹道导弹潜艇不得超过50艘,导弹发射器总数不得超过800具,这意味着必须将装备"北极星"弹道导弹的旧型弹道导弹潜艇退

右图：美国总统尼克松与苏联总书记勃列日涅夫（Leonid Brezhnev）于1972年5月26日在莫斯科签订"第一阶段限武条约"。除了缓和世界局势外，这也促进了美国的巡航导弹发展，以此为契机，诞生了著名的"战斧"导弹。图为尼克松与勃列日涅夫签约后，交换签约用笔留念的情形。

役，才能让规划中的"三叉戟"弹道导弹潜艇进入服役，借以维持潜射弹道导弹发射器总数不变。不过条约并未涵盖吸气式的巡航导弹，因此巡航导弹便被视为一个规避"第一阶段限武条约"限制的突破点[1]。

于是在"第一阶段限武条约"签订过后数周，国防部长莱尔德向国会要求用于战略武器开发的13亿美元额外拨款，声称这有助于在与苏联的下一轮限武谈判中增加美方的谈判筹码。

莱尔德的要求获得参谋首长联席会议以及参议院中对"第一阶段限武条约"持批评态度的保守派议员支持。这13亿美元额外经费，主要被分配给B-1"枪骑兵"（Lancer）轰炸机与"三叉戟"弹道导弹潜艇两大新型战略武器开发。但美国海军说服了莱尔德，指出巡航导弹可以相对较低的成本获得一种兼具战术与战略用途的新武器，故海军也得到2000万美元经费，用于启动战略巡航导弹计划。

---

[1] 苏联自身已拥有大量现役的核弹头巡航导弹，故在"第一阶段限武条约"谈判中避开了这个领域，以免自缚手脚。

潜射战略巡航导弹计划

签订"第一阶段限武条约"后,政治氛围逐渐有利于美国海军发展巡航导弹,巡航导弹除了可以作为规避"第一阶段限武条约"的手段外,也能向拥有大量巡航导弹装备的苏联做出正面的响应。

此时美国政府高层已经注意到,苏联拥有大量配备巡航导弹的潜艇,尽管这些潜艇与其配备的导弹,多是20世纪50年代落伍技术的产物,且属于短程战术性武器,但也有部分极具威胁的新系统。例如不久前,西方情报单位确认苏联海军已布署了第一种可由潜艇水下发射的反舰巡航导弹P-70"紫水晶"(Ametist)[北约与美军给予代号为SS-N-7"星光"(Starbright)],极大地影响了此后的美国海军部署与战术[1],从而刺激美国政界,同意让美国海军也发展同类的潜射巡航导弹系统。

美国海军的巡航导弹支持者们为争取更多政治支持,还把这种新武器的名称从"潜射巡航导弹"(Submarine-Launched Cruise Missile,SLCM)改为"海射巡航导弹"(Sea-Launched Cruise Missile,缩写同样是SLCM),借以强调这种导弹同时适用于潜艇与水面舰,具高弹性部署能力,可对苏联空防形成极大压力。

下图:1972年5月签订的"第一阶段限武条约"限制美军所能保有的洲际弹道导弹(Intercontinental Ballistic Missile, ICBM)与潜射弹道导弹(Submarine-Launched Ballistic Missile, SLBM)的发射器数量,要让新弹道导弹服役,就得让同等(发射器)数量的旧导弹退役。但"第一阶段限武条约"并未涵盖巡航导弹,所以携带核弹头的战略巡航导弹便被视为一个不受条约限制的核打击手段,极大推动了美军巡航导弹的发展。图为"三叉戟"I型潜射弹道导弹首次试射镜头。

[1] 1972年5月,美国海军在地中海观察到一艘苏联661型潜艇[北约代号"帕帕"级(Papa Class)]K-313号进行了P-70"紫水晶"反舰导弹发射训练后,认识到地形复杂、利于潜艇隐藏的地中海,是极有利于苏联这型潜艇的战场,不得不大幅变更了此后航空母舰特遣舰队的部署方针。

海射巡航导弹的发展路线选择

美国海军一开始对"海射巡航导弹"仍未形成明确的整体构想,一共考虑了4种部署方式。

(1) 利用"北极星"/"海神"弹道导弹潜艇原有的潜射弹道导弹发射管垂直发射。

(2) 利用核动力攻击潜艇的鱼雷管水平发射。

(3) 以弹道导弹潜艇的鱼雷管水平发射。

(4) 利用一种全新巡航导弹潜艇(即"先进性能高速攻击潜艇")的垂直发射管发射。

莱尔德与国防部长办公室较中意第1种,海军作战部长朱姆沃尔特倾向第2种,以里科弗为首的潜艇派则支持第4种。

除不同的发射平台与发射机制外,海军还评估了5种不同型号的巡航导弹,其中3种采垂直发射,直径从19英寸到36英寸,发射重量则从1850磅到8350磅不等。另两种则为直径19英寸、外覆耐压"胶囊"外罩的形式。

美国海军稍后还评估了多种垂直发射型的提案,这些提案分为两大类:一类为利用"北极星"/"海神"弹道导弹的发射管直接发射,共有5家厂商的提案,每组发射管可容纳3枚巡航导弹;另一类为外覆耐压"胶囊"外罩的垂直发射导弹,亦有5家厂商提案,视不同方案可在每组发射管中容纳3~6枚导弹。

这两类垂直发射方案虽都采用垂直发射,但前一类是让导弹直接从发射管射入水中,故导弹外壳须具一定耐压能力,这会增加弹体重量,但发射程序较简单。后一类导弹则有专门的耐压用"胶囊"外罩,待飞离水面后,再将"胶囊"外罩抛掉,所以导弹本体的外壳不须具备耐压能力,可减轻弹体重量,但发射时会多出一个弹体与"胶囊"分离的程序。

美国海军在1972年中逐渐确定了选择范围,国防部在这一年6月2日批准了"海射巡航导弹"计划,海军也在同年11月确

7 "洛杉矶"级的后继者

认了基本构型，放弃了先前考虑的4种发射平台，决定发展一种不受发射平台限制的新导弹。

美国海军要求"海射巡航导弹"拥有广泛的发射器适应能力，可适用水面、水下、空中等不同发射平台。最初构想的"海射巡航导弹"部署方式则有两种，第1种是由潜艇发射，第2种是由水面舰艇发射。其中在潜艇平台方面，国防部与国会曾提议将8艘已退役的"北极星"弹道导弹潜艇改装为"海射巡航导弹"发射平台，每组"北极星"弹道导弹发射管可安装4~7枚垂直发射型"海射巡航导弹"。不过由于这个计划耗资庞大（近20亿美元），但这8艘潜艇剩余寿命又有限，此方案被美国海军所拒绝。国防部最终决定将"海射巡航导弹"配备到现役攻击潜艇上。

而在潜艇的"海射巡航导弹"部署模式方面，海军作战部长朱姆沃尔特一直倾向于鱼雷管发射模式，这是部署门槛最低的一种模式，可以将"海射巡航导弹"普遍配备于所有潜艇上，既无须大规模改装潜艇，也无须发展专门的导弹发射器。

稍早的1972年1月，朱姆沃尔特批准了通过鱼雷管发射的"胶囊型""鱼叉"反舰导弹提案，于是在"海射巡航导弹"的潜射模式上，美国海军最终选择了同样的鱼雷管发射模式，以便所有现役潜艇都能作为"海射巡航导弹"发射平台，但这也会将导弹尺寸限制在直径21英寸、长246英寸的鱼雷管空间内，允许的重量上限则为4200磅。尽管如此，美国海军认为这样的尺寸规格已足以满足"海射巡航导弹"的性能需求，这条发展路线最终的成果便是日后的"战斧"（Tomahawk）巡航导弹。

上图：美国海军评估了各种不同的潜艇发射与部署模式后，最后选择让"战斧"导弹采用鱼雷管发射，以便将"战斧"导弹普遍部署于所有潜艇上。图为"盐湖城"号（USS Salt Lake City SSN-716）鱼雷室中的"战斧"导弹，绿色的容器为"战斧"导弹的耐压外罩（弹锥的白色护套会在发射前移除）。

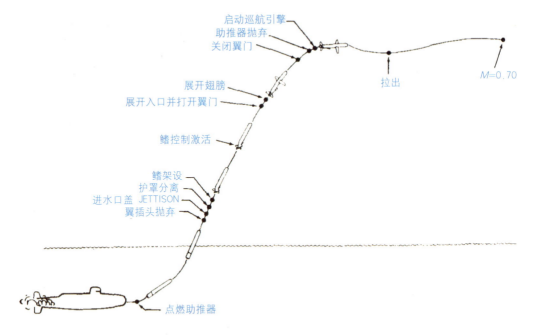

"海射巡航导弹"取代"潜艇战术导弹"计划

当"海射巡航导弹"计划获准后,也让已经推动了3年时间的"潜艇战术导弹/先进巡航导弹"计划陷入尴尬的局面。两者虽然都属于巡航导弹,但"海射巡航导弹"具备战略价值,能作为影响美苏战略核武谈判的筹码,因而能获得政治高层支持,优先性更高,而且适用性更广,可部署在多样化平台上。更进一步,"海射巡航导弹"除了战略用途以外,也有衍生发展出战术用途版本的潜力,从而取代"潜艇战术导弹/先进巡航导弹"的角色。

而"潜艇战术导弹/先进巡航导弹"基本上是战术性武器,而且只适用于"先进性能高速攻击潜艇"这一种平台,各方面的价值都不如"海射巡航导弹",最终遭到放弃。

美国海军取消"潜艇战术导弹/先进巡航导弹"计划还有一个附带效益——可借此排挤掉里科弗昂贵的"先进性能高速攻击潜艇"计划。"先进性能高速攻击潜艇"的主要用途与价值是携带"潜艇战术导弹/先进巡航导弹"导弹,一旦"潜艇战术导弹/先进巡航导弹"导弹遭到取消,那么"先进性能高速攻击潜艇"也没有必要存在。

于是在"潜艇战术导弹/先进巡航导弹"计划遭到放弃的同时,朱姆沃尔特在1972年后期取消了"先进性能高速攻击潜艇"计划,并终止了里科弗的潜艇型D1W反应堆研发计划。

但朱姆沃尔特仍认可"潜艇战术导弹/先进巡航导弹"这种潜射战术性巡航导弹的价值。无论是"潜艇战术导弹/先进巡航导弹",还是射程较短的"胶囊型鱼叉"反舰导弹,都能提供十分吸引人的能力,可在敌方水面舰队的有效反潜距离外,让己方潜艇发动攻击。于是朱姆沃尔特指示将进行中的战术巡航导弹计划(包括"潜艇战术导弹/先进巡航导弹"以及"鱼叉"反舰导弹增程型等)都整合到"海射巡航导弹"计划中,在原本的战略用途"海射巡航导弹"之外,延伸发展出战术用途版本的"海射巡航导弹"。

美国海军声称,战术版与战略版"海射巡航导弹"之间,可具备85%的共通性,主要差别在于导引系统与弹头形式不同,配备核弹头的战略版"海射巡航导弹"可作为补充性的战略打击武器;配备传统弹头的战术版"海射巡航导弹"则取代了"潜艇战术导弹/先进巡航导弹",作为潜艇的远距离反舰武器。

对比之下,直径36英寸(914.4毫米)、总重超过8000磅(3632公斤)的"潜艇战术导弹/先进巡航导弹",比起受到21英寸(533毫米)鱼雷管限制的"海射巡航导弹",理论上拥有更大的发展潜力,但"海射巡航导弹"不受平台限制的通用部署能力,足以抵消这个不足,运用弹性远大于"潜艇战术导弹/先进巡航导弹"。朱姆沃尔特稍早核准开发的"胶囊型"潜射"鱼叉"反舰导弹,同样也是采用鱼雷管发射模式,由此可见朱姆沃尔特对于通用部署能力的重视。另一方面,即使受到21英寸鱼雷管的限制,但"海射巡航导弹"也能在这个尺寸

对页图:潜艇从鱼雷管发射"战斧"导弹的程序。

潜射型"战斧"导弹平时收纳在钢制的耐压胶囊外罩内,装填进鱼雷管后,在发射前需要20分钟的准备程序,用于校准导引系统,并检查导弹系统。然后让鱼雷管注水,待鱼雷管压力与外部水压相等时,开启鱼雷管外膛门,接下来鱼雷管的液压机构将"战斧"导弹推送出鱼雷管。当导弹离开潜艇约30英尺距离后,通过一条挂绳点燃助推器,并借由助推器喷嘴的4组燃气舵控制推力方向,将导弹以每秒75英尺的速度推送出水面。待导弹冲出水面后,先后将覆盖在弹翼收纳槽与进气口的护盖,以及耐压胶囊外罩抛离,随后将折叠的尾鳍、进气口与弹翼依序展开,助推器则在12秒内燃毕抛离。此时"战斧"导弹弹体已被推送到1100~1300英尺高的空中,接着便利用燃气罐来点燃与启动巡航用涡轮扇发动机,为进入巡航的"战斧"导弹提供动力。

"洛杉矶"级攻击型核潜艇

下图:"战斧"导弹最初的开发目的,是携带核弹头执行战略打击任务,不过美国海军作战部长朱姆沃尔特在1972年11月指示发展"战斧"导弹的战术用途版本,先后衍生出配备半穿甲弹头的反舰型以及配备传统高爆弹头的陆攻型,从而取代了稍早的"潜艇战术导弹/先进巡航导弹"计划。

下,提供足够的性能。

而在以"海射巡航导弹"取代"潜艇战术导弹/先进巡航导弹"之后,也让美国的潜射巡航导弹应用形态,从专门的巡航导弹潜艇路线(如"先进性能高速攻击潜艇"或改装的"北极星"弹道导弹潜艇),改为所有潜艇均可配备的通用部署路线。

不过,"潜艇战术导弹/先进巡航导弹"导弹的故事并没有就此结束。如同前面提到的,"潜艇战术导弹"计划最初的设定,是一种反舰与反潜双重用途武器。而"海射巡航导弹"

导弹特点

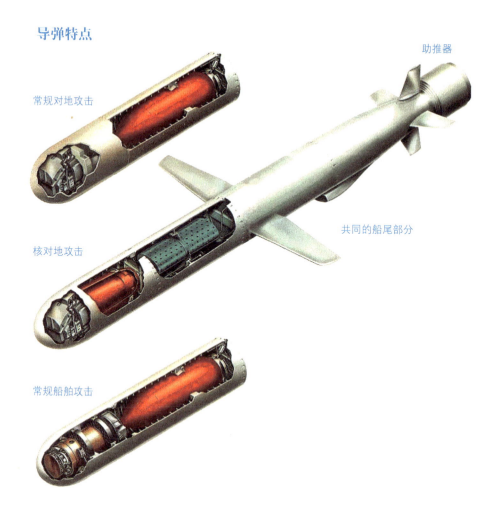

常规对地攻击

核对地攻击

常规船舶攻击

助推器

共同的船尾部分

7 "洛杉矶"级的后继者

的战术用途版本只能满足当初"潜艇战术导弹"计划中的反舰角色,不能涵盖"潜艇战术导弹"的反潜角色,而若没有反潜型的"潜艇战术导弹",也会让"潜射反潜火箭"后继无人。

于是美国海军在20世纪70年代末期,另外启动了一项"反潜距外武器"(AWS Stand-Off Weapon,ASW-SOW)计划,波音公司在1982年获得这项计划的开发合约,后来演变为"海长矛"(Sea Lance)反潜导弹计划。

当初"潜艇战术导弹"计划提出的新世代潜艇导弹系统构想,至此也都有了后继者,"潜艇战术导弹"的反舰型由潜射型"鱼叉"与潜射型"战斧"接替;"潜艇战术导弹"的反潜型则由"海长矛"导弹继承。

"洛杉矶"级潜艇与"海射巡航导弹"

美国海军确认"海射巡航导弹"必须兼容于21英寸鱼雷管发射之后,只是让潜艇获得"海射巡航导弹"运用能力的第一步,接下来还须克服两个困难,才能让潜艇发挥"海射巡航导弹"的效能。

(1)远距离目标的探测问题。潜艇必须拥有超地平线的远距离目标标定能力,才能发挥"海射巡航导弹"的射程。

(2)武器携载数量问题。"海射巡航导弹"可兼容于21英寸鱼雷管,虽然带来可直接使用鱼雷管发射的便利性,但也带来抢占潜艇鱼雷室携载空间的副作用,会影响潜艇携带鱼雷的数量。

◆ 超地平线目标标定能力的需求

要发挥"海射巡航导弹"的远距离攻击能力,首先,潜艇的

下图:"战斧"导弹的反舰型取代了"潜艇战术导弹"的反舰型,至于"潜艇战术导弹"的反潜型,最后由"海长矛"导弹所接替。照片为"海长矛"导弹的想象图。这是一种100海里射程等级的反潜导弹,3倍于上一代的"潜射反潜火箭",可携带先进的Mk50轻鱼雷,或是W89核弹(200KT当量)作为弹头。

"先进性能高速攻击潜艇"计划的"遗产"

"先进性能高速攻击潜艇"虽然遭到取消,但留下了重要的遗产。其预定配备的宽孔径阵列被动声呐以及D1W反应堆都有后续的发展,并得到实际的应用。

继20世纪70年代初期的测试后,一套宽孔径阵列被动声呐的开发原型于1980年1月—4月在"长尾鲨"级的"石首鱼"号(USS Barb SSN-596)上进行了测试,接下来从1987年7月起,又由"洛杉矶"级的"奥古斯塔"号(USS Augusta SSN-710)进行了宽孔径阵列原型测试,最终发展成应用在"海狼"级与"弗吉尼亚"级上的BQG-5宽孔径阵列被动声呐。

而D1W反应堆则延伸发展出放大的A4W反应堆,功率从300MW提高到550MW,提升了80%以上,这就是"尼米兹"级航空母舰的动力来源。

下图:"先进性能高速攻击潜艇"计划遭到取消后,这型潜艇原定配备的宽孔径阵列被动声呐仍继续发展,最后成为配备在"海狼"级与"弗吉尼亚"级上的轻量型BQG-5宽孔径阵列被动声呐。

火控系统必须兼容于"海射巡航导弹"这种新武器；其次，潜艇必须拥有标定远距离外水面目标能力，也就是"超地平线标定"（Over the Horizon Targeting，OTH-T）功能。

"洛杉矶"级第13号艇"达拉斯"号（USS Dallas SSN-700）开始引进的Mk117全数字化火控系统，提高了控制"海射巡航导弹"这种新武器的能力。较早服役的前12艘"洛杉矶"级以及部分"长尾鲨"级与"鲟鱼"级潜艇，也将原本搭载的Mk113系列火控系统升级为Mk117。

至于在潜艇的"超地平线标定"能力方面，由于潜艇自身的声呐传感器侦测距离有限，不足以发挥"海射巡航导弹"长达数百海里的射程，因而必须依赖广域监视情报系统的支持，来获得远距离外的目标数据。

美国海军在1975年于地中海进行的"猎鲨"（Outlaw Shark）演习中，首次验证了这种依托于广域情报体系的潜艇"超地平线标定"系统，基本概念是通过"海洋情报监视系统"（Ocean Surveillance Information System，OSIS）持续分析美国海军所属各种情报收集系统获得的海上目标数据，然后由岸基定位终端站（STT）经由潜艇卫星数据交换系统（Submarine Satellite Information Exchange Subsystem，SSIXS）等潜艇通信线路，将目标数据发送到潜艇上的USQ-81（V）计算机中，潜艇可利用这部计算机获得持续更新的实时广域反舰目标图像，以便为"海射巡航导弹"标定攻击目标。

除了提供广域水上目标图像外，"超地平线标定"系统还能从目标图像中预测舰艇的运动，从而让"海射巡航导弹"可以朝向预测的目标舰艇未来位置发射，而不是瞄准最后发现目标的位置。如此一来，便能进一步缩小标定的目标所在区域范围，减少"海射巡航导弹"飞抵目标区后搜索目标的时间，降低导弹遭到击落的概率。

"洛杉矶"级上的Mk117火控系统结合潜艇中央计算机设备后，便成为新的战斗管制系统Mk1（Combat Control

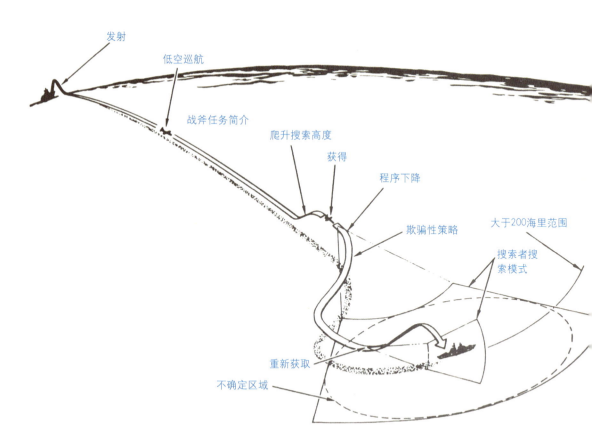

上图：反舰型"战斧"导弹的典型任务剖面。由于潜艇自身的声呐传感器侦测距离有限，不足以发挥"海射巡航导弹"这类长程巡航导弹远达数百海里等级的射程，因而必须依赖广域监视情报系统的支持，来获得远距离外的目标数据。

System，CCS Mk1），而战斗管制系统Mk1引进"超地平线标定"功能的Mod.1版本，并于1980年7月获准投入服役。它首先安装到"洛杉矶"级第29号艇"盐湖城"号以后的新造潜艇上，较早服役的"洛杉矶"级潜艇也都会陆续升级这套系统。而"长尾鲨"级与"鲟鱼"级潜艇则会通过升级新版本Mk117火控系统来获得运用"海射巡航导弹"的能力。

◆ 武器携载能力的影响

对于正开始大量建造的新一代主力攻击潜艇"洛杉矶"级来说，受到载弹能力的限制，若要引进潜射型"鱼叉"和"海射巡航导弹"这两种新武器，将会影响到其他武器的携载。"洛杉矶"级的吨位虽然比上一代的"长尾鲨"级与"鲟鱼"级大了45%以上，但新增空间主要用于容纳S6G反应堆，武器携载能力并没有质的提高。

"洛杉矶"级拥有4具鱼雷管，鱼雷管后方的鱼雷室可携带21件重新装填的武器,加上4枚预先装填于鱼雷管内的武器,一共可携带最多25件武器。在典型的武器配备模式下,"洛杉矶"级会携带8枚"海射巡航导弹",因而只剩17件武器的携载量可以用来装载鱼雷、"潜射反潜火箭"核弹头反潜火箭或"鱼叉"反舰导弹。

于是美国海军此时面临的问题有两个。

(1)如何在不进行重大设计修正的情况下,设法提高"洛杉矶"级的有效武器酬载量。更进一步,由于"洛杉矶"级只拥有4具鱼雷管,其中2具鱼雷管固定预先装填了鱼雷,以便随时应对水下目标威胁,为潜艇提供自卫武器,所以剩下来能用于发射其他武器的鱼雷管只剩2具,这也极大制约了"洛杉矶"级发射"海射巡航导弹"或"鱼叉"反舰导弹的效率与火力。

(2)设法克服"洛杉矶"级有限的鱼雷管数量,给武器运用带来的限制。

在这个时候,电船公司的工程师提出了一项创新的解决办法。在"洛杉矶"级艇艏的前压载水舱内,额外安装12具供"海射巡航导弹"使用的垂直发射管,如此一来,可获得以下效益。

(1)提高武器酬载量。在原本鱼雷室携带的武器之外,再加上这12具垂直发射管,可将"洛杉矶"级的武器携载量一举增加50%,从25枚提高到37枚。

(2)改善武器携载弹性。通过这12具垂直发射管来携带"海射巡航导弹",且不会影响鱼雷室内其他类型武器的酬载量。

(3)提高武器发射效率。通过这12具垂直发射管来发射"海射巡航导弹",不需要抢占稀少的鱼雷管资源。

至于增设垂直发射管的代价,则是吨位的增加,并损失少许预备浮力。

然而里科弗却拒绝了为"洛杉矶"级增设垂直发射管的设

上图：通过鱼雷管来发射"海射巡航导弹"，虽然可以提高适装性，无须专门的发射器，即能让潜艇运用"海射巡航导弹"，但也会造成"海射巡航导弹"占用有限鱼雷室空间的副作用，影响到潜艇的武器酬载。图为美国攻击潜艇的鱼雷室，套上白色弹头护套的武器为"战斧"导弹，套上绿色弹头护套的武器为Mk48鱼雷。

计，坚持他的"先进性能高速攻击潜艇"计划，即使该计划在1974年彻底取消，美国海军还是无法开始为"洛杉矶"级增设垂直发射管的工作，仍只能让"洛杉矶"级采用鱼雷管来发射"海射巡航导弹"，这个问题一直到20世纪70年代末期才获得解决。

新的后继型潜艇需求

无论如何，"先进性能高速攻击潜艇"计划在1972年底的终止，可以保证"洛杉矶"级的建造计划持续到1976财年。"先进性能高速攻击潜艇"原定于1973年开始正式设计作业，不会在几年内就投入生产，而当"先进性能高速攻击潜艇"计划取消后，也能让"洛杉矶"级的采购与建造，在这几年内不会受到干扰。

但另一方面，由于这时期执政的尼克松政府，将美国海军攻击潜艇兵力规模从前任国防部长麦克纳马拉离职前设定的60艘一举提高到90艘。而此时美国海军到1976财年计划为止，只

7 "洛杉矶"级的后继者

采购了27艘"洛杉矶"级。若要让攻击潜艇兵力稳定维持在90艘,美国海军必须在1977—1988财年的12个财政年度中,新购29艘攻击潜艇。

继续采购更多的"洛杉矶"级是一个选项,但当时的海军作战部长朱姆沃尔特正在推行"高-低混合"政策,以少数高价、精密的高性能舰艇,搭配廉价、适合大量生产的舰艇,来同时兼顾作战能力与舰队规模的要求。

在20世纪70年代初期,美国海军的水面舰艇已经开始实行"高-低混合"政策。而在潜艇方面,大量建造的"洛杉矶"级一直受到成本过高的批评,单位成本两倍于上一代的"鲟鱼"级,在朱姆沃尔特的"高-低混合"政策影响下,促使美国海军将目光转到廉价型潜艇上。于是1973年7月新上任的国防部长施莱辛格,到任不久后便要求美国海军展开一项针对潜艇的"高-低混合"研究,评估以新的低成本潜艇来取代旧型攻击潜艇的效益,这也让"洛杉矶"级的后继型潜艇发展方向从"先进性能高速攻击潜艇"这种高价、高性能路线,转向了完全不同的低价型潜艇路线。

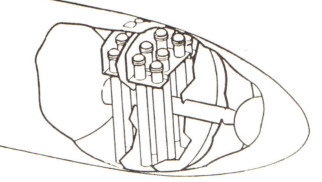

下图:"洛杉矶"级潜艇艇艏垂直发射管概念图。电船公司工程师早在20世纪70年代初期就提出在"洛杉矶"级艇艏的压载水舱空间内布置12组"海射巡航导弹"的垂直发射管,从而提高武器携载量,并改善"海射巡航导弹"运用弹性,但是在里科弗的阻挠下,一直到20世纪70年代末期才开始相关设计作业。

8

从"洛杉矶"级到"海狼"级

当朱姆沃尔特于1970年7月1日出任美国海军第19任作战部长时,面临了过去20年以来,美国海军最严重的衰退潮。大量第二次世界大战时期沿用下来、20世纪40年代中期建造的舰艇,都从20世纪70年代初期起陆续退役,导致第一线舰队规模的大幅度衰减。

在朱姆沃尔特上任前,美国海军在1960—1970年间的舰队规模,一直维持在900艘上下的程度(最低为1960年的812艘,最高为1968年的933艘)。而到朱姆沃尔特离任时的1974年6月,美国海军的舰队规模剧减到只剩587艘,足足减少了35%,严重削弱了美国海军的任务能力。

雪上加霜的是,当时主政的尼克松政府为了摆脱越战泥沼并应对经济衰退,采取了战略收缩政策,抑制军费支出,有限的经费优先用于战略核武计划。因而美国海军也不可能获得足够的新舰艇采购经费,舰队规模的缩减势必无可避免。

尽管如此,朱姆沃尔特认为仍有办法缓解舰队规模急遽下降的趋势,便是"高-低混合"政策,即引进技术层次较低、功能简化的低阶舰艇设计来搭配昂贵的高性能舰艇，借此兼顾作战性能以及填补舰艇数量两方面的需求。

当时美国海军的建军采购方向仍聚焦在高性能与高价的武器系统计划上，5大新舰艇采购计划——SSN-668攻击潜艇（"洛杉矶"级）、DD-963驱逐舰（"斯普鲁恩斯"级）、DLGN核动力驱逐舰（"弗吉尼亚"级）、CVAN核动力攻击航空母舰（"尼米兹"级）与LHA两栖突击舰（"塔拉瓦"级），占用了大部分舰艇采购预算，舰队规模日益衰减。为了矫正这个情况，朱姆沃尔特在海军作战部长任内积极构建了一系列低阶舰艇计划。

朱姆沃尔特推动"高-低混合"政策时，首先着手的方向是规模衰减最严重的水面舰领域，特别是远洋反潜护航力量。他在上任时提出的"60计划"（Project 60）中便包含了

下图：面对第二次世界大战时建造的旧舰艇大量退役，导致美国海军舰艇规模大幅滑落的难题，朱姆沃尔特早在1963年担任海军部长办公室助理时，便率先提倡"高-低混合"的舰艇采购政策，当他于1970年7月出任海军作战部长后，便积极落实这一个政策构想。

两项新型低阶舰艇计划——"制海舰"（Sea Control Ship, SCS）与"巡逻水翼导弹艇"（Patrol Hydrofoil Missile Ship, PHM），随后朱姆沃尔特又陆续提出三项计划——"巡逻护卫舰"（Patrol Frigate, PF）、"防空驱逐舰"（DG/Aegis）以及"试验性概念基线"（Tentative Conceptual Base Line, T-CBL）中型航空母舰。

前述5项低阶舰艇计划全部都是水面舰项目，至于在攻击潜艇方面，朱姆沃尔特则一时尚未有具体计划。

急骤衰退的攻击潜艇力量

在20世纪70年代初期，美国海军攻击潜艇兵力遭遇的规模衰退压力，一开始并不如水面舰严重，但是随着早期建造的柴电动力攻击潜艇开始退役，在1972—1973年间，出现了断崖式的规模下滑。

在20世纪50至60年代，美国海军一直保有100艘出头的攻击潜艇，其中一半以上是柴电潜艇。为了缓解越南战争造成的经费紧张，在1968年初时，当时国防部长麦克纳马拉曾打算将

下图：在20世纪50至60年代，美国海军一直维持着100艘出头的攻击潜艇力量，但是从1972—1973年起，随着旧型柴电攻击潜艇大量退役，导致攻击潜艇数量在短短两三年内急骤滑落到75艘以下。

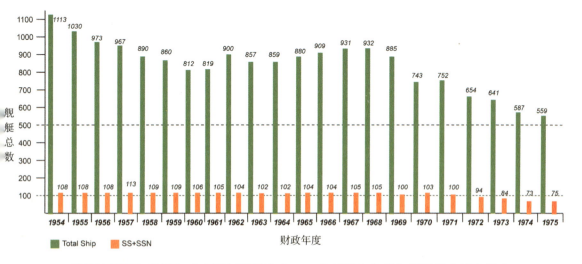

美国海军舰艇总数与攻击潜艇数量变化——自朝鲜半岛战争后到越南战争结束

"洛杉矶"级攻击型核潜艇

上图：直到20世纪70年代初期，美国海军的攻击潜艇中，仍有一半是由柴电潜艇所构成。包括40多艘经过"水下推进能力改进计划"现代化升级的旧式柴电潜艇，以及12艘战后新造的柴电潜艇。但随着"茄比"（Guppy）型潜艇于1970年代初期大量退役，导致攻击潜艇出现了急骤的滑落。照片为大西洋舰队第8潜艇中队所属的4艘"茄比"Ⅱ型潜艇。

第一线攻击潜艇数量削减到60艘，并且只保留"鲣鱼"级以后的新造核攻击潜艇，至于所有柴电动力潜艇则在退役后，便不再新造潜艇递补。事实上，依照麦克纳马拉的规划，待1969财年与1970财年的最后4艘"鲟鱼"级采购计划完成后，美国海军的攻击潜艇兵力便将达到设定额度，此后将有一段时间，不再允许美国海军采购新的攻击潜艇。

1969年初上台的尼克松政府废弃了麦克纳马拉的规划，将攻击潜艇数量目标重新设定为90艘，并且将全面核动力化。这意味着美国海军必须增购新的核攻击潜艇，来填补旧型柴电潜艇退役后的缺额，为此尼克松政府也对新的"洛杉矶"级潜艇采购计划大开绿灯。然而"洛杉矶"级的成本昂贵（两倍于上一代的"鲟鱼"级），加上建造计划大幅延宕，不足以弥补旧潜艇退役后造成的兵力规模间隙。

在朱姆沃尔特刚上任海军作战部长的1970年，美国海军的第一线攻击潜艇还有103艘[1]，稍后的1971年略降到100艘，但是在接下来的1972—1973年间，有多达31艘经过"水下推进能力改进计划"（Greater Underwater Propulsion Power

---

[1] 特别值得一提的是，从1970这一年起，美国海军保有的核攻击潜艇数量开始超过柴电攻击潜艇。稍早的1969财政年度中，美国海军的核攻击潜艇与柴电攻击潜艇数量为52艘对53艘，两者几乎同等，而到了1970财年，则为56艘对49艘，核潜艇数量后来居上。

Program，GUPPY）现代化改装的旧式柴电潜艇以及两艘战后建造的"刺尾鱼"级柴电潜艇退役，只服役了6艘新造的"鲟鱼"级潜艇，导致美国海军现役攻击潜艇数量骤减，1972年降到94艘，1973年降到84艘，到了朱姆沃尔特离任的1974年中，只剩73艘，是过去20年来的最低点。

"高-低混合"的攻击潜艇计划

为了应对攻击潜艇兵力规模的骤减，1973年7月新上任的国防部长施莱辛格，到任不久后便要求美国海军展开一项针对潜艇的"高-低混合"研究，评估以新的低阶潜艇，来取代旧型攻击潜艇的效益。

这项潜艇"高-低混合"研究从1973年后期正式展开。

下图：1972—1973年间，美国海军一口气退役了30多艘旧式柴电攻击潜艇，但同一时间只有6艘新造核攻击潜艇服役，导致攻击潜艇兵力出现断崖式的下跌。图为这时期服役的"鲟鱼"级攻击潜艇"威廉·贝茨"号，1971年12月下水，1973年5月服役。

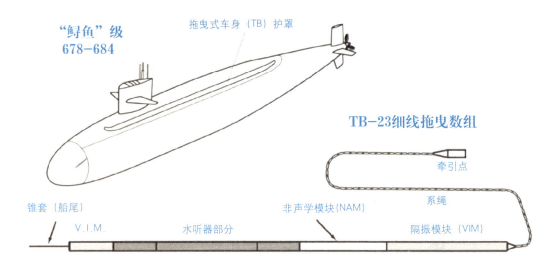

"鲟鱼"级 678-684
拖曳式车身（TB）护罩
TB-23细线拖曳数组
牵引点
系绳
锥套（船尾）
非声学模块(NAM)
隔振模块（VIM）
V.I.M.
水听器部分

上图与对页图：1973年的"高-低混合"攻击潜艇研究显示，类似"鲟鱼"级的潜艇，若能配备BQQ-5数字化声呐与拖曳阵列声呐，将能胜任以反潜阻栅任务为主的低阶攻击潜艇角色。上图为"鲟鱼"级后期型增设拖曳阵列声呐的概念图，在艇壳顶部左侧增设了一套长条形的整流罩，用于容纳TB-23拖曳线阵列声呐。对页图为"鲟鱼"级上配备的拖曳阵列声呐整流罩特写，可见到整流罩将声呐缆线引导到左水平舵外侧的声呐施放口。

1974年5月向海军作战部长执行委员会（CNO Executive Board）简报研究结果。

这项研究构想了两种潜艇，一种作为"低阶-混合"（low-mix）角色的A型（Type A）潜艇，另一种作为"高阶-混合"（high-mix）的B型（Type B）潜艇，设定的单位成本目标是1.25亿~1.75亿美元，以1974财年币值为基准。作为对照，1974财年编列的5艘"洛杉矶"级采购预算是9亿美元，平均每艘1.85亿美元[1]，也就是说，"高-低混合"研究中设定的新潜艇成本，相当于"洛杉矶"级的70%~97%。

其中的"低阶-混合"A型潜艇，被设想用于接替"长尾鲨"级以前的攻击潜艇，可用于填补反潜阻栅（barrier）任务的战位需求。至于"高阶-混合"B型潜艇，则用于前沿区域（forward area）作战，可能也能用于直接支持舰队作战。

考虑到降低成本的要求，这项研究也评估了改用柴电潜艇的可行性。结论是：柴电潜艇的造价虽然较低，但除了特定的

---

[1] 受高通货膨胀与船厂施工延误等因素影响，"洛杉矶"级实际上的建造成本远高于最初编列的预算。仅仅4年后，"洛杉矶"级的单位成本就上涨90%，达到3.43亿美元。

任务能力尚堪胜任外（如对抗水面舰的伏击阻栅任务），整体任务能力与核潜艇有明显落差，就成本-效益来说，完全是不经济的。因而改用柴电潜艇的想法遭到否决。

这项研究的结论显示，基于"鲟鱼"级的改进型，能胜任"低阶-混合"A型潜艇的角色需求；而"高阶-混合"B型潜艇的任务，则以"洛杉矶"级的放大修改型最为合适。

类似"鲟鱼"级这类潜艇，若配备了BQQ-5数字化声呐与拖曳阵列声呐，改善侦测能力后，将能十分有效地扮演"低阶-混合"A型潜艇，执行反潜阻栅任务的角色。而现有的S5W反应堆，也足以为这类潜艇提供足够的动力，以逃避现代鱼雷的攻击（如Mk48鱼雷）。

至于"高阶-混合"B型潜艇扮演的角色，大西洋舰队司令（CinCLant）与太平洋舰队司令（CinCPac）都对将这种潜艇用于阻截苏联水面舰队感兴趣，也就是将潜艇部署在前沿区域，阻截意图进入公海的苏联水面舰艇，在苏联水面舰队进入远洋与美国海军航空母舰特遣舰队交战之前，便会遭到"高阶-混合"B型潜艇的先行阻截。

右图：1973年的"高-低混合"攻击潜艇研究中增加鱼雷管与武器酬载的"洛杉矶"级火力强化型，则是高阶型潜艇的理想选择。用于前沿区域阻截与水面舰队直接支持任务，图为干坞中的"洛杉矶"级，鱼雷管舱门清晰可见。而构想中的"洛杉矶"级火力强化型将鱼雷管从4具增加到8具，并将武器携载量从原本的26～27枚提高到40～50枚，但这样的要求，也涉及大幅度的设计修改。

这种前沿阻截水面舰的任务要求潜艇在目标密集且高度威胁的区域中作业，当潜艇进入与脱离这种前沿区域时将面临最大的危险，所以若潜艇能携带更多的武器，借此减少脱离任务区整补的频率，将能获得更长的生存时间以及更高的作战效率。

针对前述任务需求，最明显的解决方案，是以"洛杉矶"级潜艇为基础的修改版本，将艇体容纳的鱼雷管从4具增加到8具，武器携载量也提高两倍，从"洛杉矶"级的26～27枚鱼雷/导弹，提高到40～50枚。至于这些修改所需付出的代价，则是水下排水量增加大约1000吨，并损失一节航速。

在这项研究进行的1973年末，潜射型"鱼叉"反舰导弹的开发已经排上时程。与线导的鱼雷不同，"鱼叉"反舰导弹是一种"射后不理"的武器，所以能够大量地齐射，若潜艇拥有更多导弹发射管，就能齐射数量越多的导弹从而取得更高的命中率。这与同时期进行的"先进性能高速攻击潜艇"计划中，选择配置20组垂直导弹发射管，是一样的思路。

若以前述这种以强化武器火力为目的的"洛杉矶"级修改型作为"高阶-混合"B型潜艇时，预期量产艇的单位成本

美国海军1973年柴电潜艇研究案

自1956财年采购3艘"白鱼"级柴电潜艇以后，美国海军便未曾再采购柴电潜艇。不过在1973年后期的"高-低混合"攻击潜艇研究中，针对低阶潜艇的需求，基于尽可能降低成本的考虑，美国海军再次将柴电潜艇纳入考虑。

"高-低混合"研究中设想的柴电潜艇，是"白鱼"级的放大修改型，水下排水量达到3985吨，长度为271英尺，排水量与长度分别只比"鲟鱼"级小17%与7%，而比原本的"白鱼"级大51%与23%，是当时少见的大型柴电潜艇设计。设定的测试潜深为700英尺，与原本的"白鱼"级相同，预定配置10名军官与75名艇员，则略多于"白鱼"级。

凭借大幅放大的艇体，这种放大型"白鱼"级可以引进接近"鲟鱼"级的降噪措施，静音性能可较原本的"白鱼"级显著改善，预期噪声只稍大于"鲟鱼"级。

在航行性能方面，这种放大型"白鱼"级的水下最高航速为17.2节，通气管航行状态下可以7节航速续航10000海里，均略低于"白鱼"级。在武器配备方面，则预定装备4具鱼雷管与19枚武器（应为19枚重新装填的武器，加上预置于鱼雷管内的武器，总携载量为23枚武器），相较下，原本的"白鱼"级则拥有6具鱼雷管与22枚武器总携载量。至于在传感器方面，这种潜艇预定的声呐配备比"白鱼"级先进，除了受限于供电能力而无法配备BQS-6球形声呐外，其余声呐配备基本上是比照核潜艇规格，包括BQR-7被动声呐（艇艏阵列）、BQR-21艇艏被动声呐（可能含有BQS-4主动声呐）、BQS-15水雷侦测声呐，另外再加上拖曳阵列声呐。

在1974年时，这种放大型"白鱼"级的研发费用为4000万～5500万美元，首艇造价预估为1.78亿美元，后续艇则为9500万美元，与"高-低混合"研究中提出的"低阶-混合"A型核潜艇相比，放大型"白鱼"级的全寿命周期成本是前者的

"白鱼"级与修改型"白鱼"级对比（1973年）

规格	"白鱼"级	修改型"白鱼"级
全长(ft)	219-2	271
潜航排水量	2639.2	3985
最大潜航航速	18.5节	17.2节
续航力	10节/14000海里	7节/10000海里
测试潜深	700英尺	700英尺
鱼雷管	6具	4具
武器携载量	22枚	23枚
主动声呐	BQS-4	BQS-4 BQS-15
被动声呐	BQR-2	BQR-21 拖曳线阵列
火控系统	Mk101	Mk117(?)
乘员配置(人) 军官/士官/士兵	8/9/60	10/75

69%，采购成本则为67%，便宜了将近三分之一。

单就对抗水面舰艇的伏击阻栅任务来说，柴电潜艇要比核潜艇更具成本效益，但其他方面的能力（如反潜阻栅、水面舰队支援）则远逊于核潜艇，最终遭到美国海军的否决。

上图：美国海军在1973年的"高-低混合"攻击潜艇研究中，曾评估了以"白鱼"级柴电潜艇的放大型来充当低阶型攻击潜艇的可行性。1959年服役的3艘"白鱼"级潜艇是美国海军引进的最后一种柴电潜艇。图为"白鱼"级3号艇"北梭鱼"号（USS Bonefish SS-582）。

右图："白鱼"级是第一种采用泪滴形船体设计的作战用潜艇，是今日现代化柴电潜艇的鼻祖，图为"白鱼"级2号艇"蓝背鱼"号（USS Blueback SS-581），可清楚见到泪滴形的艇身。在1973年的"高-低混合"攻击潜艇研究中，美国海军的评估显示，放大型的"白鱼"级可胜任阻截水面舰任务，成本也比低阶型核潜艇省三分之一，但其他方面的任务能力远逊于核潜艇，最终遭到否决。

为2.076亿美元，相当于原始的"洛杉矶"级再加上2596万美元。

另一种比较便宜的"高阶-混合"B型潜艇是以"低阶-混合"A型潜艇为基础的火力强化版，拥有8具鱼雷管与两倍的武器酬载，预期单位成本只要1.725亿美元（相当于原始的"低阶-混合"A型潜艇，再加上3050万美元费用），比基于"洛杉矶"级的设计节省20%成本。

回归单一标准型潜艇

"高-低混合"研究的结论建议，美国海军应购买18艘反潜阻栅用的A型潜艇，加上11艘高性能的B型潜艇，并提议应尽可能及早采购首艘A型潜艇。而这样的提议，也意味着在当时即将展开的"洛杉矶"级量产作业之后，A型潜艇角色的现代化型"鲟鱼"级（可能改用更安静的螺旋桨）将进入大量生产。

但海军作战部长办公室辖下的潜艇战部门（Op-02）却反对这项"高-低混合"的采购提案。

（1）这种混合采购省不了多少钱，即使是"低阶"的A型潜艇，预估的单位成本也达到1.42亿美元，只比"洛杉矶"级便宜20%。

（2）美国海军的潜艇总数并没有多到可以将部分潜艇指派到低威胁任务中。也就是说，美国海军的攻击潜艇数量太少，用于执行高威胁任务尚嫌不足，遑论分兵给低威胁任务使用。

（3）受限于水下的环境，无法以潜艇数量来弥补性能的不足。水下通信手段的效率有限，难以让潜艇数量发挥效果，几艘低阶潜艇结合起来也难以用于承担高威胁任务。高威胁环境的任务还是需要使用高性能潜艇，而无法以低阶潜艇来替代。

所以潜艇战部门认为，美国海军应该继续建造单一的标准

反潜武器新选择——"大海鲢"反潜导弹

当进行"高-低混合"潜艇研究时，攻击潜艇用的反潜武器也有了新的发展。自从"潜艇战术导弹"计划于1972年底取消后，由"潜艇战术导弹"反潜型（ASW STAM）演变而来的"反潜距外武器"计划，仍然是一种十分具有吸引力的反潜武器选择，可以继承"潜射反潜火箭"的长程反潜武器角色。

当时美国虽然已能制造出性能更好、更有效率的长射程鱼雷，也就是开发中的Mk48鱼雷。但若苏联也为潜艇发展了拖曳阵列声呐，那么美国潜艇将会很难接近苏联潜艇到适当的鱼雷开火距离。在这样的情况下，唯一可行的攻击手段，便是"反潜距外武器"这种通过火箭助推、可以快速抵达目标区的远距离反潜武器。

在"潜艇战术导弹"计划时期，采取的设计是直径30英寸的大型弹体，必须通过独立的发射管发射，而无法使用鱼雷管发射。而在演变为"反潜距外武器"计划以后，则考虑了尺寸较小的设计，虽然性能也会略为降低，但可兼容于鱼雷管发射，大幅提高了配置与运用弹性。

"反潜距外武器"设计概念是由潜射型"鱼叉"反舰导弹衍生而来的"大海鲢"（Tarpon）导弹，沿用胶囊式的潜射型"鱼叉"反舰导弹组件，但是将弹头与寻标头换成一枚Mk46轻鱼雷，也就是一种以"鱼叉"反舰导弹弹体助推的鱼雷。由于这种"大海鲢"反潜导弹是由"鱼叉"反舰导弹发展而来，所以不仅能用于潜艇，也能用于水面舰。

不过，美国海军最终没有接受"大海鲢"反潜导弹，而偏好飞行速度更快、可以超音速投射、有效射程也更长的设计。几年后，"反潜距外武器"计划演变为后来的"海长矛"反潜导弹[1]。倒是英国皇家海军方面，后来曾认真考虑过以"鱼叉"反舰导弹弹体发展反潜导弹的类似构想。

---

[1] 在"鱼叉"反舰导弹弹体规格的制约下，"大海鲢"反潜导弹的飞行速度与投射距离不会超过早期型"鱼叉"反舰导弹的范畴，也就是巡航速度0.71马赫数，射程70海里。相较下，后来发展的"海长矛"反潜导弹，则拥有1.5马赫数的飞行速度以及100海里等级的射程。

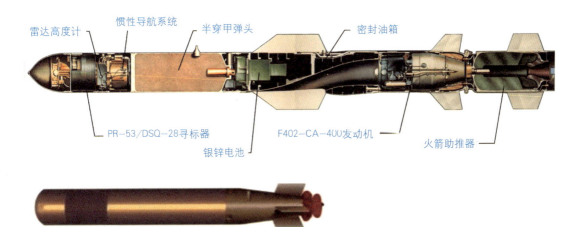

型潜艇,而不是"高-低混合"。不过,"高-低混合"政策难以推行的根本原因,或许还是这项政策的主要推动者朱姆沃尔特于1974年卸任海军作战部长一职,连带也导致"高-低混合"政策跟着人亡政息。

"新型攻击潜艇"计划与过渡型潜艇需求

当"高-低混合"研究结束,以及朱姆沃尔特离任,由航空母舰派出身的霍洛威三世(James Lemuel Holloway III)接任海军作战部长后,美国海军的攻击潜艇发展改变了方向。

在国防部长施莱辛格核准的长期国防计划中,在附加的延伸规划项目下,列入了一项称作"新型攻击潜艇"(SSNX)计划,准备在1981财年启动。

"新型攻击潜艇"计划被视为是"洛杉矶"级潜艇的后继者,用于应对未来攻击潜艇的作战需求,并将总结"洛杉矶"级以后的一系列攻击潜艇技术研发成果反映到潜艇设计上,包括改进的艇壳钢材、先进的核反应堆(即D1W)、改进的声呐以及潜射长程导弹等(后来代之以"战斧"导弹)。"新型攻击潜艇"将通过这些新设计与新技术解决"洛杉矶"级存在的不足,借此确保美国海军在核攻击潜艇领域的长期优势。

上图:"鱼叉"反舰导弹弹体剖面与Mk46鱼雷尺寸对照。
在20世纪70年代中期,美国海军曾考虑发展一种结合了"鱼叉"反舰导弹弹体与Mk46鱼雷的"大海鲢"导弹。Mk46鱼雷的重量(568磅),与"鱼叉"反舰导弹的弹头重量相近(488磅),两者的弹径也相近,Mk46鱼雷的直径为12.75英寸(324毫米),"鱼叉"反舰导弹的直径为13.5英寸(343毫米),可以相对容易地将Mk46鱼雷整合到"鱼叉"反舰导弹的弹体上,替换"鱼叉"反舰导弹原本的半穿甲弹头,与寻标器/导引段,成为一种火箭助推式鱼雷,或是反潜导弹。

"洛杉矶"级攻击型核潜艇

下图与对页图：在20世纪70年代初期大量服役的苏联670型潜艇带给美国海军巨大的冲击，凭借可于潜航状态下从水下发射反舰导弹的能力，威胁远高于先前任何苏联潜艇，影响了此后的美国海军反潜力量发展，也促成美国海军改进攻击潜艇能力的需求。下图为停泊于港口的670型潜艇，对页图为670型潜艇配备的P-70"紫水晶"反舰导弹。自1967—1972年间，一共有11艘配备P-70"紫水晶"反舰导弹的670型潜艇服役，接下来从1973年起，又陆续有6艘670M型潜艇（Charlie II型）服役，配备改进的P-120"孔雀石"反舰导弹（Malakit）〔北约代号SS-N-9"警笛"（Siren）〕。

面对苏联水下威胁的迅速增长，"新型攻击潜艇"计划却显得缓不济急，特别是可从水下发射反舰导弹对美国海军特遣舰队发动突袭的苏联670型与670M型巡航导弹潜艇〔北约代号"查理"（Charlie）I型与"查理"II型〕在20世纪70年代初期大量服役，严重冲击了美国海军的特遣舰队部署与运用，也让美国海军感到了提高攻击潜艇作战能力的迫切需要。

然而集众多新技术于一身的"新型攻击潜艇"计划，最快也得等到距当时七八年以后的1981—1982财年才会正式启动采购，这也让美国海军萌生了在"新型攻击潜艇"可用之前，先行寻求过渡性解决方案的想法。

过渡型攻击潜艇研究

于是在1973年的"高-低混合"研究后，美国海军于1973—1974年间重构了研究计划，将规划视野放在比较近期的需求，以1978—1982财年中投入小批量建造为目的，探讨可在"新型攻击潜艇"计划之前，便付诸实用化的过渡型潜艇概念。

这一轮的攻击潜艇设计研究继承了"高-低混合"研究中的部分设计概念,并结合一部分"先进性能高速攻击潜艇"与"新型攻击潜艇"计划中预定引进的新技术,在1975年4月形成了作为设计权衡比较对象的5种选择方案,包括:

- ◆A型潜艇,即"高-低混合"研究中作为"低阶-混合"角色的A型潜艇,为"鲟鱼"级潜艇的发展型。
- ◆A型潜艇的火力强化型,配备8具鱼雷管,并拥有扩充一倍的武器酬载量。
- ◆"洛杉矶"级潜艇的火力强化型,配备8具鱼雷管,拥有扩充2倍的武器酬载量。
- ◆"洛杉矶"级潜艇的声呐升级型,增设宽孔径阵列被动声呐。
- ◆先进型攻击潜艇,配备8具鱼雷管,扩充一倍的武器酬载量,并以60000马力等级的D1W反应堆,作为动力来源。

在1975年的这一轮设计研究中，除了发展前述5种基本选择方案的概念设计外，美国海军还以1978财年计划的F类预算为基准，分别估算了前述方案的首艇、后续艇采购成本以及全寿期成本。

由于这项研究计划的目的是探讨可在近期内投入小批量建造的过渡型潜艇，以待"新型攻击潜艇"计划投入量产，所以这项研究的一项基本要求，是确认这些新设计的效益能否胜过继续采购的"洛杉矶"级，必须证明这些新设计物有所值，明显优于"洛杉矶"级，才值得放弃继续量产"洛杉矶"级，转而采购这些新设计。

所以美国海军在这一轮研究中，也以反潜阻栅、航空母舰护航、反水面舰（ASSW）/沿海封锁（coastal interdiction）以及航线拦截（vector interception）等4大类任务为基准，评估前述5种选择方案的任务效率。这些概念设计的基本要素以及任务效率的评估结果，如表所示。

1975年攻击潜艇选择方案

代称	Low	Multi-Low	688/WAA	Multi-688	Advanced SSN
类型	A型潜艇	A型潜艇 火力强化型	洛杉矶级 声呐升级型	洛杉矶级 火力强化型	先进型 攻击潜艇
全长(ft)	304.5	341.5	380	415	463
艇壳直径(ft)	31-8	31-8	33	33	40
潜航排水量	5,060	5,810	7,336	8,080	13,500
鱼雷管	4具	8具	4具	8具	8具
反应堆	S5W	S5W	S6G	S6G	D1W
首艇成本(美元)	4.55亿	5.17亿	3.67亿	5.26亿	9.35亿
后续艇成本(美元)	2.68亿	2.99亿	3.52亿	4.12亿	6.02亿
乘员(军官/士兵)	12/108	12/112	12/115	12/119	12/119

续表

代称	Low	Multi-Low	688/WAA	Multi-688	Advanced SSN
类型	A型潜艇	A型潜艇火力强化型	洛杉矶级声呐升级型	洛杉矶级火力强化型	先进型攻击潜艇
相对成本(百万美元)					
采购成本	1	1.26	1.13	1.51	2.34
寿期循环成本	1	1.19	1.08	1.32	1.89
相对任务效率					
反潜阻栅	1	1.4	1	1.4	1.6
航空母舰护航	1	1.5	1	1.5	2.1
ASSW/沿海封锁	1	1.4	2.0	2.1~2.4	2.5~3.5
航线拦截	1	1.6	1	1.6	2.1

但评估的结果却印证了"洛杉矶"级的价值，这几种新潜艇选择方案的成本与任务效益没有一种能超过"洛杉矶"级。这也让1975年的这项攻击潜艇研究的方向出现了微妙的转变——原本的目的，是探讨用于接替"洛杉矶"级量产的新型潜艇设计，却成为证明"洛杉矶"级价值的舞台，有力反击了那些企图扼杀"洛杉矶"级建造计划的尝试。

以反潜任务来说，"洛杉矶"级的任务效率要比"混合-低阶"A型潜艇高出40%，但采购成本只高出不到15%，可说物超所值。至于体型更大的先进型攻击潜艇，虽然拥有更高的反潜任务效率，较A型潜艇高出60%，但成本却超过两倍以上。

另一方面，"低阶-混合"A型潜艇受限于较小的吨位，也有着难以兼顾武器酬载、静音与航速等不同面向需求的问题，虽然A型潜艇能改进为配备8具鱼雷管的构型，但缺乏将降噪措施提升到"洛杉矶"级标准的成长冗余度。

另一项重要的性能标准是航速。对于攻击潜艇来说，无论设定的任务形态如何，高航速总是受欢迎的一项特性，这也是以高功率的D1W反应堆为动力、特别强调高航速的先进型攻击潜艇设计案的优势所在。即使是在反潜阻栅任务中,更高的航速也十分有吸引力,可借此更好地回避敌方反击。问题在于,特别强调高航速的设计方案所带来的效益,却很难定量化的分析[1]。

1975年这项研究的结论认为,美国海军当时的最佳选择,是基于当前的"洛杉矶"级采购速率(每两年购买5艘),在1978—1982财年计划中,采购9艘配备8具鱼雷管的火力强化型"洛杉矶"级。至于更大型、基于D1W反应堆的先进型攻击潜艇,成本效益并不划算。依这项研究的设想,就当时来说,D1W这种高功率反应堆的实际应用还为时尚早,预期要等到1982财年才会完成开发,到20世纪80年代中期时才能安装到更大型的新型潜艇上。

也就是说,尽管"洛杉矶"级存在着武器酬载有限、潜深性能不足、居住性恶劣等许多问题,但是在20世纪70年代中期到80年代初期的时间区段中,相较于其他可能的替代选择方案,"洛杉矶"级仍然是成本效益最佳的一个设计,只需强化火力、将鱼雷管增加到8具,就足以应对近期的需求。

至于要彻底解决"洛杉矶"级设计上的不足,并满足20世纪80年代后期至90年代以后长期需求的理想攻击潜艇设计则留待给"新型攻击潜艇"计划。

---

[1] 要如何定量地评价潜艇航速的重要性,关键在于如何分配潜艇执行不同任务角色的比重。对于不同的任务角色来说,高航速所能提供的价值也有异。在1975年的攻击潜艇选择方案研究中,将攻击潜艇的角色区分为6项主要任务,各自设定了不同的任务使用率,如下表所示。

任务类型	任务比重	任务类型	任务比重
反潜阻栅	46.4%	远程反水面舰/沿海封锁	5.8%
航空母舰护航/区域清除	29.9%	反水面舰阻栅	5.2%
远程反潜	8.7%	航线阻截	4%

可以发现,反潜阻栅被设定为比重最高的任务形态,其次是航空母舰护航与特定区域的威胁清除任务,这两大任务就占了超过四分之三的任务比重,另外情报收集与特种作战支持等重要的潜艇任务领域,在这项研究中则完全被忽略。

渐进式的攻击潜艇发展路线

上任还不到一年的海军作战部长霍洛威三世,于1975年5月针对"新型攻击潜艇"计划的样貌,作出了更具体的指示,他要求"新型攻击潜艇"应该是一种快速、安静且多用途的潜艇,体型吨位还不能大于"洛杉矶"级。

海上系统司令部进行了初步研究后,认为要在"洛杉矶"级的尺寸限制下落实"新型攻击潜艇"的一系列新要求,特别是更多的武器酬载与更多的鱼雷管配置,以当时的技术来说是办不到的,在1985财年之前,不可能得到比"洛杉矶"级更好的潜艇。

海上系统司令部认为,最好的解决方案是采用渐进式的策略,先在1983财年与1984财年计划中,建造经过大规模设计调整、"设计重构"(reengineered)的改进型"洛杉矶"级,然后再继续发展后继的"新型攻击潜艇"。

至于构想中的改进型"洛杉矶"级,则预计引进宽孔径阵

下图:1975年的攻击潜艇选择方案研究显示,相较于其他可能的替代选择方案,"洛杉矶"级潜艇仍是成本效益最佳的设计,只需强化火力即能满足近期需求,建议采购一种鱼雷管增加到8具的改进型"洛杉矶"级。图为跃出海面的"洛杉矶"级潜艇"纽约市"号(USS New York City SSN-696)。

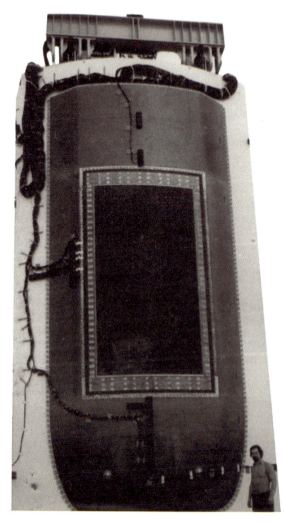

上图：在1975年底开始的"设计重构"型"洛杉矶"级潜艇发展中，引进宽孔径阵列被动声呐是主要的改进项目，图为BQG-5宽孔径阵列被动声呐特写，与旁边站立的人物对照，可看出宽孔径阵列被动声呐尺寸的巨大。

列被动声呐，携载更多的武器，并拥有更高的武器发射速率，还有更好、更安静的主机，并将配备Mk48先进能力（ADCAP）型鱼雷、反潜距外导弹等新武器。其他可能选用的武器中，最特别的是还考虑了潜射防空导弹，以应对随着潜艇导入新型潜射导弹，所导致的暴露增加、带来空中威胁升高的问题[1]。

重新设计的"洛杉矶"级改进型

依据海上系统司令部的建议，海军作战部长办公室于1975年11月要求开始这种"设计重构"的现代化改进型的"洛杉矶"级概念设计工作。

引进宽孔径阵列被动声呐，是这种"洛杉矶"级改进型最主要的改进项目，如同先前的被动式水下火控系统，宽孔径阵列被动声呐也要求在潜艇的每一舷侧，将三组阵列精确地排列成一直线，为了获得最大距离下的被动测距精确性，还须尽可能将三组阵列彼此间隔远一些布置，以获得更长的测量基线。

其中一个解决方案，是沿着潜艇艇壳的平行段外侧，以贴附的形式将这些阵列布置于艇壳表面。

另一个解决方案，是将宽孔径阵列被动声呐安置于艇壳的

---

[1] 美国海军当时为潜艇引进的几种新武器，包括潜射型"鱼叉"反舰导弹，以及潜射型"战斧"导弹，发射后的讯迹与空中飞行弹道轨迹，都有暴露潜艇所在位置、被敌人攻击的危险。

内测,其中前阵列与后阵列分别安装在艇艏与艇艉的压载水舱内部,中段阵列则布置于艇舯部位内侧,为此必须拉长艇舯部位的压力壳,并增设内缩的瓶颈构造,在艇舯部位构成双壳构造,以便在内外壳之间腾出空间,用于容纳左右舷的两组宽孔径阵列被动声呐中段阵列,而这个艇舯部位也是整艘潜艇唯一的双壳部位。

但另一方面,当艇舯部位延长后,为了维持整个艇体的平衡,连带的也必须稍为延长艇艏的指挥舱段作为补偿,整艘潜艇将比原始的"洛杉矶"级延长28英尺(8.5米),水上与潜航排水量达到6661吨与7538吨,分别较"洛杉矶"级大了9.5%与8.8%,预估会因此损失一节航速。

这种"洛杉矶"级改进型的围壳构造也将略微放大,以便容纳代号"暗眼"(Dark Eyes)的新式红外线潜望镜,并通过仔细的减阻设计,避免围壳构造增大带来阻力增加。

其他的改进措施,还包括引进一套6管装的6英寸诱饵发射器(后来这套发射器被配备到弹道导弹潜艇上),新的整合声学通信系统(Integrated Acoustic Communications System,IACS),一套新的潜艇通信浮标(BIAS,BSQ-

左图:"设计重构"型"洛杉矶"级潜艇引进BSQ-5通信浮标,可提供甚低频、低频与中频等波段的被动接收功能,高频与特高频波段的双向通信,以及敌我识别与导航等无线电收发功能。

上图:"设计重构"型"洛杉矶"级潜艇引进电子悬浮式陀螺导航仪,用于取代以前使用的舰艇惯性导航系统,以改善导航精度与可靠性,图为奥腾(Autonetics)公司制造的电子悬浮式陀螺导航仪XN88A。

5),以及新的电子悬浮式陀螺导航仪(Electrically Suspended Gyro Navigator,ESGN),用于取代以前使用的舰艇惯性导航系统(Ships Inertial Navigation System,SINS)。

攻击潜艇发展方向的重新调整

美国海军在1976年6月完成改进型"洛杉矶"级的预备设计,但原本紧接着要进行的合约设计却被推迟了。接下来美国海军又展开了另一项拉长艇体型"洛杉矶"级的预备设计,并在1978年初完成,似乎最后又回到了"设计重构"型的方案上。

在这个时候,美国海军又受到当时进行中的两大潜艇计划——"洛杉矶"级与"俄亥俄"级——执行管理不善的拖累,攻击潜艇的建造进度日益落后于原定计划,成本还持续攀升,美国海军与承造潜艇的电船公司之间也纠纷不断,以致美国国会对于海军的潜艇采购政策以及未来的规划方向都产生疑虑。

于是参议院武装部队委员会在1979财年国防授权法案中提出附带要求,要求美国国防部研究降低核攻击潜艇与弹道导弹潜艇成本的可能选项。

应参议院的要求,美国国防部提交了"潜艇方案选择研究"(Submarine Alternatives Study)报告,全面检视了影响潜艇性能与成本的相关因素,并提出了降低成本的可行路线。

"潜艇方案选择研究"报告列出了影响潜艇效能的因素，作为衡量潜艇成本效益的基准，这些因素一共有10项，分为潜艇平台本身以及潜艇携带的载荷装备等两大类，如表所示。

以前述因素为基准，要实现降低核潜艇成本的目标，当时有两种路线选择。

第一条路线，是以海上系统司令部舰艇设计领导人利奥波德博士（Dr. Reuven Leopold）为代表。他撰文辩称："通过增进战斗管制系统效能来提升作战效能，潜力更大于平台本身的改进。"依照这个观点，应该放弃潜艇平台部分性能，借此降低成本，通过改进潜艇的酬载装备（如声呐、火控系统与武器等系统）来达到增进潜艇整体作战效率的目的。

第二条路线，则是借由缩小潜艇的吨位来达到降低成本的目的。潜艇尺寸与吨位的增加与建造成本的上涨直接相关，美国海军的每一级新潜艇吨位都比上一级潜艇更大，成本也比上一级潜艇更高。反之，若能设法缩小潜艇的尺寸，将可望有效地抑制潜艇的建造成本。至于要如何达到缩小潜艇尺寸的目

影响潜艇作战效能的因素

潜艇平台	潜艇携带的载荷装备
潜深	反制措施
耐航力	信息处理
辐射/自噪声	传感器
可靠性	武器
航速	
脆弱性	

左图：针对降低潜艇成本的目标，海上系统司令部舰艇设计领导人利奥波德博士认为，可适度降低潜深、航速等潜艇平台性能指标，改以提升声呐、火控系统与武器系统的方式，来改善攻击潜艇的性能。图为"洛杉矶"级潜艇的14号艇"拉霍亚"号潜艇（La Jolla SSN-701）拆卸声呐罩的艇艏，可见到BQQ-5D声呐系统的球形阵列。"拉霍亚"号最初配备的是BQQ-5B，后来陆续升级为BQQ-5C与BQQ-5D。

的，美国国防部在研究报告中指出："动力系统将是第一候选的调查目标。"也就是说，动力系统尺寸的缩减被列为实现缩小潜艇整体尺寸的首要措施。

低成本的新型攻击潜艇构想

针对降低攻击潜艇成本的要求，美国海军在1979年时，另外提出了一种较小型的核攻击潜艇概念，称作"快速攻击潜艇"（Fast Attack Submarine，FAS），也称作"舰队攻击潜艇"（Fleet Attack Submarine，F/A），预计结合既有的S5W反应堆，搭配新型推进器，以及体型更宽、流体动力效果更佳的艇壳，潜航排水量大约5000吨，比"洛杉矶"级的吨位小了大约30%，但武器酬载能力可与"洛杉矶"级相当，并拥有6具鱼雷管的配置（而非先前美国海军攻击潜艇的4具鱼雷管配置），代价则是最大航速可能会比"洛杉矶"级降低5节，仅略高于最大航速27节的"鲟鱼"级。

凭借较小的吨位，这种新潜艇的建造成本预期会比较低。当时担任美国海军研究、工程与系统助理部长的曼博士（David E. Mann），在《华盛顿邮报》于1979年5月21日刊出的采访报道中表示，如果美国海军从里科弗提倡的较大型潜艇转向较小型的"快速攻击潜艇"，预估可以节省数10亿美元的费用。

里科弗被这个昵称为"胖艾伯特"（Fat Albert）的"快

上图：为了保护进行中的"洛杉矶"级计划，里科弗强烈反对以低成本为目的的"快速攻击潜艇"方案，并通过他对国会的影响力，阻挠这类设计案的推动。

速攻击潜艇"提案给激怒了[1]，他在1979年8月31日提交了一份长达49页的报告"核攻击潜艇分析"（Analysis of Nuclear Attack Submarine Development），反驳了这种缩小吨位的潜艇构想。

里科弗在报告中回顾了核潜艇的发展历史，强调："我认识到持续高航速性能的潜力，可以用来扩大潜艇的角色，扩展到传统的反舰与反潜任务之外。凭借几乎无限的持续高航速能力，我认为它们可以为我们的高价值水面作战舰艇（例如航空母舰），提供优越的保护形式。"

里科弗接着提及航速性能在海战中的角色，然后继续论述航速对于潜艇的重要性，最后在报告结论中，敦促继续建造"洛杉矶"级，并宣称："回想一下当初，首先是由国会迫使海军建造'洛杉矶'级，因为与苏联潜艇相比，我们（的潜艇）持续失去航速性能。如果仅仅为了省钱而特意去建造一种较慢的潜艇，这种想法的核心是荒谬的。"

但矛盾的是，不过10年以前，里科弗也曾提倡建造一种航速较慢的潜艇，即"利普斯科姆"号涡轮电力驱动潜艇，水下最大航速只有23节，成本却比"洛杉矶"级还高出30%。在1968年6月21日的参众两院联合原子能委员会听证会上，里科弗还曾表示："如果证明比其他推进设计形式更具优势，那么（电动驱动）接下来将被引进到后续潜艇设计中。"

所以，里科弗并没有完全否定为了追求某些面向的性能，而在航速上略做牺牲的做法，纯粹只是为了保护"洛杉矶"级的建造计划，才反对低成本的"快速攻击潜艇"提案。

不过除了里科弗以外，海上系统司令部也有人对这类低成本潜艇构想有所疑虑，如后来担任海上系统司令部潜艇预备

---

[1] "胖艾伯特"这个名字源自20世纪70—80年代美国卡通节目《"胖艾伯特"与邻居的黑小子们》（Fat Albert and the Cosby Kids），卡通主角"胖艾伯特"［由著名演员考斯比（Bill Cosby）配音］，是个矮胖的角色，因而被拿来形容长宽比较低、外形粗短的"快速攻击潜艇"设计案。

设计部门负责人的马克·亨利（Mark Henry），便认为这类潜艇并不是个好设计，体型被压缩得过小，如果要让这个设计实际"起作用"，则在后续的设计时间中，尺寸势必会显著地增加。

卡特政府的新型攻击潜艇采购政策

虽然美国海军内部有不少反对声浪，但卡特政府却对"快速攻击潜艇"这种低成本潜艇十分感兴趣，意图以此扭转攻击潜艇日趋庞大且日趋昂贵的趋势。

而第一线潜艇作战单位，则更偏好高性能取向的"新型攻击潜艇"，这时候所设想的"新型攻击潜艇"设计，是以配备6具鱼雷管的新艇壳，搭载扩大升级的"洛杉矶"级动力单元（即S6G反应堆的功率提升版本）。

当时美国海军已获得了直到1977财年计划为止的30艘"洛杉矶"级采购预算，而无论是"快速攻击潜艇"还是"新型攻击潜艇"，这两种新潜艇构想都是以1983财年开始生产作为规划基准。所以在过渡的1978—1982财年，美国海军打算依据先前1975年攻击潜艇选择方案研究的提议，采购9艘改进的"洛杉矶"级，至于选中的改进方案，则是1976年完成并于1978年初重启的"设计重构"型"洛杉矶"级。

也就是说，美国海军采用了海上系统司令部在1975年提议的渐进式策略，以改进型的"洛杉矶"级作为既有的"洛杉矶"级以及下一代攻击潜艇（"快速攻击潜艇"或"新型攻击潜艇"）之间的过渡节点。

所以在这个时候，美国海军手上一共有3个新型攻击潜艇方案，包括：

（1）以"洛杉矶"级为基础改进的"设计重构"型"洛杉矶"级。

（2）小型、低成本取向的"快速攻击潜艇"。

（3）高性能取向的"新型攻击潜艇"。

1979—1980年攻击潜艇选择方案

	F/A	SSNX	Reengineered 688
输出功率(shp)	15100	38700	30000
长度(ft)	237.5	301.25	380
直径(ft)	38.0	38.75	33.0
吃水深(ft)	35.4	36.0	
潜航排水量	4965	7263	7538
鱼雷管/武器数	6/32	6/32	4/22
垂直发射器		12~24	
水平舵	围壳	艇艏	围壳

1. 虽然"快速攻击潜艇"（舰队攻击潜艇）设计案沿用了"鲟鱼"级的S5W反应堆，但通过改进流体动力效率（可能包括更高效率的推进器），预估航速可比"鲟鱼"级提高3节。
2. "新型攻击潜艇"采用的是扩大版S6G反应堆，功率不如60000马力等级的D1W反应堆，但通过流体动力效率的改善，航速可高于搭载D1W反应堆的潜艇，并拥有同等的武器搭载量。
3. "快速攻击潜艇"（舰队攻击潜艇）与"新型攻击潜艇"预计采用旋转较慢（slower turning）的螺旋桨推进器，效率高于"洛杉矶"级的推进器。

美国海军将先在1978—1982财年采购一批"设计重构"型"洛杉矶"级，然后从"快速攻击潜艇"与"新型攻击潜艇"中选出一种，作为下一代标准型攻击潜艇，接续在1983财年以后量产。

然而到了1980年5月，情况显示，无论"快速攻击潜艇"还是"新型攻击潜艇"计划，都不可能赶在1983财年时就备妥设计，因此原先的渐进式攻击潜艇发展策略，也失去着力点，"设计重构"的改进型"洛杉矶"级方案也随之遭到放弃。

美国海军重新调整了攻击潜艇采购计划，先在1979—1983财年继续采购9艘既有的"洛杉矶"级（而非新的"设计重构"型"洛杉矶"级），至于新一代攻击潜艇的采购时程，则延后到1985财年再行启动。

为了符合新的时程要求，美国海军必须在1980年12月左右，选定新型攻击潜艇的基本设计，然后在1982年1月—1983年1月间完成合约设计，接着在1983年1月—1985年1月间完成细部设计，并在1985年1月左右签订首艇建造合约。设计时程可能略为压缩，以便将首艇建造合约挤到1984财年计划中，但提前时程也会带来副作用——在这样早的时段，新的战斗管制系统将来不及准备好。

重新出发的"洛杉矶"级改进型

虽然美国海军放弃了"设计重构"的改进型"洛杉矶"级，改为继续采购原有的"洛杉矶"级，不过以"洛杉矶"级的基本设计来说，即使不作"设计重构"这样大规模的设计修改，仍然有足够的重量与浮力冗余用来引进各式新装备。因此，并不需要拉长"洛杉矶"级的艇体，直接在既有的"洛杉矶"级艇体设计上就能实施许多改进措施，而且这种改进路线也比先前的"设计重构"方案更具生产性（produceable）。

在可行的改进措施中，立即可以实行的便是引进"战斧"导弹用的垂直发射器。更进一步的改进项目还包括生产程序的优化、静音性的改善、声呐系统的更新与扩充，以及战斗管制系统的升级等。不过其中只有增设垂直发射器这一项来得及在卡特政府任内定案。

引进"战斧"导弹垂直发射器

自1972年6月正式启动"海射巡航导弹"计划后，当时担任海军作战部长的霍洛威三世上将，于1975年9月正式将它命名为"战斧"，接着经过两种弹体与两种发动机的实际对比试射验证后，美国海军1976年3月与5月分别选定通用动力与威廉斯公司作为"战斧"导弹的弹体与发动机开发承包商。

随后美国海军也开始"战斧"导弹的部署准备工作，如同"海射巡航导弹"的名称所示,"战斧"导弹有潜艇与水面战舰两种海上部署平台,最初设定的部署方式有两种:①潜艇通过标准的21英寸鱼雷管发射,"洛杉矶"级、"鲟鱼"级与"长尾鲨"级潜艇都可通过升级火控系统成为"战斧"导弹部署平台;②水面战舰则是通过升降式的Mk143装甲箱发射器发射(每具发射箱可容纳4枚"战斧"导弹),最早部署"战斧"导弹的水面舰,包括4艘爱荷华级(Iowa Class)战舰、"长堤"号、4艘"弗吉尼亚"级,以及7艘"斯普鲁恩斯"级驱逐舰。

不过美国海军很早就考虑发展一种垂直发射版本的"战斧"导弹,1976年4月进行的测试显示,垂直发射模式是可行且可靠的,而且还可比水平发射版本节省30%成本,重量也可减轻25%。

于是美国海军便在20世纪70年代末期时,发展了供水面战舰使用的Mk41垂直发射系统,可兼容于垂直发射型"战斧"导

下图:在20世纪70年代后期的"洛杉矶"级后继潜艇设计研究中,无论是高阶的"新型攻击潜艇"还是低阶的"快速攻击潜艇"(舰队攻击潜艇),都将强化火力、增加鱼雷管与武器携载量,作为基本要求之一。"洛杉矶"级只配备4具鱼雷管与22件重新装填的武器,"新型攻击潜艇"与"快速攻击潜艇"则都提高到6具鱼雷管与32件重新装填的武器。图为正准备装填潜射型"鱼叉"反舰导弹的"洛杉矶"级第30号艇"奥林匹亚"号(USS Olympia SSN-717)。

弹。"提康德罗加"级（Ticonderoga Class）巡洋舰中的后22艘（头5艘除外），以及剩余的24艘"斯普鲁恩斯"级，还有当时规划中的"伯克"级（Arleigh Burke Class）驱逐舰，准备通过Mk41垂直发射系统来部署"战斧"导弹。

相较下，潜艇受限于只能通过鱼雷管来发射"战斧"导弹，连带造成了"战斧"导弹与鱼雷争抢有限鱼雷室空间的问题。在典型配置下，潜艇最多能携带8枚"战斧"导弹，但至多只能在鱼雷管预先装填3枚，必须至少保留一具鱼雷管装填鱼雷随时供自卫使用。

电船公司很早就曾提出为"洛杉矶"级增设12组垂直发射管，用于携带"战斧"导弹的构想，由于垂直发射管是安装在艇艏耐压壳与声呐罩之间的主压载水舱，因而无须对潜艇结构做任何重大的设计变更。但是在里科弗的阻挠下，美国海军迟迟未能实施这项提案。

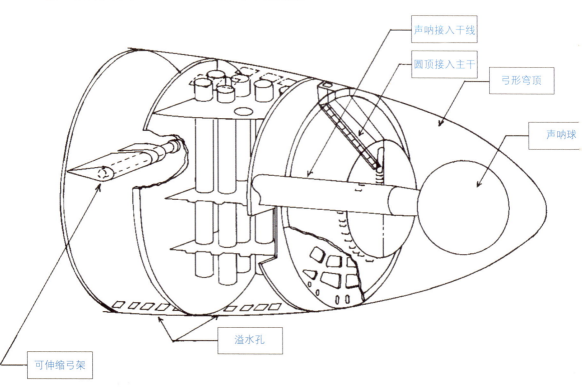

下图：改进型"洛杉矶"级的艇艏段图解，除了增设垂直发射管之外，还可见到移到艇艏两侧的水平舵。

声呐接入干线
圆顶接入主干
弓形穹顶
声呐球
溢水孔
可伸缩弓架

8 从"洛杉矶"级到"海狼"级

一直到了1979年,美国海军才以降低建造成本的理由为"洛杉矶"级引进了重新设计的艇艏。这种新的艇艏构造能更方便地在艇艏压载水舱安装垂直发射管。于是美国海军立即为编列在1978—1979财年的SSN-719与SSN-720等两艘新造"洛杉矶"级订购了这种结合了垂直发射管的新艇艏,并沿用到此后的新造"洛杉矶"级上。1978财年以后采购的所有"洛杉矶"级,都将配备12具编号为Mk45的"战斧"导弹垂直发射管。

通过增设12组垂直发射管,可将"洛杉矶"级的"战斧"导弹标准携载数量提高到20枚,而且其中最多可有15枚处于立即备射状态,发射间隔也能缩短许多,只需打开液压致动的垂直发射管舱门即可发射,同时还大幅简化了装填作业程序,只需通过吊杆将"战斧"导弹胶囊容器吊装进垂直发射管内即可。

下图:"洛杉矶"级潜艇初期采用鱼雷管发射方式来部署"战斧"导弹,从第32号艇"普罗维斯登"号(USS Providence SSN-719)起,则在艇艏声呐罩与压力壳之间的压载舱中设有12组"战斧"导弹专用的Mk45垂直发射管,可在不影响舰内原有武器酬载的情形下携带更多的"战斧"导弹。

相较之下，先前的鱼雷管发射型的"战斧"导弹也和鱼雷或其他潜射武器一样，必须通过潜艇顶部的装填舱口，经由狭窄的装填通道，搬运至鱼雷室的鱼雷架上，整个程序复杂且费时。受限于鱼雷管数量，一艘潜艇最多只能有3枚"战斧"导弹备射，导弹发射后，就必须通过重新装填作业，利用吊装机具从鱼雷架上将新的"战斧"导弹装填进鱼雷管。

这也意味着，借由垂直发射管，既有的"洛杉矶"级实现了先前研究的种种"火力强化"型"洛杉矶"级方案，即通过延长艇体将鱼雷管增加到6具或8具所要达到的增加武器携带量与发射速率的目标，但却无须大幅变更基本设计。

而随着"洛杉矶"级拥有更高的可用"战斧"导弹火力，也赋予了让"洛杉矶"级执行更具吸引力的新任务能力。例如，一艘配备垂直发射管的"洛杉矶"级可以为航空母舰空中打击任务提供支持，由"洛杉矶"级发射的"战斧"导弹负责压制敌人防空，为航空母舰的打击机群开路。

下图：垂直发射管也大幅简化了"战斧"导弹装填作业，只需通过吊杆，将"战斧"导弹容器装填进垂直发射管即可，远比必须经由装填信道将导弹搬进鱼雷室的鱼雷管发射模式简便。

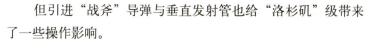

但引进"战斧"导弹与垂直发射管也给"洛杉矶"级带来了一些操作影响。

（1）影响了潜艇上浮于水面上时的姿态。当"洛杉矶"级艇艏主压载水舱增设了垂直发射管之后也增加了艇艏段的重量，并减少了艇艏的浮力，因此上浮于水面上时，艇身呈水平姿态。相较下，未配备垂直发射管的早期"洛杉矶"级上浮于水面上时，则会呈现艇艏略为上抬的姿态。

（2）潜艇是对重量非常敏感的平台，后期型"洛杉矶"级增设了垂直发射管与许多新装备后，已经接近艇体允许的重量上限。当这些潜艇装填重量较重的陆地攻击型"战斧"导弹时，导弹本体加上钢制的耐压胶囊外罩（capsule）后，重量将会过重，因此这些潜艇必须改用减装燃料的陆攻型"战斧"导弹，因而也限制了导弹射程。这个问题一直等到20世纪80年代开发了轻量型的耐压胶囊外罩后，才获得解决，后来在2000年以后又开发出重量更轻的复合材料制胶囊外罩。

里根政府的新政策

当吉米·卡特在1980年总统大选中失利后，所有重大的国防采购决策都被搁置到新政府上台为止，由新政府的国防领导阶层去做最终决定。新上台的里根政府，对于新一代攻击潜艇的选择方案，必然会有自身的考虑，未必会继续推动卡特时期留下来的"舰队攻击潜艇"与"新型攻击潜艇"等新一代攻击潜艇计划，于是这两项新型潜艇计划的经费都受到很大的削减。

在1980年大选中，共和党在竞选政纲中声称：将建立一支拥有600艘作战舰艇的海军。当里根政府于1981年1月正式上台后，新任海军部长莱曼（John Lehman）随即开始推行"600艘舰艇"的建军政策，此时美国海军的舰艇规模是479艘，而莱曼则打算在1989财年实现600艘的目标，其中也包含了攻击潜艇规模的扩充。

"洛杉矶"级攻击型核潜艇

上图：如同潜射型"鱼叉"反舰导弹，潜射型"战斧"导弹也是以外覆耐压胶囊外罩的形式，如此可降低导弹结构强度需求，无须考虑耐压问题。但耐压外罩也增加了重量，增加了搭载潜艇平台的负担，图为吊装中的潜射型"战斧"导弹，可见到圆筒型的耐压胶囊外罩。

在先前的卡特政府任内，美国海军的攻击潜艇数量稍有恢复，从福特政府时期的74艘增加到82艘，但是距离设定的90艘规模目标，仍有相当的距离。而当里根政府上任后，作为"600艘舰艇"计划的一环，进一步将攻击潜艇规模提高到100艘，因此美国海军还需要进一步增购攻击潜艇才能满足这个数量目标。

当时里根政府手上有着前任卡特时代留下来的3个新购攻击潜艇选项：一为继续采购既有的"洛杉矶"级，另外两种则是全新的"新型攻击潜艇"与"快速攻击潜艇"设计（至于"设计重构"型"洛杉矶"级，则在卡特政府后期便已放弃）。

为了尽快满足潜艇数量目标要求，里根政府决定优先采购既有的"洛杉矶"级，暂时停止了新型攻击潜艇的发展。在1982—1983财年仍沿用卡特政府留下来的规划，各采购两艘"洛杉矶"级，接下来在1984财年采购3艘"洛杉矶"级，然后在1985—1987财年每年都采购4艘"洛杉矶"级。

虽然选择了继续采购"洛杉矶"级，但以莱曼部长为首的新一届海军首长，审视了当时进行中的"洛杉矶"级建造计划时程以及可行的改进项目后，认为列在1982财年计划以后的新造"洛杉矶"级（实际上要等到1985年下半年才会实际开工）可以引进更多的新技术与新装备，无须大规模重新设计就能获得可观的性能提升，于是决定以改良的"洛杉矶"级作为潜艇建军的重心，而放弃了还需耗费许多时间开发的"新型攻击潜艇"或"快速攻击潜艇"等全新潜艇计划。

在1981年7月30日的众议院国防委员会听证会中，海上系统司令部司令福勒（Earl B. Fowler Jr.）中将解释了当时的攻击潜艇发展政策："我们现在并不是在设计（先进型攻击潜艇），我们在1981年初时，曾全面重新审视了所有在电船公司进行的设计工作，决定停止所有新型潜艇设计工作，并持续688级潜艇（"洛杉矶"级）的升级，以用于未来的生产。""在潜艇选择

左图：在里根总统（右）的支持下，约翰·莱曼成为20世纪以来美国任期最长、最具权势的海军部长。莱曼的任期长达6年两个月，仅次于19世纪时代两位海军部长韦尔斯（Gideon Welles，8年）与罗伯森（George Robeson，7年8个月）。

方案研究中，没有出现可供作为SSN 688级后继者、且具备明显成本效益的候选方案。海军作战部长指示应该停止较小型、性能较低的"快速攻击潜艇"，以及较大型、较高性能的'新型攻击潜艇'设计工作。""海军作战部长也指示将最高优先的计划，放在改进SSN 688级潜艇与既有反潜武器的能力之上。"

也就是说，这时候担任海军作战部长的哈沃德（Thomas B. Hayward）上将，秉持里根政府的新政策，叫停了"快速攻击潜艇"与"新型攻击潜艇"两种新一代攻击潜艇计划，把重心放在既有"洛杉矶"级的改进上。

莱曼部长在1982年初正式否决了"新型攻击潜艇"计划，并向参议院武装部队委员会表示，经过详细的评估后，海军希望继续建造改良的"洛杉矶"级，认为这是最具经济效益且兼顾作战能力的选择。

争端再起——美国海军与电船公司的新一轮冲突

然而要继续执行"洛杉矶"级的建造计划以及后续的"洛

右图：里根政府上台之初，决定优先推动继续采购"洛杉矶"级，以尽快满足新设定的100艘攻击潜艇规模要求，因而搁置了新一代攻击潜艇的发展。图为1992年8月1日下水仪式中的"洛杉矶"级第51号艇"哥伦布"号（USS Columbus SSN-762），该艇编列于1986财年计划中，是里根政府采购的"洛杉矶"级潜艇之一。

杉矶"级改进工程，美国海军首先要面对的是与电船公司之间的纠纷——纠缠了五六年之久的"洛杉矶"级与"俄亥俄"级建造质量问题，始终无法彻底解决。

前一任的卡特政府，原本在1978年6月与电船公司的母公司通用动力公司达成和解。电船公司也尝试了一系列建造质量改善措施，但未能达到理想的效果，电船公司承造的"俄亥俄"级与"洛杉矶"级潜艇，依然充斥着质量不佳、时程延宕的问题。海军忍受了两年多之后，在里根政府上台后不久的1981年初，再次爆发了与电船公司之间的冲突。

这一轮冲突的引爆点，依旧是"俄亥俄"级"三叉戟"弹道导弹潜艇的施工质量问题，但后来也蔓延到"洛杉矶"级计划中。

1981年3月12日，在众议院武装部队委员会所属的海权战略与关键物资次级委员会的听证会中，海上系统司令部司令福勒中将公开指控电船公司建造质量低劣，质量控制不良，且成本较另一承包商纽波特纽斯船厂高出许多，从而将此一问题揭露于大众之前。

8 从"洛杉矶"级到"海狼"级

福勒中将批评电船公司在建造"俄亥俄"级与"洛杉矶"级潜艇时,使用了不合规格的钢材,耐压壳焊缝存在缺陷,涂漆也不合标准,为了修正这些问题,许多新造潜艇都需要重新施工,电船公司虽然建立了质量管理系统但并未发生作用。

新上任不久的海军部长莱曼,则在听证会后建议在第7艘"俄亥俄"级完工后,便放缓整个"俄亥俄"级计划的进度,同时直接将3艘新的"洛杉矶"级合约(SSN-721、SSN-722与SSN-723)授予纽波特纽斯船厂(1981年8月13日正式签约),而不予电船公司竞标机会。

面对失去新合约的"惩罚",通用动力总裁刘易斯(David S. Lewis)立即出面疾呼海军的处置并不公平。前述听证会的一周后,在众议院海军次委员会的另一场听证会上,通用动力集团副总裁兼电船公司总经理维利奥特斯(Tarski Villiots)承认电船公司的质量管理确实存在问题,但问题并不

下图:电船公司与美国海军之间关于"俄亥俄"级与"洛杉矶"级潜艇的建造质量与成本控制争论,历经了福特、卡特与里根三届政府,才于里根政府任内达成最终的解决。图为电船公司格罗顿船厂全景。

上图：电船公司承造的"俄亥俄"级潜艇，出现了钢材规格不符、焊缝缺陷、涂料不合格等问题，导致返工，也引爆了美国海军的不满。图为1979年挪出船坞的"俄亥俄"级首舰"俄亥俄"号，由于建造质量与管理问题，该舰比预定时程晚了两年半才完工服役。

如海军所说严重，例如焊接缺失主要是在次要结构上发生，而不致对耐压壳整体造成不良影响，经检查后，无论是焊接还是涂料的缺失，需要返工重焊的数量有限。电船公司也努力改善质量，已在1980年10月向海军提交一套"质量现代化与提高质量管理"计划。

维利奥特斯进一步指出，施工质量不良与时程拖延，并非该公司单方面的责任，许多政府供应装备[1]，包括涡轮与螺旋桨等，都曾出现质量不佳的问题，以至连累了电船公司的工程进度，此外，美国海军极为频繁地提出"俄亥俄"级的设计修改通知，也是影响工程进度的因素之一。

面对电船公司总经理在听证会上的辩词与反控，5天后，美国国防部发出声明对电船公司施压，国防部长温伯格（Caspar W. Weinberger）表示，国防部不惜寻求包括国外船厂在内的承包商来接手"俄亥俄"级的建造工程。而海军部长莱曼更在4月12日取消了原本要交给电船公司的第9艘"俄亥俄"级合约，也开始研拟由纽波特纽斯船厂接手建造"俄亥俄"级的可行性。

电船公司总经理维利奥特斯对此抗议道，海军这种措施

---

[1] 如潜艇的反应堆、主机、推进器（螺旋桨）与武器系统等，都属于政府供应装备（government—furnished equipment，GFE），不在承包船厂负责范围。

8 从"洛杉矶"级到"海狼"级

上图：不满于电船公司处理舰造质量问题的态度，美国海军一度威胁要将第9艘以后的"俄亥俄"级合约，转给纽波特纽斯船厂或重启海军自身船厂来承造。图为在电船公司格罗顿船厂建造中的"俄亥俄"级10号艇"宾夕法尼亚"号（USS Pennsylvania SSBN-735）。

并不合理，当时电船公司拥有同时承造3艘"洛杉矶"级与两艘"俄亥俄"级的能量，海军取消订单，并转给纽波特纽斯船厂，不仅伤害了电船公司，也伤害了美国整体的潜艇建造能力，海军将3艘"洛杉矶"级合约转给纽波特纽斯后，将导致接下来的1982年，电船公司有三分之二的员工处于失业状态，但这些员工也无法立即转用到"俄亥俄"级建造上。

里科弗时代的结束

不久后，里科弗也加入这场与电船公司的争论。他的立场与福勒中将一致，并进一步指出，以他长年对于电船公司的认识，该船厂缺乏现代化管理意识，效率不如纽波特纽斯船厂。至于电船公司指责海军修改设计过于频繁的问题，里科弗与福勒中将都反驳道，相较于其他舰艇计划，美国海军在"俄亥俄"级上提出的设计修改程度并没有特别高，之所以会出现进度拖延,是电船公司的质量管理问题所导致,美国海军提出的设计修改要求,并不是主要原因。

里科弗进一步举证,即使是一些微小的修改,电船公司都提出了离谱的费用要求,且耗费不合理的运行时间。但这些尖锐的批评,也让美国海军、里科弗与电船公司陷入极为紧张的关系,进而让美国海军整个核潜艇计划都陷入风险中。

众议院试图调解美国海军与电船公司的关系,经过数月的调查后,众议院预算委员会的调查小组认为,电船公司已采取了措施,来应对建造质量控制问题,电船公司已在1981年7月完成了提高生产力的评估研究,将据此实施一系列生产管理改革。政府方面也对政府供应装备的承包商,采取了有力的管理手段。仅余的影响潜艇工程的因素只剩下海军的设计修改而已,但也不至于造成严重影响。

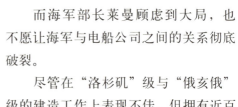

而海军部长莱曼顾虑到大局,也不愿让海军与电船公司之间的关系彻底破裂。

尽管在"洛杉矶"级与"俄亥俄"级的建造工作上表现不佳,但拥有近百年历史的电船公司仍然是美国潜艇业界规模最大的龙头厂商,在里根政府上台时,美国海军已签约采购的33艘"洛杉矶"级潜艇中(迄1979财年为止),电船公司就承包了20艘。同时电船公司手上还有着位阶更高、作为战略核武力量基石的"俄亥俄"级"三叉戟"弹道导弹潜艇订单,当时已签订的8艘"俄亥俄"级合约,全部都在电船公司手上。

美国海军虽然试图培植纽波特纽斯船厂的潜艇建造能力,以避免过于依赖电船公司。但纽波特纽斯船厂的业务重

下图:作为对电船公司的惩治,美国海军在1981年4月决定将1981财年的3艘"洛杉矶"级潜艇合约(SSN-721、SSN-722、SSN-723),直接交给纽波特纽斯船厂,而不给予电船公司竞标机会。图为这3艘其中之一的"西礁"号(USS Key West SSN-722),1985年7月20日下水的纪念仪式。

心在航空母舰，在潜艇上的经验与建造能量与电船公司仍有相当的差距。要完成美国海军的潜艇建军目标，还是非得有电船公司的参与不可。显然，若电船公司的建造工作不能步上轨道，那么，美国海军不仅难以达成里根政府设定的攻击潜艇数量目标，甚至连更重要的海基战略核武力量的更新，都无法顺利实现。

而对莱曼来说，"600艘舰艇"政策日后的推动与落实，电船公司的积极合作更是不可或缺，于是海军部于1981年9月14日开始与电船公司协商和解方案。电船公司在协商中保证将尽最大努力完成"俄亥俄"级工程，并提早交付6艘"洛杉矶"级。两天后的9月16日，电船公司接受了海军部提出的各项质量保证要求，以交换海军发给第九艘"俄亥俄"级合约标书。接着美国海军与通用动力集团在1981年10月22日，公布了被莱曼称作"一劳永逸清除这项灾难的严厉计划"的最终和解协定，正好赶在首艘"三叉戟"弹道导弹潜艇"俄亥俄"号服役的3周之前[1]，但这场绵延半年多的争论，并未就此画上休止符。

里科弗非常不满意海军对通用动力妥协，抨击了这项协议与主导协议的莱曼部长。但里科弗的政治影响力已大不如前，许多坚定支持里科弗的国会议员，此时都已退休或离世。而莱曼在里根总统的支持下，则逐渐有了足够政治权力。莱曼认为

上图：顾全到"600艘舰艇"计划的大局，海军部长莱曼虽然也不满电船公司的表现，但不愿双方之间的关系彻底破裂，在保证改善质量的前提下，在1981年10月与电船公司达成最终和解，继续将新合约授予该船厂。图为莱曼于1984年10月27日"西奥多·罗斯福"号航空母舰（USS Theodore Roosevelt CVN 71）下水典礼致辞的情形。

---

[1] "俄亥俄"号于1981年11月11日正式服役，比原定服役时间延迟了两年半。

上图：图为1981年11月11日，莱曼与里科弗登上新服役的"俄亥俄"级弹道导弹潜艇视察的情形，图中央是里科弗，右方是里科弗夫人，左方是莱曼。3周之前，莱曼与电船公司的和解遭到里科弗的激烈批评，而在一个多月后，经由莱曼的运作让里科弗强制退伍。

莱曼是商界出身，但同时也是空军与海军预备役飞行军官，当他受命出任里根政府的海军部长后，认为专权、不受控的里科弗是他推动新政策的主要阻碍之一，在里根总统的同意下，强制让里科弗退伍。

里科弗妨碍了海军的政策目标，于是抓住了里科弗的一次失误——里科弗在1981年7月26日搭乘新完工的"拉霍亚"号潜艇（La Jolla SSN-701）进行试航时，缺乏及时的指挥作为，导致潜艇陷入危险，莱曼便以此为由，在里根总统同意下，强制让里科弗退役[1]。

里科弗的强制退役，结束了美国海军核动力舰艇发展历程中的一个时代，莱曼也一举解决了他未来施政上的两大障碍——结束了海军与通用动力电船公司之间的长期纠纷，并清除了多年来霸占核潜艇与核动力推进开发政策的里科弗，接下来莱曼便可以摆脱束缚，打造他理想中的"600艘舰艇"大海军。

电船公司在1982年初开始执行补充劳动力计划，为旗下的格罗顿船厂与昆西特角（Quonset Point）船厂补充了1300

---

[1] 当时的美国国防部长温伯格（Caspar Weinberger），于1982年1月31日宣布将里科弗退役。

名造船员工，力图追赶建造进度。美国海军也在1982年2月修订了与电船公司之间的"洛杉矶"级建造合约，同意延后交付日程。同时也授予电船公司额外两艘"洛杉矶"级合约。

经过谈判后，为了安抚海军，通用动力集团也同意不寻求保险补偿。美国保险业为造船厂的造船质量缺失提供保险，被认为是导致船厂对于质量控制漫不经心的原因之一。当发生质量缺失、无法满足客户需求时，造成的损失可以从投保理赔中获得补偿。如此一来，也形同于船厂将建造风险转嫁给保险公司，只要投保了保险，船厂日后就算发生建造质量不合格、时程延误等问题，所产生的损失，保险公司都可以提供补偿。

美国海军认为，正是这类保险促成了电船公司对于潜艇建造质量消极以对。于是电船公司的母公司通用动力公司决定在1981年财报中认列4500万美元损失，而不动用保险补偿。通用动力精算后表示，该公司在前两笔"洛杉矶"级合约中，最终的损失大约是8400万美元，后续的"洛杉矶"级合约则会恢复收支平衡，并能从第5批次合约开始获利。此后，"洛杉矶"级的建造计划也逐渐回到正轨。

上图：一个时代的结束。1983年2月28日，尼克松、福特和卡特等3位任美国前总统，出席了里科弗退役纪念聚会。至于让里科弗强制退伍的里根总统，则没有出席。

"21世纪核攻击潜艇"计划启动

在1982年初美国海军扫清了执行"洛杉矶"级采购计划的障碍后，时隔仅仅半年，随着形势的变化，美国海军的攻击潜艇发展政策，又出现了180度的大转变，再次重拾了全新的攻击潜艇的发展政策。

在外部形势方面，出现的新变量是苏联水下威胁的增长超乎预期，尤其是20世纪80年代初期新服役的"维克托"Ⅲ型，静音性较先前的苏联潜艇大有改善，已经接近美国海军

上图:"维克托"Ⅲ型潜艇的出现,让西方国家深刻感受到苏联潜艇静音性能的大幅进步,曾在1985年与1987年的演习中,实际展现了难以被侦测追踪的能力。美国与英国海军负责监控苏联海军演习的单位始终都无法确认捕捉到"维克托"Ⅲ型潜艇。

"鲟鱼"级的水平,不再是能够轻易追踪捕获的目标,同时还配备了SS-N-15"海星"、SS-N-16"种马"反潜导弹等新武器,火力十分强大。情报显示,更先进的新一代苏联潜艇也即将问世[1],让美国海军感受到苏联潜艇技术的追赶压力,仅仅依靠"洛杉矶"级的改良,已不足以维持对苏联的潜艇技术优势。

在内部形势方面,则出现了两项重要变化。

莱曼提倡的新战略——"海上战略"(Maritime Strategy),经过1981年底的"海洋冒险"(Ocean Ventured)演习验证后,正式成为美国海军的基本政策。"海上战略"的核心精神,是通过攻势性手段施压苏联,从而迫使苏联改变行为,将大多数兵力用于防御本土,而非用于攻击北约航运。也就是说,这就是一种"攻其所必救"的概念,主动攻击苏联海军不

---

[1] 在1982年当时,苏联已经开工建造两种钛合金制的新一代攻击潜艇"麦克"(Mike)级(685型)与"塞拉"(Sierra)级(945型),另一款"阿库拉"(Akula)级(971型)也即将在1983年开工。

得不重兵防守的要点，进而将苏联兵力牵制在本土防御中，借此减少苏联能投入到攻击北约航线上的力量。比起被动的船团护航，这种主动出击苏联关键区域的方式将更有效地保护北大西洋航线。

在莱曼新的"海上战略"下，美国海军的舰艇发展、部署与运用都必须以执行"海上战略"的能力为基准，重新检讨与规划，攻击潜艇自然也不例外。

自20世纪70年代以来，美军攻击潜艇最主要的任务便是反潜阻栅，在格陵兰—冰岛—英国防线等要点，阻截意图进入远洋的苏联潜艇。但莱曼的新战略是攻势性的建军与作战部署策略，以攻击来达成防御的目的，要求海军不要再被动防守，而应冲出格陵兰—冰岛—英国防线主动出击，在平时采取前沿部署压迫苏联海军的行动，在战时则可迅速反应，主动打击苏联海军的根据地。

在这个新战略下，核攻击潜艇担负起了最关键的任务——攻击苏联海军最重视、价值最高的目标，也就是弹道导弹潜艇。若苏联感受到自身的弹道导弹潜艇受到美军潜艇猎杀的威胁，势必得投入重兵保护，进而能极大地牵制苏联海军的兵力运用。

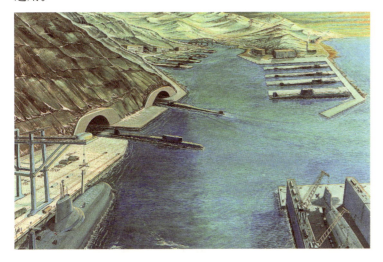

左图：莱曼新的"海上战略"要求美国海军采取攻势性行动，攻击潜艇不再只是把守在格陵兰—冰岛—英国防线后方，担任被动的反潜阻栅角色，而应主动前出、渗透侵入苏联弹道导弹潜艇的"堡垒"区域，从而压迫与牵制苏联海军的兵力运用。上图为美国国防部《苏联军力》报告中，苏联弹道导弹潜艇基地想象图。

"洛杉矶"级攻击型核潜艇

但另一方面,自1970以来苏联便凭借射程大幅延长的潜射弹道导弹,构筑了"堡垒"战略,苏联弹道导弹潜艇已不再需要穿透西方的格陵兰—冰岛—英国防线,只需躲在拥有严密保护的"堡垒"区域内,即可打击美国本土目标。

这也意味着,美国海军若要让攻击潜艇执行猎杀苏联弹道导弹潜艇的任务,必须让攻击潜艇渗透、侵入苏联重兵设防的"堡垒"区域。这对于攻击潜艇的噪声辐射控制、被动侦测能力、冰层下操作能力,以及武器酬载量,都有极高的要求,需要一种拥有高度静音性、配备先进被动声呐、充足的武器酬载,以及具备高度冰层下活动能力的攻击潜艇,才能充分应对这项任务。

上图:沃特金斯在1982年6月30日出任美国海军作战部长时,是史上第4位潜艇军官出身的海军作战部长。在他之前,美国海军已有35年未曾有潜艇出身军官升任海军作战部长,因此沃特金斯升任海军作战部长,也意味潜艇军官地位的提高,大为提高了潜艇单位的发言权,对于"21世纪核攻击潜艇"计划的发展,带来了正面影响。在沃特金斯之后,紧接又有4位潜艇出身军官升任海军作战部长,显示沃特金斯对于提高潜艇军官地位带来的影响。

美国海军当时现役的"长尾鲨"级、"鲟鱼"级与"洛杉矶"级等攻击潜艇,都不能充分满足执行这类任务的需要,因此美国海军需要一项全新的攻击潜艇计划来发展符合"海上战略"需要的攻击潜艇,这也促成了"21世纪核攻击潜艇"(SSN 21)计划的诞生。

潜艇部队出身的沃特金斯(James D. Watkins)于1982年6月出任海军作战部长。迄当时为止的22任海军作战部长中,沃特金斯是仅有的4位潜艇军官出身者之一[1],自然也较前几任海军作战部长更重视新潜艇的发展,成了新潜艇计划的代言人。

---

[1] 前3位潜艇出身的海军作战部长,分别是1942—1945年在任的金(Ernest J. King),1945—1947年在任的尼米兹(Chester W. Nimitz),以及1947—1949年在任的丹菲尔德(Louis E. Denfeld)。

8 从"洛杉矶"级到"海狼"级   277

左图：美国海军在1982年改变了原本搁置新型攻击潜艇发展的政策，决定启动全新的"21世纪核攻击潜艇"计划，以对抗迅速升高的苏联水下威胁。上图为早期的"21世纪核攻击潜艇"想象图。

　　于是在接下来的1983年初，美国海军一反前一年不需要新一代潜艇的论调，对外公布了代号SSN21的新型攻击潜艇计划，意指"针对21世纪需要的新时代核攻击潜艇"，并在各种场合极力强调对于这种新潜艇的迫切需要。莱曼部长向国会表示，"洛杉矶"级潜艇的发展潜力已经耗尽，几年内，苏联潜艇的性能很可能便会赶上"洛杉矶"级。海军作战部长沃特金斯也向新闻界宣称，苏联现有的"维克托"Ⅲ型潜艇，在静音性方面只落后"洛杉矶"级5年而已。

　　事实上，早在半年前的1982年5月，美国海军便组成了特别小组重启了新一代攻击潜艇的规格需求制定工作。莱曼也批准了新潜艇的概念设计，并同意在1989财年采购首艇，接着海军作战部长沃特金斯也在1983年11月核准了新潜艇的性能规格表，让"21世纪核攻击潜艇"计划步上了轨道。

CHRISTENING MARCH 19, 1994
USS TUCSON

承先启后的"洛杉矶"级

持续进化的"洛杉矶"级

虽然美国海军在1983年启动了"21世纪核攻击潜艇"计划,但这种全新发展的潜艇,得等到20世纪90年代中期才能进入服役,当时还是需要通过改良的"洛杉矶"级,来应对近期的需求。

因此"21世纪核攻击潜艇"计划的展开并未影响到既有的"洛杉矶"级潜艇升级改良工作,美国海军只是略为调整了1989财年以后的"洛杉矶"级采购计划,以挪出部分预算资源,应对届时将展开的"21世纪核攻击潜艇"采购计划。

在里根政府的规划下,1982财年计划以后的"洛杉矶"级潜艇,都将依序引进不同程度的更新,这些更新项目的内容可分为潜艇结构与基础服务设备的更新、北冰洋活动能力强化、静音性改善,以及声呐与战斗管制系统升级等几个方面。

潜艇结构与基础服务设备更新

首先,是对1982财年计划以后的"洛杉矶"级潜艇,在油箱、支座(supports)、控制面结构以及电力分配系统等方面进行重新设计,另外焊接与测试程序也要重新调整。这些改进措施都可以被纳入到"洛杉矶"级漫长量产时程中的"学习曲线保存"（learning curve savings）项目中。

其次，是更新S6G反应堆的炉芯。原本"洛杉矶"级搭载的S6G反应堆，使用的是D1G-2炉芯，可输出150MW热功率；而从1982财年计划以后的"洛杉矶"级，则将S6G反应堆改用新的D2W炉芯，热功率输出可提高到165MW，寿命也有所延长，而主机输出的轴功率也从30000匹轴马力提高到33500匹轴马力。至于早期建造的"洛杉矶"级，日后也会在服役中期的换料大修时为S6G反应堆更换为D2W炉芯。

北冰洋活动能力强化

"洛杉矶"级为人诟病的一项缺失，是缺乏北冰洋活动能力。为了追求提高航速，"洛杉矶"级采用了尺寸较小、阻力也较低的指挥塔围壳，但也造成围壳高度不足，以致围壳上的水平舵无法像上一代"鲟鱼"级般垂直偏转90度，借此减少在北冰洋上浮破冰冲击。于是为了避免围壳水平舵在破冰时受

下图：两种不同围壳构型的"洛杉矶"级对比。左为"洛杉矶"级第53号艇"波夕"号（USS Boise SSN-764），是取消围壳水平舵，改用艇艏舵的Flight III批次第14艘；右为"洛杉矶"级的第39号艇"纽波特纽斯"号（USS Newport News SSN-750），为Flight II批次的第8艘，仍采用围壳水平舵。

上图：通过将水平舵挪到艇艏，并强化围壳结构，SSN-751以后的"洛杉矶"级FlightⅢ批次，拥有充分的北冰洋活动能力，克服了先前"洛杉矶"级的一大缺陷。图为"洛杉矶"级第57号艇、FlightⅢ批次第18号艇"哈特福德"号（USS Hartford SSN-768），在2016年3月15日的"冰雪演习"（ICEX 2016）中，突破北极海冰层的情形。

损影响到航行安全，也大为限制了"洛杉矶"级的北冰洋活动能力。

但仅仅依靠"鲟鱼"级不足以应对美国海军的北冰洋任务要求，因此美国海军决定彻底改进"洛杉矶"级后续批次的北冰洋活动能力。解决办法便是移除围壳上的水平舵，改设置于艇艏，成为艇艏水平舵，同时强化指挥塔围壳的结构，通过指挥塔围壳来破冰上浮，而挪到艇艏的水平舵，也设有折收到艇艏内部的机构，无受冰层冲击受损之虞[1]。

事实上，艇艏水平舵是美国海军潜艇的传统设计，自第二次世界大战以来的柴电潜艇，以及早期的第一代核潜艇，都是采用艇艏水平舵。至于围壳水平舵，则是从"鲣鱼"级才开始引进的新设计。

不过，以艇艏舵取代围壳水平舵也会带来机械复杂性增加

---

[1] 将艇艏水平舵回收进潜艇体壳内的功能，原本主要是用于在港口进出与停泊时，避免突出于艇外的水平舵碰撞受损。

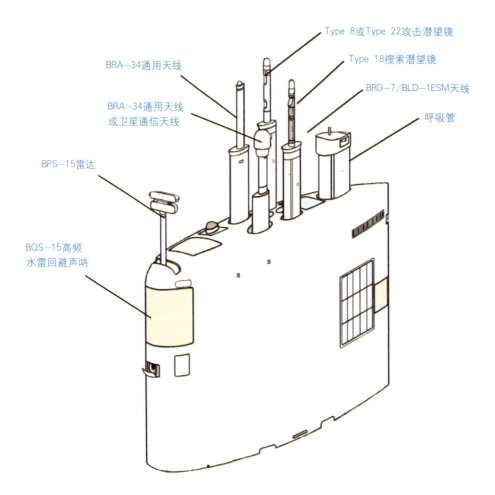

上图：改进型"洛杉矶"级的指挥塔围壳图解。

自SSN-751以后的改进型"洛杉矶"级，除了移除了围壳水平舵之外，也调整了雷达天线桅杆的位置。另外还引进了拥有前视红外线（FLIR）的Type22光电潜望镜，指挥塔围壳前端另增设了水雷回避声呐的阵列。

且不利艇艏被动声呐操作的副作用。固定于围壳上的水平舵，只有偏转舵面的机构，而艇艏水平舵除了舵面偏转机构外，还多了从艇内展开与折收的机构，机械较为复杂，也增加了故障发生的可能性[1]。此外，艇艏水平舵运作时产生的流体噪声与驱动机构作动时的噪声也有干扰艇艏被动声呐操作之虞。

美国海军决定从1983财年计划以后的"洛杉矶"级潜艇，都采用强化北冰洋活动能力的构型建造。列在1983财年计划中

---

[1] 美国海军以往采用艇艏水平舵的潜艇，经常发生的故障之一便是无法将艇艏水平舵从艇身内伸展出来。

的两艘"洛杉矶"级——SSN-751与SSN-752，便成为最早应用这种新构型的"洛杉矶"级。而这也让SSN-751以后的"洛杉矶"级成为自"鲣鱼"级以来美国海军第一批改回传统艇艏水平舵构型的潜艇。

声呐与战斗管制系统升级

战斗管制系统与BQQ-5声呐系统的更新，原本就是"洛杉矶"级建造计划中持续进行的升级项目。而在20世纪80年代初期拟定的"洛杉矶"级改进计划中，则打算为"洛杉矶"级引进额外的声呐装备，并升级为更先进的战斗管制系统。

从SSN-688到SSN-699的最早一批"洛杉矶"级，配备的是BQQ-5声呐系统与Mk113 Mod.10火控系统。

而从SSN-700起到SSN-715为止的"洛杉矶"级，则将声呐升级为BQQ-5B，改进了控制显示系统，并为艇艏壳体内的被动识别阵列，增加了可调船壳阵列波束成形功能，火控系统也更新为全数字化的Mk117。而这些潜艇上的Mk117火控系统，与提供一系列自动战术数据处理功能的潜艇中央计算机设备结合后，便成为新的战斗管制系统Mk1。

接下来从SSN-716起的"洛杉矶"级，又将声呐系统升级为BQQ-5C，引进了新的被动信号处理器、被动波束成形器与被动波束成型处理器，并扩展了"定向频率分析与记录"（Directional Frequency Analysis and Recording, DIFAR）浮标的被动定向侦测能力，SSN-716另外也将战斗管制系统升级为CCS Mk1 Mod.1，增加了运用"战斧"导弹的能力（包括"超地平线标定"功能），可以支持"战斧"导弹的水面打击能力。

SSN-688到SSN-699的早期"洛杉矶"级，也陆续将BQQ-5升级到BQQ-5C，并引进CCS Mk1战斗管制系统，取代旧式的Mk113火控系统。

接下来为了支持"洛杉矶"级增设的垂直发射系统，美

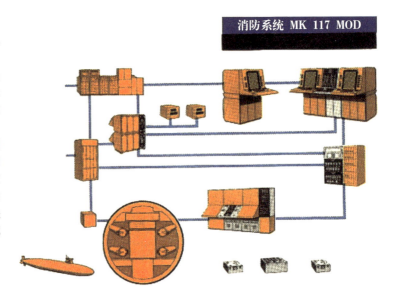

右图：Mk117火控系统图解。声呐与火控和战斗系统的升级一直是"洛杉矶"级潜艇过去30年来持续进行的项目，"洛杉矶"级最初批次配备的是过渡性的Mk113 Mod.10火控系统，自SSN-700起开始采用Mk117火控系统，这是美国海军第一种全数字化潜艇火控系统，目标追踪处理能力远高于Mk113火控系统，缺点是不兼容于旧型的模拟式武器。

国海军发展了CCS Mk1战斗管制系统的升级版本CCS Mk1 Mod.2，这个版本不仅能运用Mk48 Mod.1/3/4鱼雷、还能运用"战斧"导弹与"鱼叉"反舰导弹等新武器。

后续自SSN-719到SSN-750的"洛杉矶"级潜艇，则将战斗管制系统升级为CCS Mk1 Mod.3，新整合了运用Mk48先进型鱼雷的能力。另外从SSN-716至SSN-720的"洛杉矶"级，还通过将CCS Mk1战斗管制系统下辖的Mk117火控系统升级为新的Mod.8版本，从而具备使用新型"海长矛"反潜导弹以及旧式"潜射反潜火箭"的能力（不过"海长矛"反潜导弹于1990年取消，并未服役）。

接着从1983财年计划起的SSN-751以后各艇，是"洛杉矶"级发展历程中的里程碑，引进了以BSY-1战斗系统为核心的重大更新，并结合了一系列崭新的侦测设备。

由IBM领导开发的昵称"busy-one"的BSY-1，是1980年提出的"潜艇先进战斗系统"（Submarine Advanced Combat System，SUBACS）计划经重组后的初步发展成果，也是第一套可以融合不同声呐系统数据、自动追踪目标的潜艇战斗数据处理系统,类似于美国海军水面舰配备的SQQ-89水下战斗系统。

BSY-1分为战斗管制单元与声讯系统控制单元两大部分,兼具了BQQ-5声呐系统的声呐数据处理功能,以及Mk117火控系统的武器管制功能。

但是BSY-1没有实现"潜艇先进战斗系统"计划最初设定的完全分布式架构以及完全整合声呐与火控系统的目标。比起最初规划的"潜艇先进战斗系统",BSY-1只能算是规格降级和大幅简化设计的版本,没有了光纤数据总线,并且以传统的中央计算机架构取代原本计划的分布式处理架构,还省略了许多操作辅助功能。而且"潜艇先进战斗系统"计划过程中问题不断,历经了数次计划重组,由此带来的庞大预算超支与严重进度延宕,也连累到"洛杉矶"级的建造时程。

下图:图为"路易斯维尔"号(USS Louisville SSN-724)声呐室中的BQQ-5D声呐操作台,该艇属于VLS型"洛杉矶"级,最初配备的是BQQ-5C声呐,后来在20世纪90年代升级为BQQ-5D。

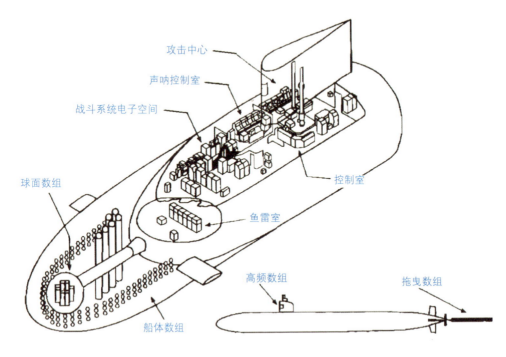

AN/BSY-1 设备位置

上图：BSY-1战斗系统主要组件在"洛杉矶"级上的配置图解，配套的传感器包括艇艏的球形阵列与壳体听音阵列，艇艉施放的拖曳阵列，还有指挥塔围壳前端的高频（HF）水雷侦测阵列，相关的数据处理与控制显示设备，则安置于声呐室、指挥室与鱼雷室等位置。

雪上加霜的是，由于从最初的"潜艇先进战斗系统"计划，到计划重组并发展出BSY-1后，也带来大幅度的设计变更，导致依"潜艇先进战斗系统"初期规划设计的改进型"洛杉矶"级无法完全适配BSY-1的问题。当BSY-1原型系统交付时，发生了超出潜艇的缆线通道限制的尴尬事件，以致无法安装到首艘改进型"洛杉矶"级"圣胡安"号（USS San Juan SSN-751）（后来花了1亿美元才解决这个问题）。

但相较于先前的潜艇火控系统，BSY-1仍是一个巨大的进步，被动追踪能力更好，理论上的目标处理数量10倍于Mk117火控系统，也较以往BQQ-5的声呐处理系统节省许多重量，并能整合更多类型的传感器，包括：采用数字发射机与新型换能器的改进型艇艏球形声呐、TB-16低速拖曳阵列声呐、BQS-

上图:"洛杉矶"级第43号艇"托皮卡"号(USS Topeka SSN 754)的声呐室,该艇是改进型"洛杉矶"级的4号艇,也是最早配备BYS-1战斗系统的"洛杉矶"级之一,在20世纪80年代后期到整个20世纪90年代,BYS-1是最先进的潜艇战斗系统。

15水雷与冰层侦测回避声呐,以及WLR-9声讯信号截收系统,稍后又增设了细线型(thin-line)的TB-23高速拖曳阵列声呐。

其中TB-16与TB-23拖曳阵列声呐也都回溯安装到较早建造、但未配备BSY-1战斗系统的"洛杉矶"级上,这些早期型"洛杉矶"级也将原本的BQQ-5C声呐升级为引进了BSY-1技术的新版本BQQ-5D。

SSN-751以后的改进型"洛杉矶"级,后来又引进一项重要的新型声呐装备,也就是BQG-5 宽孔径阵列被动声呐。"洛杉矶"级的第23号艇"奥古斯塔"号,被选为宽孔径阵列被动声呐的试验艇,于1987年7月配备了BQG-5宽孔径阵列被动声呐的工程开发制造(EMD)原型进行测试。美国海军曾考虑为早先服役的"洛杉矶"级都回溯安装宽孔径阵列被动声呐,但由于"洛杉矶"级剩余的重量冗余,已不足以配备BQG-5 宽孔径阵列被动声呐,以致放弃了这项提案。

据称最终只有SSN-751以后的改进型"洛杉矶"级自1997年起陆续配备了某种版本的宽孔径阵列被动声呐,并整合到这些潜艇的BSY-1战斗系统中。推测可能采用的是洛克希德·

对页图：干坞中的"哥伦比亚"号（USS Columbia SSN-771），可见到该艇采用的导管螺旋桨以及在艇艉下方两侧增设的两面鳍。可与下方早期型"洛杉矶"级的大侧斜七叶螺旋桨，以及标准的十字形艉舵作对比。（上）（下）

右图："洛杉矶"级的拖曳阵列声呐布置图解。

改进型"洛杉矶"级配备了两种拖曳阵列声呐，包括低速型的TB-16与高速型的TB-23。

TB-16是"粗线型"（fat-line）拖曳阵列声呐，本体是240英尺长的3.5英寸直径阵列，由2600英尺长的0.37英寸缆线拖曳，阵列收纳于耐压壳顶部右侧的长管状整流罩内，缆线、绞盘与卷线器则安置于艇艏主压载水舱内。通过艇艉右水平稳定翼外侧的管状施放口，来施放阵列，以避免拖曳阵列纠缠到螺旋桨推进器。

TB-23是"细线型"（thin-line）拖曳阵列声呐，借由较细的阵列，可拥有4倍于TB-16的阵列长度，本体是1000英尺长的1.1英寸直径阵列，通过3000英尺长的缆线拖曳。由于TB-23直径较细，所以可以直接卷收到艇艏压载水舱内，并通过艇艉左水平稳定翼施放口来施放阵列。

马丁公司从1995年开始发展的轻量、低价化版本BQG-5，这种版本需要的艇壳穿孔数量减少一半，重量也减轻到可以配备到"洛杉矶"级上。

当BSY-1战斗系统开始应用在改进型"洛杉矶"级之际，美国海军又从1988年起委托雷神（Raytheon）公司负责发展新一代的CCS Mk2战斗系统，搭配BQQ-5声呐的新版本BQQ-5E，将同时取代早期"洛杉矶"级配备的CCS Mk1战斗系统以及改进型"洛杉矶"级的BSY-1战斗系统。稍后CCS Mk2又被纳入到涵盖更广泛的BSY-1战斗系统计划中。

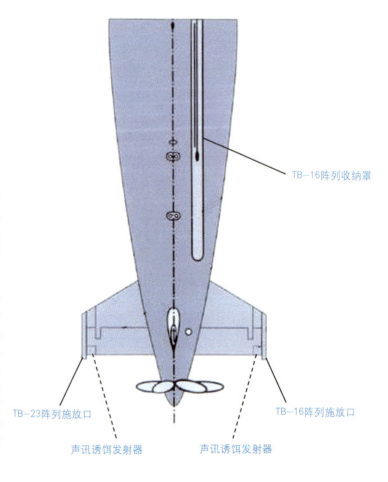

静音性与稳定性改善

除了"独角鲸"号、"利普斯科姆"号等试验性质的攻击潜艇之外,"洛杉矶"级是美国海军当时静音性最佳的量产型核攻击潜艇,较上一代的"鲟鱼"级更胜一筹。并且从1979财年计划中的SSN-719起,引进了称作"特殊艇壳处理"(Special Hull Treatment)的消音瓦,可降低敌方主动声呐的侦测效果以及艇内噪声的对外传播。

除此之外,"洛杉矶"级也还有进一步改善静音性的可能性,可引进更多的静音性改善措施,包括采用更安静的发电机组与泵以及安静型推进器。安静型推进器是导管螺旋桨(Annular Screw)形式的新型推进器,可以减少螺旋桨末梢的空蚀现象与振动,从而抑制噪声,同时也有防冰保护的效果。它以导管螺旋桨为基础,后来进一步衍生出应用在下一代"21世

上图：从图可以确认，除了SSN-668至SSN-773这最后6艘"洛杉矶"级开始引进的导管螺旋桨与两面鳍，至少也有一部分较早建造的改进型"洛杉矶"级，也回溯进行了类似的修改。图为2020年8月于干坞中的"波夕"号，可清楚看见导管螺旋桨的环状构造，还有艇艉两侧向下斜张的两面鳍。

纪核攻击潜艇"上的泵喷射（Pump Jet）推进器。

1988财年计划中的"哈特福德"号攻击潜艇，是首先采用前述进阶降噪措施的"洛杉矶"级，后续的新造"洛杉矶"级也都沿用了相同设计。SSN-751以后的改进型"洛杉矶"级也回溯升级了同样的进阶降噪措施。

另外值得一提的是，1988财年计划以后的新造"洛杉矶"级，除了引进新的降噪措施外，还在艇艉腹部两侧增设了类似"21世纪核攻击潜艇"的倒V形两面鳍（Dihedral Fins），目的是提高艇体的稳定性，降低高速回转时出现瞬间突发性横滚从而失去深度的概率，也一定程度弥补了"洛杉矶"级最初设计时未采用X形艉舵的缺憾。

除了SSN-768至SSN-773各艇以外，从公开的照片可以判断，在早先建造的"洛杉矶"级中，至少有一部分SSN-751以后的改进型"洛杉矶"级回溯改装了导管螺旋桨与倒V形两面鳍。

"洛杉矶"级的升级批次区分

随着"洛杉矶"级建造与服役过程中，依序引进的众多升级改进项目，也让"洛杉矶"级形成了3种不同的批次构型。

从首艇SSN-688到SSN-718为止的31艘，是基于原始设计的基本型，被列为Flight I批次。

从SSN-719到SSN-750的8艘[1]，是引进垂直发射器的VLS型，被列为Flight II批次。

自SSN-751以后，到SSN-773的23艘，则为引进艇艏水平舵，强化北冰洋活动能力，以及其他包括战斗系统、声呐等进一步升级项目的改进型，被列为Flight III批次。

而在这些改进批次中，最重要的是Flight III批次，这批次"洛杉矶"级强化了北冰洋活动能力，引进BSY-1战斗系统、水雷回避声呐、两种拖曳阵列声呐等新装备，还拥有改进的桅杆传感器（包括Type22红外线/光电潜望镜与改进的测向仪）、艇壳与声呐罩的特殊表面处理（消音瓦）、更安静的机械设备（螺旋桨推进器、泵与电气设备）、改进的导航系统（陀螺仪/舰艇惯性导航系统），以及更好的"目标动态分析"能力，改善了稳定性（艇艉增设两面鳍），还增加了先前批次"洛杉矶"级所不具备的水雷运用能力（可以使用Mk67机动式水雷与Mk60鱼雷管发射水雷）。

美国海军认为通过这些改进措施可以让Flight III批次的"洛杉矶"级整体作战效率提升达两倍，因此特别以"改进型（improved）洛杉矶级"的称呼，来与早先的"洛杉矶"级区分，简称为688 Improved级或688I级。

不过，改进型"洛杉矶"级发展到最后，当"哈特福德"号引进改进的螺旋桨与降噪型设备后，也完全耗尽了原始设计

---

[1] 其中"洛杉矶"级并未使用726～749的舷号，这些舷号被保留给"俄亥俄"级使用，但"俄亥俄"级实际上只使用了726～744的18个舷号，745～749等5个舷号最终成为空号。

"洛杉矶"级攻击型核潜艇

Flight I 基本型
（SSN-688～SSN-715）

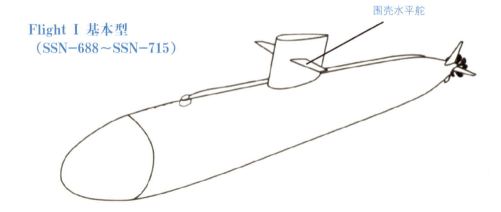

Flight II VLS型
（SSN-716～SSN-750）

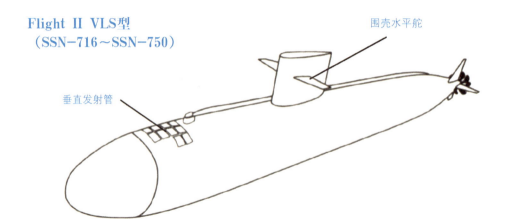

Flight III 改进型
（SSN-751～SSN-773）

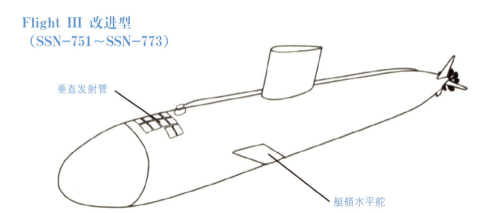

中预留的250吨重量冗余，这也对"洛杉矶"级日后的升级改进，造成了限制。

当最后一批"洛杉矶"级于1996年服役后，美国海军便未再新造"洛杉矶"级，但是自20世纪90年代后期到21世纪，仍持续为"洛杉矶"级实施一系列升级。考虑到"洛杉矶"级的重量冗余已经耗尽，这些新的升级主要集中在对重量影响较小的战斗系统与声呐装备方面，例如BSY-1战斗系统，引进商规开放架构组件来提升声呐与战斗系统处理能力的BQQ-10"声讯快速商规或架技术插入"（Acoustic Rapid COTS Insertion，A-RCI）计划，还有引进新的TB-34与TB-29拖曳阵列声呐，取代原有的TB-16与TB-23声呐等。

这几项应用在"洛杉矶"级的新升级计划，同时也是应用在包括"海狼"级、"弗吉尼亚"级与"俄亥俄"级，涵盖整个美国海军核潜艇舰队的全面性升级计划。

对页图："洛杉矶"级的三批次区分。

下图：美俄主要核攻击潜艇噪声等级对比。在美国海军自身的评估中，拥有进阶降噪设计的改进型"洛杉矶"级（SSN-688I），噪声等级要比原本的"洛杉矶"级（SSN-688）低了一个层次，处于新一代的SSN 21级与原本的"洛杉矶"级之间。

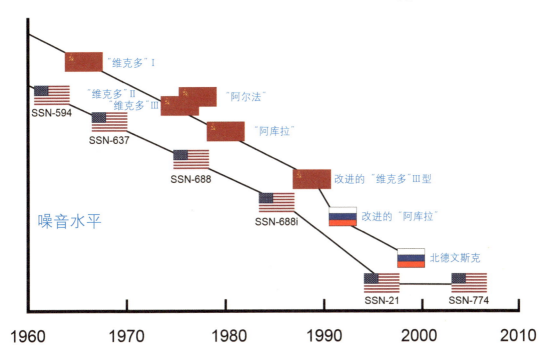

"洛杉矶"级攻击型核潜艇

"洛杉矶"级

S6G反应堆
(D1G-2炉芯)

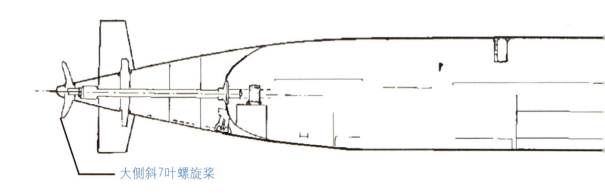

大侧斜7叶螺旋桨

改进的"洛杉矶"级

S6G反应堆
(D2W炉芯)

降噪型泵与发电机

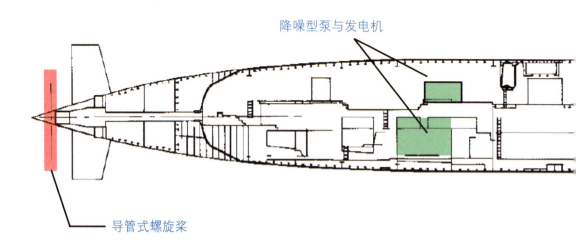

导管式螺旋桨

上图:"洛杉矶"级与改进型"洛杉矶"级内部配置对比。

9 承先启后的"洛杉矶"级 295

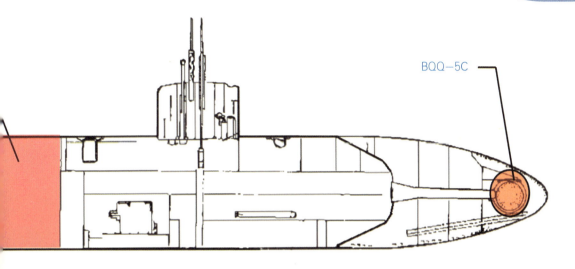

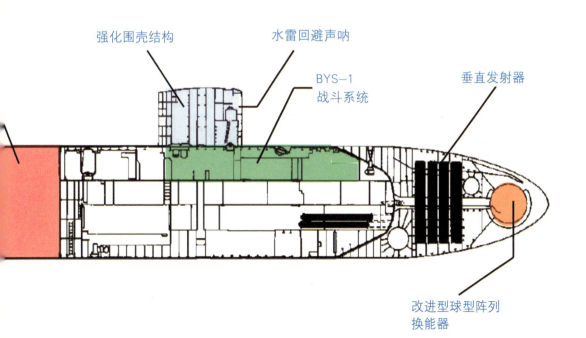

9 承先启后的"洛杉矶"级   297

上图:随着"洛杉矶"级耗尽了储备的重量冗余,21世纪以后,"洛杉矶"级的改进转为以声呐、战斗系统的升级为主。图为2009年拍摄的"托皮卡"号的控制室(上)与声呐室(下),这是经过"声讯快速商规或架技术插入"计划升级过的BSY-1战斗系统控制面板,引进了商规现成计算机技术与组件,可与前述另一张较早期的"托皮卡"号声呐室作对比,可看出时代带来的巨大改变,控制台从早先尺寸较小的阴极射线管显示器,换成了大尺寸的液晶(LCD)屏幕,给"洛杉矶"级的战斗系统带来了更新颖的操作接口。

左图:1986年下水的"圣胡安"号是改进型"洛杉矶"级的首艇,通过引进一系列新装备与新设计,美国海军认为拥有两倍于早期"洛杉矶"级的整体作战效率。

承先启后的"洛杉矶"级

里根政府最初规划从1984到1989财年的5年间，每年都采购4艘改进型"洛杉矶"级。但实际上1984财年只采购了3艘，1985到1987年各采购4艘，接下来的年度则配合"21世纪核攻击潜艇"计划开始启动采购，逐年减少"洛杉矶"级的采购数量，1988年减少到3艘，1989财年为2艘，然后1990财年采购最后1艘。

当时间进入老布什（George Herbert Walker Bush）政府时代后，美国海军原本还打算采购额外4艘"洛杉矶"级，包括1990财年1艘、1991财年2艘与1992财年1艘，但随着冷战的结束，这4艘都遭到取消。于是编列在1990财年的SSN-773便成为最后一艘"洛杉矶"级。尽管最后的增购计划未能实现，但美国海军已在超过20年时间中采购了多达62艘"洛杉矶"级，缔造了核潜艇历史上的空前纪录，自首艇开工到最后一艘完工，建造时间绵延长达24年，同样也是核潜艇史上的纪录。

由于建造时间漫长，当"洛杉矶"级最后1艘"夏延"号于1996年9月13日服役时，早期建造的"洛杉矶"级中，已有3艘退役，另有3艘也即将在1年内退役。所以"洛杉矶"级的总数虽然多达62艘，但同时在役的数量最多只有50多艘。尽管如此，这仍是极为可观的规模。自从20世纪80年代末期起，"洛杉矶"级便取代了上一代的"鲟鱼"级，在接下来的30多年间，撑起了美国海军攻击潜艇的骨干角色。

随着新一代的"海狼"级与"弗吉尼亚"级攻击潜艇于2000年代初期陆续服役，"洛杉矶"级不再是攻击潜艇技术的领头羊，但凭借着持续的升级改进，迄今仍维持第一线等级的作战能力。

除了用于作战部署任务外，由于"洛杉矶"级数量庞大，也经常被选为新型潜艇装备或技术的试验平台，为新一代的潜艇技术发展作出贡献。

"洛杉矶"级的升级与储备排水量冗余变化

"洛杉矶"级的原始设计中预留了250吨的储备重量冗余，经过五次重大升级后，这些储备重量完全被耗尽。

SSN-700引进Mk117火控系统与升级BQQ-5B声呐耗用了50吨储备重量冗余。SSN-716升级BQQ-5C声呐则耗用了35吨重量冗余。SSN-719开始增设垂直发射器，并在艇体表面敷设消音瓦，耗用了90吨重量冗余。

接下来从SSN-751起的改进型"洛杉矶"级，引进了BSY-1战斗系统、多种新型声呐，以及强化北冰洋活动能力的艇艏舵与强化围壳等措施，则耗用了45吨储备重量冗余，最后的6艘改进型"洛杉矶"级SSN-768~SSN-773，引进改良的导管螺旋桨推进器、额外的艉鳍，以及更安静的机械与电气设备，耗用了30吨重量冗余，至此"洛杉矶"级原始设计预留的250吨储备重量冗余，全部都消耗殆尽。

"洛杉矶"级各批次的排水量与储备重量冗余

批次	水上排水量	潜航排水量	预备浮力	重量冗余	主要更新项目
SSN-688~SSN-699	6080	6927	13.9%	250	原始设计
SSN-700~SSN0714	6130	6977	13.8%	200	Mk117 FCS，BQQ-5B声呐
SSN-716~SSN-718	6165	7012	13.7%	165	BQQ-5C声呐
SSN-719~SSN-750	6255	7102	13.5%	75	垂直发射器，消音瓦
SSN-751~SSN-710	6300	7147	13.4%	30	改进型688级，BSY-1，艇艏舵
SSN-768~SSN-773	6330	7177	13.3%	0	改进型推进器与主机，两面鳍

上图：改进型"洛杉矶"级发展到"哈特福德"号攻击潜艇以后，随着引进了一系列新的降噪设计，从而完全耗尽了"洛杉矶"级原始设计预留的重量冗余。图为干坞中的"哥伦比亚"号攻击潜艇，可见到新的导管螺旋桨（虽然被包覆起来，但仍可看出环形的导管构造），以及艇艉两侧下方新增的两面鳍。

例如"洛杉矶"级的第23号艇"奥古斯塔"号便被选为宽孔径阵列被动声呐的试验艇，于1987年7月配备了BQG-5宽孔径阵列的工程开发制造原型进行测试。稍后在1989年时，"洛杉矶"级的4号艇"孟菲斯"号（USS Memphis SSN-691）被选为新一代潜艇的技术试验平台，用于测试非穿透性桅杆、复合材料艇壳、无人水下载具（UUV），以及大口径鱼雷等新技术。[1]

列在1984—1985财年计划的"迈阿密"号（USS Miami SSN-755）与"斯克兰顿"号两艇，则是HY-100高张力钢的试验艇，在部分结构上，以HY-100钢板取代原本使用的HY-80钢板，用于检验这种更高强度的新钢材，在潜艇建造上的实际应用。

其他被选为试验平台的"洛杉矶"级，包括用于担任

---

[1] "孟菲斯"号原定改装1具30英寸口径（762毫米）新型鱼雷管，取代该艇其中一舷的2具21英寸鱼雷管，用于试验大口径鱼雷，但这个项目最后遭到放弃。

BQQ-10"声讯快速商规或架技术插入"计划第二阶段测试平台的"路易斯维尔"号（USS Louisville SSN-724）与"汉普顿"号（USS Hampton SSN-767），用于BQQ-10"声讯快速商规或架技术插入"计划第三阶段测试平台的"斯克兰顿"号与"阿什维尔"号（USS Asheville SSN-758），以及用于测试适形声呐（Conformal Acoustic Velocity Sonar, CAVES）的"普罗维斯登"号（适形声呐是宽孔径阵列被动声呐的后继者）。

上图：纽波特纽斯船厂建造中的"夏延"号，"夏延"号是第62艘，也是最后一艘"洛杉矶"级潜艇，从这张空拍照片可以看出该艇有几个不同于早期"洛杉矶"级的改进，包括导管螺桨推进器，艇艉腹部两侧下方的两面鳍，另外艇舯处颜色不同的部位可能是BQG-5 WAA阵列的安装位置。

上图与右图:由于数量庞大,"洛杉矶"级也常常被选为测试新型潜艇技术与装备的平台。上图为1989年时被选为新世代潜艇技术试验平台的"孟菲斯"号,用于测试非穿透性桅杆、复合材料艇壳、无人水下载具。右图为1987年时被选为宽孔径阵列被动声呐测试舰的"奥古斯塔"号,该艇侧面有一块颜色不同的部位,可能就是宽孔径阵列被动声呐安装位置。

"洛杉矶"级的建造时程延宕问题

对于次系统日趋复杂的现代军舰来说,建造时程的延宕是常见的现象。一般来说,一级舰艇的建造过程会依循典型的"学习曲线",建造首舰时,由于船厂还未能充分掌握建造这种新舰艇的工序,相关技术也可能尚未稳定,出现施工延宕在所难免,而后随着经验的累积,建造与管理工作通常会逐渐步上轨道,因此接下来建造的后续舰,建造时间也将逐渐缩短。

但"洛杉矶"级潜艇却是一个例外,尽管建造数量多达62艘,建造计划绵延长达25年,有非常充分的时间让建造工序发展成熟,到了建造计划的后期,理应不会再出现严重的建造时程拖延情况。然而从另一方面来看,"洛杉矶"级建造计划历经这样长的时间跨度,也更容易受到外界环境因素的影响,在这样长的时间内,政治、经济环境势必会发生许多变化,进而影响到"洛杉矶"级的建造工程。

在这些因素的影响下,从最初建造的"洛杉矶"级首艇"洛杉矶"号开始,一直到最后一艘"夏延"号,始终都未能摆脱工程进度落后、交舰时间严重拖延的问题,这成了现代军舰建造计划管理的一个负面案例。

"洛杉矶"级早期的建造延宕

"洛杉矶"级建造初期发生的延迟问题,原因有以下几点。

(1) 负责"洛杉矶"级细部设计的纽波特纽斯船厂因为缺乏经验拖延了细部设计作业时程,连带也影响了后续的建造工作。

(2) 1973年底第4次中东战争所带来的石油危机引发了严重的通货膨胀与经济问题,也给美国制造业带来巨大的冲击。纽波特纽斯船厂与电船公司也不例外,均陷入营运低迷的困境,也牵连了两家船厂承包的"洛杉矶"级建造工程。而这对于以较低的报价抢得多数"洛杉矶"级建造合约的电船公司影响更大。

(3) 电船公司为了同时承接"俄亥俄"级与"洛杉矶"级两大潜艇计划,在20世纪70年代急速扩充,也带来了管理松散、人力素质低的副作用,进而影响到"俄亥俄"级与"洛杉矶"级的建造质量与进度。

以头12艘"洛杉矶"级为例,实际交付时间较合约原定时间延迟了22个月到47个月不等。其中电船公司的延迟情况又更为严重,纽波特纽斯船厂负责的5艘艇平均延迟了26.6个月,而电船公司负责的7艘艇则平均延迟35.3个月。

"洛杉矶"级后期的建造延宕

当时间进入20世纪80年代中后期,"洛杉矶"级的建造工程,又因次系统的开发整合问题而遭到打乱,导致20世纪80年代末期开始服役的改进型"洛杉矶"级交付时间出现大幅的延宕。

这次造成工程延迟的主要因素是BSY-1战斗系统的开发问题。BSY-1源自1980年开始的"潜艇先进战斗系统"计划。美国海军自1983年正式开始研发工作后,由于遭遇技术困难,于1984—1985年间接连3次重组了计划,最终在1985年8月决定,将原本区分为基本、A与B等3阶段系统的"潜艇先进战斗系统"计划分拆为BSY-1与BSY-2两种系统,其中BSY-1用于改进型"洛杉矶"级,BSY-2则用于SSN 21"海狼"级潜艇。

改进型"洛杉矶"级采用的BSY-1战斗系统是"潜艇先进战斗系统"基本版的降级简化版本,以传统的铜缆取代原本预定使用的光纤数据总线,战术数据处理系统也从原定的分布式计算系统,改为传统

下图与对页图:"洛杉矶"级的建造工程延宕问题,贯穿了整个建造计划,长达20多年,始终无法获得解决。下图为"洛杉矶"级3号艇"费城"号,交舰时间比合约预定晚了22个月;对页图为"洛杉矶"级最后的第62号艇"夏延"号。交舰时间也拖延了16个月。

头12艘"洛杉矶"级潜艇交付延迟情况

舷号	承包商	原定交付时间	实际交付时间	延迟时间（月）
SSN–688	纽波特斯斯	1974/8	1976/11	27
SSN–689	纽波特斯斯	1975/5	1977/6	25
SSN–690	电船公司	1975/8	1977/6	22
SSN–691	纽波特斯斯	1975/9	1977/12	27
SSN–692	电船公司	1975/10	1978/3	28
SSN–693	纽波特斯斯	1976/2	1978/3	25
SSN–694	电船公司	1976/2	1978/7	29
SSN–695	纽波特斯斯	1976/7	1978/12	29
SSN–696	电船公司	1976/6	1979/3	33
SSN–697	电船公司	1976/10	1980/1	39
SSN–698	电船公司	1977/2	1981/3	49
SSN–699	电船公司	1977/6	1981/5	47

的中央主机系统，重新设计了部分声呐处理组件，软件也重新设计，并在部分声讯处理与战斗管制功能上，沿用BQQ-5声呐系统与CCS Mk2战斗系统的软件程序代码，另外还省略了部分自动化操作辅助功能。

从"潜艇先进战斗系统"到BSY-1的计划改组与设计调整过程影响了电船公司与纽波特纽斯两家船厂的"洛杉矶"级建造工作。由于这些设计更动都是海军单方面提出的修改，于是两家船厂陆续向海军提出了总值3.239亿美元的补偿成本要求，海军最后则拨付了2.18亿美元补偿金给两家船厂。

而包括BSY-1战斗系统在内，加上增设垂直发射系统、艇艏水平舵、降噪措施与推进系统方面的修改，导致SSN-751以后的改进型"洛杉矶"级，交付时间平均延迟了19个月。

◆电船公司因BSY-1造成的工程延误

当美国海军在1985年决定重组"潜艇先进战斗系统"计划时，首艘改进型"洛杉矶"级首舰SSN-751已经按原始设计开工。于是电船

下图：受到BSY-1战斗系统开发延迟与变更设计的影响，原定于20世纪80年代末期开始交付服役的改进型"洛杉矶"级，出现了大幅的延迟。图为正在进行下水仪式的"迈阿密"号，便因BSY-1的问题导致交船时间延后了8个月。

公司在1986年9—10月间向海军发出警告，指出由于BSY-1战斗系统的规格调整将导致SSN-751被迫修改设计与重新施工。

BYS-1取消"潜艇先进战斗系统"基本版原定采用的光纤缆线，改用传统铜缆，相关布线的重量与占用空间都大幅增加，潜艇上需要设置尺寸更大的缆线走线槽，并强化甲板支撑结构，缆线与通风结构也都需要跟着修改。美国海军虽然试图通过一套全尺寸模型以协助战斗系统组件整合到"洛杉矶"级上，但全尺寸模型的建造赶不上BSY-1战斗系统的设计更动，于是海军与电船公司另外签订910万美元的协议，用于为头两艘改进型"洛杉矶"级SSN-751与SSN-752整合BSY-1战斗系统。

而电船公司则于1987年7月向海军提出追加9710万美元的修正合约要求，以补偿因BSY-1设计更动以及艇艉水平舵与压载水舱设计调整给SSN-751到SSN-757等5艘"洛杉矶"级潜艇造成的施工延迟，后来在1988年2月又将补偿金额要求提高到1.094亿美元，美国海军则在1988年7月同意向电船公司补偿8240万美元。

总计电船公司承造的11艘改进型"洛杉矶"级都受到BSY-1战斗系统调整设计的影响，平均因此延后了8个月的交船时间。美国海军为其中受到直接影响的前5艘（SSN-751～SSN-757）提供了补偿，平均每艘补偿2700万美元。

电船公司因BSY-1造成的"洛杉矶"级交付延迟情况

舷号	原定交付时间	修订交付时间	延迟时间（月）
SSN-751	1987/11	1988/6	7
SSN-752	1988/3	1988/11	8
SSN-754	1988/7	1989/2	7
SSN-755	1988/12	1989/8	8
SSN-757	1989/6	1990/2	8
SSN-760	1990/2	1990/10	8
SSN-761	1990/6	1991/3	9
SSN-762	1990/10	1991/7	9
SSN-763	1991/2	1991/11	9

来源：GAO, Navy Acquistion Development of the AN/BSY-1 Combat System, 1992/1

◆ 纽波特纽斯因BSY-1造成的工程延误

从"潜艇先进战斗系统"到BSY-1的战斗系统设计调整，带给纽波特纽斯船厂的"洛杉矶"级潜艇建造工作更大的冲击。

当海军在1985年通过"潜艇先进战斗系统"的开发计划改组时，纽波特纽斯船厂早已开始首艘改进型"洛杉矶"级SSN-753建造工作。而且纽波特纽斯船厂并未收到BSY-1战斗系统涉及的530项设计修订图纸，因此相较于持续设法调整SSN-751以后的改进型"洛杉矶"级潜艇设计、以配合BSY-1战斗系统的电船公司，纽波特纽斯船厂则是继续依照原始设计来建造SSN-753。最终遭遇了必须切开已造好的SSN-753船格重新布线的大问题，相关问题也连带影响纽波特纽斯船厂负责的后续7艘改进型"洛杉矶"级，必须耗费额外的时间调整设计与施工，进而造成成本的增加。

纽波特纽斯船厂认为造成工程拖延的责任在于海军，因而在1988年8月到1989年7月间，以BSY-1导致工程变更与延长以及政府未能及时提供相关设计更动图纸为由，向美国海军提出涵盖8艘潜艇、总值2.145亿美元的合约调整与补偿成本要求，其中除了BSY-1设计变更造成的工程延迟补偿外，也包括艇艏水平舵图纸缺失的补偿费用要求。美国海军与纽波特纽斯船厂于1990年5月与12月达成协议，同意向纽波特纽斯船厂补偿1.357亿美元。

总计纽波特纽斯船厂承包的全部12艘改进型"洛杉矶"级潜艇中，前11艘都因为BSY-1相关问题，而将计划交付时间延后14～29个月。相较下，电船公司因BSY-1导致的延迟只有7～9个月，纽波特纽斯船厂的延迟情况要严重许多。

下图：电船公司承造的11艘改进型"洛杉矶"级中，前9艘都受到BSY-1战斗系统调整设计的影响，平均因此而延后了8个月交船时间。图为电船公司建造的首艘改进型"洛杉矶"级"圣胡安"号，原定1987年11月交船，但为了配合BSY-1战斗系统而重新调整设计，直到1988年6月才交给美国海军。

◆ 电船公司罢工造成的工程延误

除了因BSY-1战斗系统造成的交船时间延迟外，电船公司在1988年间也因船厂工人的罢工，导致承包的改进型"洛杉矶"级潜艇建造工程出现进一步的延宕。

电船公司的船厂工人在1988年6月发起罢工，要求提高工资，经过4个月的争论后，劳资双方于1988年10月达成协议，船厂工人同意于12月前分阶段复工。尽管如此，电船公司仍持续遭受劳力不足问题，无法补足足够的合格船厂工人，连带也影响到"洛杉矶"级的施工进度。于是电船公司在1989年8月，向美国海军提出修改合约，延后SSN-757以后各舰交付时间的要求。

美国海军在1989年11月同意修改合约，允许电船公司推迟潜艇交付时间。作为交换，电船公司同意承受在1988年8月31日以前SSN-752～SSN-771各舰的2.22亿美元成本损失。

而罢工导致的工程拖延，也让电船公司承包的SSN-757～SSN-771等7艘"洛杉矶"级的交舰时间延后了16～26个月，其中SSN-757～SSN-763等5艘，更是属于第二次延后交付时间。在1988年中期，这5艘"洛杉矶"

纽波特纽斯因BSY-1造成的"洛杉矶"级交付延迟情况

舰号	原定交付时间	修订交付时间	延迟时间(月)
SSN-753	1988/5	1990/3	22
SSN-756	1989/5	1990/12	19
SSN-758	1989/9	1991/8	23
SSN-759	1990/1	1992/1	24
SSN-764	1991/2	1992/7	17
SSN-765	1991/5	1992/11	20
SSN-766	1991/1	1994/1	29
SSN-767	1991/11	1993/8	21
SSN-769	1993/4	1994/6	14
SSN-770	1993/8	1994/11	15
SSN-772	1994/2	1995/4	14
SSN-773	1995/5	1995/5	0

来源：GAO, Navy Acquistion Development of the AN/BSY-1 Combat System, 1992/1

下图：图为纽波特纽斯承造的首艘改进型"洛杉矶"级"阿尔巴尼"号 (USS Albany SSN-753)，由于纽波特纽斯船厂没有及时收到关于BSY-1战斗系统设计更动的修订图纸，仍按原始设计进行"阿尔巴尼"号的施工，以致后来花了更多的精力，切开船体、重新布线来修正相关问题，导致"阿尔巴尼"号的交船时间因此延后了22个月。

级便已因为BSY-1战斗系统的问题而延后了一次交付时间。而到了1988年底时又因为罢工而再次延后了交付日期，两次延宕累加之下，相较于原始合约设定的交付时程，这5艘的交船时间总共延后了24~35个月之久。

在针对BSY-1导致的设计调整中，电船公司由于较佳的应对，延误情况要比纽波特纽斯船厂好了许多，不过遭遇了罢工事件后，抵消了电船公司在处理BSY-1问题方面的时间优势，交付拖延情况降到与纽波特纽斯相当的程度。

◆改进型"洛杉矶"级的实际交付延误

通过1988—1990年间的合约修订，美国海军允许电船公司与纽波特纽斯船厂延后各自承包的改进型"洛杉矶"级交船时间。而在实际

下图：除了受到BSY-1战斗系统开发延迟与变更设计的冲击，1988年下半年爆发的电船公司船厂工人罢工，也影响了电船公司承包的改进型"洛杉矶"级工程。图为正在进行下水仪式的"亚力山德拉"号（USS Alexandria SSN-757），先是在1988年中，因BSY-1的问题而将交船时间延后了8个月，后来又因罢工与人力缺乏问题，于1989年底再次将交船时间延后17个月。

电船公司因罢工造成的"洛杉矶"级交付延迟情况

舷号	原定交付时间	修订交付时间	再修订交付时间	延迟时间(月)
SSN-757	1989/6	1990/2	1991/7	17
SSN-760	1990/2	1990/10	1992/2	16
SSN-761	1990/6	1991/3	1992/9	18
SSN-762	1990/10	1991/7	1993/5	18
SSN-763	1991/2	1991/11	1994/1	26
SSN-768	1993/4		1994/9	17
SSN-771	1993/11		1995/3	16

来源：GAO, Navy Acquistion Development of the AN/BSY-1 Combat System, 1992/1

执行过程中，两家船厂一开始也大都能按修订后的时程准时交船，甚至还略有提前。

然而到了1991—1992年以后，随着冷战结束与苏联解体，美国政府也开始大幅缩减军费开支，美国海军的预算资源急骤减少，也给美国潜艇产业的营运带来巨大冲击，两家潜艇船厂都面临了业务萎缩、人力流失的情况，这也让后期的改进型"洛杉矶"级出现了进一步的延迟，比海军修订后的交船时间又多拖了几个月才实际交船。

两家潜艇船厂中，电船公司的交船情况相对较好，在电船公司承包的11艘改进型"洛杉矶"级中，有6艘都能在修订后的时间内交船，甚至提前，剩余5艘也只额外延后1~4个月时间。

相较下，纽波特纽斯船厂则受到失去"海狼"级建造合约以及老布什政府有意在未来只保留一家潜艇船厂（电船公司）的打击，面临了更深刻的运营困难，这也导致纽波特纽斯船厂承包的改进型"洛杉矶"级建造工作受到更大的影响。在纽波特纽斯船厂负责的12艘改进型"洛杉矶"级中，只有4艘能按修订后时程交付（或提前交付），其余各艘则比修订后的时程多拖延了4~10个月时间才实际交船。

改进型"洛杉矶"级潜艇实际交付延迟情况

舷号	承包商	原始合约交付时间	实际交付时间	相对原始合约的延迟（月）	与修订后交付时间的异动
SSN-751	电船公司	1987/11	1988/6	7	提前
SSN-752	电船公司	1988/3	1988/11	9	提前
SSN-753	纽波特纽斯	1988/5	1990/3	22	如期
SSN-754	电船公司	1988/7	1989/2	7	如期
SSN-755	电船公司	1988/12	1989/8	8	如期
SSN-756	纽波特纽斯	1989/5	1990/12	19	提前2个月
SSN-757	电船公司	1989/6	1991/6	16	提前1个月
SSN-758	纽波特纽斯	1989/9	1991/8	23	如期
SSN-759	纽波特纽斯	1990/1	1992/1	24	如期
SSN-760	电船公司	1990/2	1992/4	26	延后2个月
SSN-761	电船公司	1990/6	1993/1	31	延后4个月
SSN-762	电船公司	1990/10	1993/7	21	延后2个月
SSN-763	电船公司	1991/2	1994/1	35	如期
SSN-764	纽波特纽斯	1991/2	1992/11	21	延后4个月
SSN-765	纽波特纽斯	1991/5	1993/3	22	延后4个月
SSN-766	纽波特纽斯	1991/8	1994/9	37	延后8个月
SSN-767	纽波特纽斯	1991/11	1993/11	24	延后3个月
SSN-768	电船公司	1993/4	1994/10	18	延后1个月
SSN-769	纽波特纽斯	1993/4	1995/2	22	延后8个月
SSN-770	纽波特纽斯	1993/8	1995/8	24	延后9个月
SSN-771	电船公司	1993/11	1995/10	23	延后7个月
SSN-772	纽波特纽斯	1994/2	1996/2	24	延后10个月
SSN-773	纽波特纽斯	1995/5	1996/9	16	*

* SSN-773原本不在纽波特纽斯船厂与海军于1990年签订的延后交付时间修订合约中，但实际上的交付时间较合约原定时程延宕了16个月。